Von den Teilen zum Ganzen

Theorie und Empirie einer integrativen psychologischen
und psychotherapeutischen Entwicklungsforschung

Waxmann Verlag GmbH
Steinfurter Straße 555, 48159 Münster
info@waxmann.com

Psychotherapiewissenschaft in Forschung, Profession und Kultur

Schriftenreihe der
Sigmund-Freud-Privatuniversität Wien

Herausgegeben von Bernd Rieken

Band 7

Die Sigmund Freud-Privatuniversität in Wien ist die erste akademische Lehrstätte, an der die Ausbildung zum Psychotherapeuten integraler Bestandteil eines eigenen wissenschaftlichen Studiums ist. Durch das Studium der Psychotherapiewissenschaft (PTW) wird dem Umstand Rechnung getragen, dass Psychotherapie eine hoch professionelle Tätigkeit ist, die – wie andere hoch professionelle Tätigkeiten auch – neben einer praktischen Ausbildung eines eigenen akademischen Studiums bedarf. Das hat zur Konsequenz, dass die wissenschaftliche Beschäftigung mit ihr nicht mehr ausschließlich den Nachbardisziplinen Psychiatrie und Klinische Psychologie mit ihrer nomologischen Orientierung obliegt, sodass die PTW als eigene Disziplin an Konturen gewinnen kann.

Vor diesem Hintergrund wird die Titelwahl der wissenschaftlichen Reihe transparent: Es soll nicht nur die Kluft, welche zwischen Psychotherapieforschung und Profession besteht, verringert, sondern auch dem Umstand Rechnung getragen werden, dass man der Komplexität des Gegenstands am ehesten dann gerecht wird, wenn neben den üblichen Zugängen der Human- und Naturwissenschaften auch Methoden und/oder Fragestellungen aus dem Bereich der Kultur-, Sozial- und Geisteswissenschaften Berücksichtigung finden.

Brigitte Sindelar

Von den Teilen zum Ganzen

Theorie und Empirie einer integrativen
psychologischen und psychotherapeutischen
Entwicklungsforschung

Waxmann 2014
Münster · New York

Bibliografische Informationen der Deutschen Nationalbibliothek
Die Deutsche Nationalbibliothek verzeichnet diese Publikation in
der Deutschen Nationalbibliografie; detaillierte bibliografische
Daten sind im Internet über http://dnb.d-nb.de abrufbar.

Diese Arbeit wurde von der Sigmund-Freud-Privatuniversität Wien
als Habilitationsschrift angenommen.

Psychotherapiewissenschaft in Forschung, Profession und Kultur, Band 7

ISSN 2192-2233
ISBN 978-3-8309-2991-8

© Waxmann Verlag GmbH, Münster 2014

www.waxmann.com
info@waxmann.com

Umschlaggestaltung: Anne Breitenbach, Tübingen
Umschlagfoto: © Dron – Fotolia.com
Gedruckt auf alterungsbeständigem Papier,
säurefrei gemäß ISO 9706

Printed in Germany

Inhalt

Abbildungsverzeichnis

Tabellenverzeichnis

1 Vorwort

Die Forschungsperspektive der Psychotherapieforschung umfasst ein breites Spektrum, das in Anlehnung an Kriz den Schwerpunktbereichen der Effektivitäts- und Evaluationsforschung, der Prozessforschung und der Grundlagenforschung zugeordnet werden kann (Kriz, 2004). Dabei ergeben sich naturgemäß fruchtbare Überschneidungen zwischen diesen Schwerpunktbereichen. Zugleich ist der Forderung von Orlinsky nach einer Erweiterung eines vorherrschend biomedizinisch geprägten Forschungsparadigmas um die biografischen, soziokulturellen und politisch-ökonomischen Rahmenbedingungen der Psychotherapie und deren Wirkweise in der Psychotherapie Rechnung zu tragen, wozu es der Entwicklung von Forschungsmethoden, die dem Forschungsgegensand in seiner Komplexität angemessen sind, bedarf (Orlinksy, 2008). Somit ist der Dreifachpassung „Patient – Therapeut – Verfahren" in der Psychotherapie im Kontext der psychotherapiewissenschaftlichen Forschung eine weitere Passung hinzuzufügen, nämlich die Passung von Forschungsgegenstand und Forschungsmethodik. Dies legt eine Integration von störungsspezifischen und allgemeinen Ansätzen nahe.

Die Psychotherapieforschung befindet sich in einem Prozess der Identitätsfindung, die Züge einer Identitätskrise aufweist: Die Adoption des randomisiert-kontrollierten Versuchs (randomized controlled trial = RCT) der Pharmaforschung als methodologisches Forschungsprinzips liefert, statistisch gesehen, objektive, definierte und klar auszuweisende Ergebnisse, wobei die Forschungsmethode den Forschungsgegenstand Psychotherapie so sehr verändert, dass die Ergebnisse nur sehr eingeschränkte und jedenfalls nicht generalisierbare Aussagen zu erbringen imstande ist. Denn die rigiden diagnostischen Einschlusskriterien, wie sie für RCT-Studien notwendig sind, schließen sowohl aufgrund der Komorbiditäten einen Großteil der für Studien in Frage kommenden Patienten als auch den eigentlich wesentlichen Teil der psychotherapeutischen Behandlungen, nämlich das Eingehen und Abstimmen der Interventionstechniken auf die individuellen Bedürfnisse des einzelnen Patienten durch die für RCT-Studien gegebene Erfordernis einer manualisierten Vorgangsweise aus. Patienten einfach per Zufall (Randomisation) Behandlungen bzw. Nicht-Behandlungen zuzuweisen, ist zwar für methodologisch einwandfreie RCT-Studien erforderlich, aber unvereinbar mit der psychotherapeutischen Berufsethik. Damit bleibt der Psychotherapieforschung kein anderer Weg offen als der einer naturalistischen Forschung, auch wenn diese bei weitem aufwändiger und auf vielen Ebenen anspruchsvoller ist als RCT-Studien:

> „Eine systematische, kontinuierliche Untersuchung der hochkomplexen Therapiesituation – über sehr viele Patienten-Therapeuten-Paare und mannigfache Störungsbilder (Komorbidität berücksichtigend) und im natürlichen Setting real stattfindender psychotherapeutischer Behandlungen, ohne irgendwie geartete Einschränkungen bzw. Auflagen bezüglich des Zustandekommens oder des sich manifestierenden Arbeitsprozesses, unter Kontrolle des vom Therapeuten realisierten Behandlungskonzepts (schultreu, eklektisch, unspezifisch) – würde in der Akkumulation der Ergebnisse verlässliche Aufschlüsse darüber liefern" (Tschuschke, Crameri, Koemeda, Schulthess, von Wyl & Weber, 2009, S. 164).

Im psychotherapiewissenschaftlichen Forschungsbereich der Grundlagenforschung ist die Entwicklungsforschung ein Feld, das per se integrativen Charakter aufweist, da Pathogenese und Salutogenese psychischer Störungen das Gewordensein, das Sein und das Werden psychotherapeutisches Verstehen und Handeln und psychotherapiewissenschaftliches Denken und Forschen des Forschungsgegenstands in seiner Multidimensionalität umspannen. In der „hochkomplexen Therapiesituation" (siehe vorher) spiegelt sich die Biographie des Patienten bzw. der Patientin wider wie das Spiegelbild im turbulenten Wasser, das zwar Teile des Gesamten vermuten oder auch erkennen lässt, aber das Gesamtbild oft bis zur Unkenntlichkeit verzerrt. Psychotherapie versucht die Entstehung der Turbulenzen zu orten, um sie gemeinsam mit dem(r) Patienten(in) zu glätten, auf dass er/sie sein/ihr unverzerrtes Spiegelbild und dessen Untergrund wahrnehmen kann und im gewonnenen Wissen um sein/ihr So-Sein seinen/ihren Weg weitergehen kann. Auch wenn die Methoden des Aufspürens und der Beruhigung der Turbulenzen je nach Psychotherapiemethode unterschiedlich sind, auch wenn die Orte, an denen die Psychotherapie je nach Menschenbild der Methode nach der Entstehung der Turbulenzen sucht, so ist allen gemeinsam, dass sie davon ausgehen, die Turbulenz habe sich entwickelt, gestalte das aktuelle Spiegelbild und das Glätten bedürfe des gemeinsamen Handelns von Patient bzw. Patientin und Psychotherapeut bzw. Psychotherapeutin, geleitet vom gemeinsamen Blick auf das Spiegelbild, in dem für eine Weile auch das Gesicht des Therapeuten bzw. der Therapeutin sichtbar wird, verzerrt zuerst, geglättet und erkennbar am Ende der Therapie.

So wie die psychische Störung ihre Entwicklungsgeschichte hat, so nimmt auch der psychotherapeutische Prozess seine Entwicklung, die in geraffter Form die Meilensteine der Entwicklung aufsucht. Und daher ist Entwicklungsforschung eine anwendungsorientierte psychotherapiewissenschaftliche Angelegenheit.

Brigitte Sindelar   Wien, 2013

2 Ein persönliches Vorwort

2.1 Der Anfang des Weges zum Ganzen

„Das Ganze ist mehr als die Summe seiner Teile", so die populäre Formulierung der Auffassung von Aristoteles, der meinte, dass das Ganze „nicht eine bloße Anhäufung" sei, sondern etwas „außer den Teilen", also mehr als diese (Aristoteles, 1999 [1966], Buch 8.6, 1045a, 9f.). Dieses Ziel verfolgt die vorliegende Arbeit, indem sie den Versuch unternimmt, durch Integration und Vernetzung der Entwicklungspsychologie und Entwicklungspsychopathologie in Theorie und Empirie den wissenschaftlichen Erkenntnisgewinn der Psychotherapiewissenschaften zu erhöhen. Dieser Zugang der Zusammenschau prägte mein wissenschaftliches und professionelles Denken und Handeln von Beginn an.

Meine berufliche Sozialisation begann 1972 an der heutigen Universitätsklinik für Kinder- und Jugendpsychiatrie in Wien, die damals noch das „Kinderzimmer" der Universitätsklinik für Psychiatrie war, dann eine eigene Station, später Abteilung und 1975 eine eigenständige Klinik für „Neuropsychiatrie des Kindes- und Jugendalters" wurde. Walter Spiel (1920–2003), der zu dieser Zeit das Kinderzimmer leitete und es zur eigenen Klinik weiterführen konnte, war in seiner professionellen Identität der Integration der Professionen und Wissenschaftsdisziplinen verbunden und machte dies zum Leitbild der von ihm geleiteten Klinik[1]. Daher war für Walter Spiel selbstverständlich, dass seine Mitarbeiterinnen und Mitarbeiter diesem Leitbild in der Form folgten, wie es schon der Volkskundler Beitl in seiner Arbeit „Zur Mythologie des Kindes" im Zusammenhang von Volkskunde und Psychologie für adäquat befunden hatte: „Es genügt nicht, den von der Nachbarwissenschaft gesammelten Stoff zu benutzen, ohne zugleich seine Problematik zu kennen." (Beitl, 2007 [1933], S. 181). In diesem Sinne und in dieser Zielsetzung war zum Beispiel die aktive Teilnahme der Psychologen an neurologischen Konsiliarien klinischer Alltag, was mir ein unverzichtbares Wissen über neurologische Diagnostik und Nosologie und daher auch über Neurophysiologie bescherte.

Diese interdisziplinäre Sicht in Forschung und Praxis ist mittlerweile zur conditio sine qua non geworden, deren Anspruch, Zielsetzung, aber auch Problemlage Ciompi im Zusammenhang mit seinem Modell der „fraktalen Affektlogik" expliziert:

> „Jeder Versuch, interdisziplinäre Schranken zu überwinden – ein angesichts der immer extremeren Spezialisierung überall dringliches und im Rahmen der vorliegenden Untersuchung geradezu unausweichliches Gebot – wird mit bewußten oder unbewußten Abwehrhaltungen dieser Art zu rechnen haben. Aber auch der gegenteiligen Gefahr, nämlich der Gefahr, problematische Befunde aus benachbarten Disziplinen mangels präzisen Sachwissens zu wenig kritisch zu begegnen,

---

1   Im Weiteren verwende ich immer den Terminus „Klinik", auch wenn dieser eigentlich erst ab 1975 zutrifft.

ist ein Stück weit überhaupt nicht zu entgehen. Je größer die Entfernung vom eigenen Sachgebiet, desto mehr verdünnen sich unweigerlich Quantität und Qualität von Teilkenntnissen; mögliche Vorteile einer weiteren Distanz ergeben sich nur in Glücksfällen. Als einzige Lösung bleibt, will man nicht auf jeden Versuch eines Brückenschlags zu Nachbardisziplinen von vornherein verzichten, derartige Einschränkungen bewußt in Kauf zu nehmen und ihrer eingedenk aus der eigenen Perspektive nichts als Vorschläge zu machen, deren Beurteilung dann Sache der jeweiligen Partner aus anderen Disziplinen ist" (Ciompi, 2005 [1997], S. 39f.).

In der Psychotherapie war die Individualpsychologie die „Hausherrin" dieser Klinik mit offenen Türen für die Psychoanalyse: Damals war in der individualpsychologischen Psychotherapieausbildung eine Lehranalyse sowie zwei Kontrollanalysen vorgesehen und dabei nicht nur geduldet, sondern erwünscht, dass einer der beiden Kontrollanalytiker ein Psychoanalytiker war – nur wenige Jahrzehnte später eine undenkbare Ausbildungsstrategie. Diese damalige Vorgabe in der individualpsychologischen Psychotherapieausbildung bescherte mir durch meine Kontrollanalyse bei dem Anna-Freud-Schüler Rudolf Ekstein (1912–2005) einen unbefangenen Zugang zur Zusammenschau von Freudianischer Psychoanalyse und Alfred Adlers Individualpsychologie, ohne dass dadurch jemals meine Identität als Individualpsychologin in Frage gestellt war. Auch die Verhaltenstherapie, damals in ihren Kinderschuhen, wurde von Walter Spiel willkommen geheißen.

Das medizinische Leitbild der Klinik war getragen von einer integrativen Sichtweise von Körper, Geist und Seele, dem Selbstverständnis der Individualpsychologie entsprechend. Dies spiegelte sich in einem interdisziplinär und multiprofessionell verstandenen und zur Anwendung gebrachten Grundkonzept der Kinder- und Jugendpsychiatrie wieder.

Wenngleich der Versorgung von Patienten im arbeitszeitlichen Budget erste Priorität zugeordnet war, so war deren Untrennbarkeit mit Wissenschaft, Forschung und Lehre ein Selbstverständnis, der Auftragsdefinition einer Universitätsklinik entsprechend. Auch innerhalb der Forschungsschwerpunkte ließ sich die Vernetzung von Soma und Psyche wiederfinden, wie zum Beispiel in einem der Forschungsschwerpunkte der Klinik in den siebziger Jahren des vorigen Jahrhundert, der „Minimalen Cerebralen Dysfunktion", die dabei sowohl als kinder- und jugendneuropsychiatrisches als auch als neuropsychologisches und klinisch-psychologisches als auch als psychotherapeutisches Thema verstanden wurde (Berger, 1977; Friedrich, 1980).

In diesem interdisziplinären Klima beruflich aufgewachsen, in der zu dieser Zeit im klinischen Bereich keinesfalls selbstverständlichen, aber glücklichen Position, als Psychologin nicht in ein hierarchisches Gefälle der Wertigkeiten zu den Medizinern gesetzt zu werden, sondern auf Augenhöhe sowohl mit meinen medizinischen als auch pädagogischen Kollegen und Kolleginnen zu arbeiten, in klarer Aufgabenabgrenzung und zugleich vom Gedanken der Gleichwertigkeit ausgehender Zusammenarbeit mit den „paramedizinischen" Berufen, deren Arbeitsbereich Schritt für Schritt innerhalb der Klinik etabliert wurde, hatte ich das Glück, sowohl neurophysiologische als auch neurologische als auch psychiatrische und psychopharmakologische Kenntnisse vermittelt zu bekommen, ohne dass dies eine formale Erfordernis des universitären Studiums der Psychologie gewesen wäre. Im Rahmen meiner akademischen psychologischen Ausbildung verdanke ich Giselher Guttmann, damals Vorstand des psychologischen Institutes der Universität Wien, eine neuropsychologische Schwerpunktsetzung, die mir den Zugang zur kinderneurologischen Nosologie maßgeblich erleichterte.

In meinem Probevortrag: „Kognition-Persönlichkeit-Lebensstil", mit dem ich 1981 meine individualpsychologische Ausbildung abschloss, versuchte ich einen Brückenschlag zwischen Neuropsychologie, kognitiver Psychologie und Individualpsychologie, der „frühen Prägung" meines professionellen und wissenschaftlichen „Lebensstils" – diese Anlehnung an einen Grundbegriff der Individualpsychologie sei mir hier erlaubt – an der Klinik für Kinder- und Jugendneuropsychiatrie entsprechend. Dass dieser Zugang zur Wissenschaft, der dem Grundkonzept der Interdisziplinarität und Multiprofessionalität der Kinderpsychiatrie folgt, damals geschätzt wurde, schloss ich auch daraus, dass ich diesen meinen Probevortrag anlässlich der Festtagung zum 60. Geburtstag des Individualpsychologen Erwin Ringel (1921–1994) halten durfte und eingeladen wurde, den Vortrag in einem Sammelband zur Individualpsychologie zu publizieren (Sindelar, 1983).

Die integrative Sichtweise, der Wunsch, durch Vernetzung der Wissenschaften den Erkenntnisgewinn zu vermehren, blieb meine Leitlinie. Auch die Vorgabe, in der wissenschaftlichen Forschung die Anwendbarkeit und Nützlichkeit der Forschungsergebnisse für die Praxis immer mit zu bedenken, also eine Einheit von Wissenschaft und Profession als selbstverständlich anzunehmen, fand in meinen Arbeiten ihren Niederschlag.

Die Suche nach den Ursachen mit dem Zweck und Ziel, daraus effiziente Behandlungsstrategien abzuleiten, war die Haltung, die mir im Rahmen meiner beruflichen Sozialisation an der Kinder- und Jugendpsychiatrie mitgegeben wurde und die meine Forschungstätigkeit und praktische Tätigkeit prägte. So war mein Dissertationsthema: „kognitive Leistungsschwächen bei Legasthenikern" ebenfalls von mir so verstanden, dass ich die komplexe Leistung der Kulturtechniken des Lesens und Schreibens als Ergebnis der Vernetzung der partiellen Prozesse der Informationsverarbeitung erklärte (Bruschek (Sindelar), 1976). Dem damals noch mechanistisch gefärbten Bild über die Funktionsweise des menschlichen Gehirns, wie sie die Forschungsergebnisse der siebziger Jahre zur minimalen cerebralen Dysfunktion abbilden (Berger, 1977), entsprach meine damalige Vorstellung, dass dem „Motor der höheren Denkprozesse" möglicherweise ein „Rädchen" fehle bzw. dieses nicht entsprechend ausgebildet sei, sodass dadurch die Gesamtleistung des „Denkmotors", die dann unter anderem die Fähigkeit des Lesens, des Rechtschreibens und des Rechnens „betreibt", beeinträchtigt werde, manifestiert zum Beispiel in einer Legasthenie oder Dyskalkulie. So begann ich während meiner Tätigkeit an der Klinik, das im Rahmen meiner Dissertation erstellte kognitionspsychologisch und entwicklungsneuropsychologisch orientierte Diagnoseverfahren zur Erfassung der Teilfunktionen der Informationsverarbeitung bei Kindern und Jugendlichen, das wiederum den Anspruch der Ganzheitlichkeit stellte, indem es das „Ganze" der informationsverarbeitenden Prozesse („Teilleistungen") abzubilden versuchte, in seiner praktischen Anwendbarkeit zu überprüfen und zu erproben (Sindelar, 2002 [1986]). Dem Grundkonzept meiner beruflichen Sozialisierung entsprechend war die Diskrepanzdiagnostik innerhalb des kognitiven Systems (Diagnostik von „Teilleistungsschwächen") nicht das endgültige Ziel dieser Arbeit, sondern eine Etappe, auf die die Entwicklung einer Methode zur Behandlung von unterschiedlichsten Symptomen, die aus partiellen Entwicklungsdefiziten der Informationsverarbeitung entstehen können, mittels eines spezifischen Trainings zum Ausgleich der partiellen Entwicklungsdefizite in den Basisfunktionen („Teilleistungsschwächen") zwingend folgen musste. Dazu entwickelte ich neuropsychologisch und entwicklungspsychologisch basierte Trainingsprogramme für die jeweils einzelnen Teilfunktionen der Informationsverarbeitung, die miteinander in einem die Teilleistungen vernetzenden Bezug stehen (Sindelar, 2002 [1982]; Sindelar, 2005). Der neurobiologischen Forschung der letzten zwanzig Jahre verdanken wir und ich eine differenziertere und dynamische Sichtweise auf das menschliche Hirn und somit auf die kognitive Entwicklung, die ich parallel dazu auch in meiner praktischen Arbeit mit dem entwickelten Diagnose- und Behandlungsverfahren erfahren durfte.

Zugleich verband sich diese meine Schwerpunktsetzung innerhalb einer individualpsychologisch geprägten Sichtweise der Ganzheit, Einheit und Unteilbarkeit der Persönlichkeit und daher auch der kindlichen Entwicklung im Zuge der Jahrzehnte immer dichter mit der Tiefenpsychologie, die in dieser Weise auch den Verständniszugang zur Diagnostik und Behandlung bestimmte. Zunehmend tat sich mir durch die klinisch-neuropsychologische Arbeit mit Kindern und Jugendlichen mit Teilleistungsschwächen, die dieses spezielle Funktionstraining zum primären Inhalt hatte, die Vernetzung zwischen emotionaler, kognitiver und sozialer Entwicklung auf. Sowohl ex iuvantibus durch die Verbesserungen der psychischen Befindlichkeit dieser Kinder im Zuge dieses neuropsychologisch determinierten Trainings als auch in der Einzelfalldiagnostik erhellten sich mir die Zusammenhänge zwischen der Entwicklung der Informationsverarbeitung in Aufmerksamkeit, Wahrnehmung und Gedächtnis als modalitätsspezifischen Prozessen, intermodaler Verknüpfung und serialer Integration, diagnostiziert in Verdichtung mit emotionalen Befindlichkeiten, so dass ich in immer größerem Ausmaß im Einzelfall aus den Ergebnissen der Teilleistungsschwächendiagnostik Rückschlüsse auf Psychodynamik, Beziehungserfahrungen und Biografie des betroffenen Kindes treffen konnte (Sindelar, 1994, 2008).

Diese Erkenntnis aus der Einzelfalldiagnostik und Einzelfallbehandlung in einen größeren Forschungsrahmen zu stellen, um mögliche Gesetzmäßigkeiten zu erhellen, die wiederum für die psychotherapeutische und klinisch-psychologische Behandlung von Kindern, Jugendlichen und Erwachsenen nutzbar gemacht werden können, war in der Folge Forschungsinteresse und Forschungsanliegen. Die Ergebnisse dieses Weges, der die Individualität im Sinne der Untrennbarkeit von Profession und Forschung, von Diagnostik und Behandlung, von Somatik, Kognition, Emotion und Sozialisation als Ausgangspunkt und Leitlinie hat, sind in der vorliegenden Arbeit verschriftlicht.

16

2.2 Entwicklungsforschung als Gegenstand der Psychotherapiewissenschaft: Einleitende methodologische und strukturelle Anmerkungen zum Buch

Auch wenn jahrzehntelange Praxiserfahrung an sich keine wissenschaftliche Reputation genießt, so kann sie als Ausgangsbasis induktiver Formen des Erkenntnisgewinnes dienen, indem aus induktiv gewonnenen Einsichten Richtlinien für die Begründung von Hypothesen gewonnen werden und so zur Theoriebildung beitragen. Diese theoretischen Annahmen können dann auf ihre Übereinstimmung mit empirisch aufgefundenem Datenmaterial im Sinne einer probabilistischen Erklärung geprüft werden. Damit ist die Grundstruktur des vorliegenden Buches beschrieben.

Daher beginne ich mit einem Diskurs im Dialog der Entwicklungspsychologie, der Psychotherapiewissenschaft, der Neuropsychologie und der klinischen Psychologie im Bezugsrahmen der Entwicklungspsychopathologie. So die Ergebnisse dieses Dialogs in ihrer Relevanz über theoretische Gedankenspiele hinausgehen, ist zu erwarten, dass sie nicht nur kasuistisch, sondern auch empirisch belegbar und überprüfbar sind. Diese Fragestellung fesselte in den letzten Jahren meiner Arbeit immer mehr meine wissenschaftliche Aufmerksamkeit und Neugier. Der universitäre Rahmen der Sigmund Freud PrivatUniversität schlussendlich hat es mir ermöglicht, diesen Forschungsarbeiten einen größeren Radius zu geben als dies in der Arbeitswelt in der niedergelassenen Praxis und freiberuflichen Lehrtätigkeit an verschiedensten pädagogischen und psychologischen Aus- und Weiterbildungsstätten im deutschsprachigen Europa realisierbar gewesen war. Durch die engagierte Mitarbeit studentischer Teams war es nun möglich geworden, systematisch Daten zu erheben. Dazu kam noch die Erweiterung meines Datenpools durch die Arbeit der „Schmunzelclubs"[2], in denen standardisiert untersucht und dokumentiert wird, die Behandlung entlang einer strikt manualisierten Methode individualisiert wird, wobei auch diese Individualisierung einem Manual folgt. Der psychoedukative Anteil der Behandlung ist individualpsychologisch orientiert (siehe Kapitel 8, S. 66ff.).

Das vorliegende Buch[3] folgt nicht der üblichen Gliederung in einen jeweils in sich geschlossenen theoretischen und einen ebenso in sich geschlossenen empirischen Teil, sondern referiert fortlaufend an entsprechender Stelle der theoretischen Überlegungen, die einer Art „Hermeneutik" durch die Beobachtung der Entwicklungsforschung folgen, die Ergebnisse dazugehöriger eigener empirischer Forschungsarbeiten. Ich hoffe, durch

---

2 „Schmunzelclubs" sind Betreuungseinrichtungen, in denen Kinder, Jugendliche und in geringerer Anzahl auch Erwachsene, die unter der Symptomatik von Teilleistungsschwächen leiden, unter meiner Supervision nach meiner Methode diagnostiziert und behandelt werden. Der erste „Schmunzelclub" wurde 2004 eröffnet. Derzeit arbeiten insgesamt zwölf Schmunzelclubs, zehn davon an verschiedenen Standorten in Österreich, einer in Bratislava/Slowakei, einer in Bayern/BRD. Die Namensgebung erfolgte nach dem Namen der Spielfigur „Schmunzel", die die Kinder durch die Trainingsprogramme begleitet.
3 Dieses Buch basiert auf der Habilitationsschrift der Verfasserin, die 2012 an der Sigmund Freud PrivatUniversität angenommen wurde und für die vorliegende Publikation adaptiert wurde.

diese Struktur der Abfolge von theoretischen Detailüberlegungen und deren empirischer Prüfung bis zu deren Zusammenführung in einem Gesamtmodell dem Leser und der Leserin das Nachvollziehen meiner Überlegungen zu erleichtern.

Grundgedanke der empirischen Teile der Arbeit ist die Annahme, dass sich die Vernetzung von emotionaler, kognitiver und sozialer Entwicklung sowohl in unausgelesenen, also nicht pathologischen Stichproben wieder finden lässt als auch in Zusammenhängen von Entwicklungsparametern, wie zum Beispiel der Motivation und der Schulleistung, abbildet, aber auch im entwicklungspsychopathologischen Kontext eine Empirie liefert, die zu einer behandlungsrelevanten Diagnostik führt. Letzteres wird an einer Stichprobe von Kindern empirisch untersucht, die die diagnostischen Kriterien zur Klassifikation von ADHS erfüllen, und in Beziehung gesetzt zu Kindern mit Schulleistungsstörungen ohne ADHS-Symptomatik.

Wenngleich die Hermeneutik als Forschungsmethode in den letzten Jahrzehnten von der Fiktion der Objektivität der quantitativen Verfahren an den Rand gedrängt wurde, so gewinnt sie im Rahmen eines Paradigmenwechsels in der Forschung wiederum Raum: die Einengung, dass Wissenschaftlichkeit ausschließlich Naturwissenschaftlichkeit wäre, dass qualitative Forschungsmethoden in einer Unterlegenheit gegenüber den quantitativen Forschungsmethoden stünden, ist ja mittlerweile überwunden vgl (Gelo, Braakmann & Benetka, 2008). Erfreulicherweise kehrt die Forschungslandschaft damit zu einem Wissenschaftlichkeitsbegriff zurück, der mir zu Beginn meiner Tätigkeit an der Klinik nahe gebracht wurde: quantitative und qualitative Forschung sind nicht zwei entgegengesetzte und konkurrierende Pole der Wissenschaft, sondern verschiedene Zugänge, deren Zusammenschau mehr bringt als jeder einzelne Zugang für sich. Diese integrative Sichtweise möchte ich ebenfalls in der oben genannten formalen Struktur dieser Arbeit dokumentieren, indem der Weg bei der Frage nach der Einheit der Persönlichkeit beginnt und dies mit empirischen Daten aus einer unausgelesenen Stichprobe prüft, die Vernetzung von Emotion und Sozialisation fokussierend, in der Folge die Vernetzung von Kognition und Emotion betrachtet und dies wiederum anhand empirischer Daten analysiert[4]. Der Weg führt weiter in die Kognition zu einer empirischen Prüfung der Zusammenhänge zwischen Intelligenztestergebnissen, also höheren kognitiven Leistungen, und basalen Funktionen der Informationsverarbeitung, um dann bei einem integrativen Modell der kognitiven Entwicklung inne zu halten, die Individualität fokussierend. Letztlich wird in einem Gesamtmodell der Entwicklung Emotion, Sozialisation und Kognition integriert und dies auf die Entwicklungspsychopathologie projiziert. Am Ende dieses Weges steht die empirische Prüfung dieses integrativen Entwicklungsmodells, die zugleich den Anfang eines Weges zur Integration dieser Forschungsergebnisse in die Psychotherapiewissenschaften und die Anwendung in der Psychotherapie markieren möchte. Konsequenzen für die Psychotherapiewissenschaft und für die psychotherapeutische Behandlung von Erwachsenen, von Kindern und Jugendlichen und deren Eltern aus dem Erforschten ableitbar zu machen, ist das Anliegen

---

4   Statistische Kennzahlen werden dabei nur in dem für den statistisch interessierten Leser erforderlich scheinenden Ausmaß angeführt. Auf den Abdruck sämtlicher statistischer Tabellen verzichte ich im Interesse des Leseflusses.

18

der in der vorliegenden Arbeit gestellten und bearbeiteten Fragen, aus denen die nächsten Fragen erwachsen. Dies wird abschließend diskutiert im Verständnis, wie der Philosoph Richard David Precht es formuliert:

„Fragen stellen zu können, ist eine Fähigkeit, die man nie verlernen sollte. Denn Lernen und Genießen sind das Geheimnis eines erfüllten Lebens. Lernen ohne Genießen verhärmt, Genießen ohne Lernen verblödet" (Precht, 2007, S. 16f.).

3 Kindheitsforschung: Forschung am Vater des Mannes, an der Mutter der Frau

Forschung zur kindlichen Entwicklung zu betreiben setzt voraus, die Kindheit als Daseinsform eigenen Gepräges zu verstehen: Kindheit ist eine Idee der Neuzeit (Ariès, 1985). Daher ist die Entwicklungsforschung ein vergleichsweise junger Bereich in der Forschung zum Menschen. Im mittelalterlichen Europa wurde das Kind, sobald es dem Säuglingsalter entwachsen war, als kleiner, fertig geformter Erwachsener gesehen. Im 16. Jahrhundert wandelte der Glaube an die Erbsünde das Bild des Kindes. Erziehung war zuständig für die moralische Entwicklung des Kindes, deren Auftrag und Selbstverständnis war, mittels Züchtigung dem Kind die moralische Verdorbenheit auszutreiben, in der Idee, dass mit dem Bösen der Erziehungsgewalt das Böse im Kind zu vernichten und ihm das Gute einzubläuen sei, so wie in der Mathematik aus Minus mal Minus Plus wird. In diesem Sinne trug König Heinrich IV. von Frankreich (1553–1610) der Erzieherin seines Sohnes Louis, der dann im Alter von neun Jahren zu König Ludwig XIII. gekrönt werden sollte, auf: „Ich befehle Ihnen, ihn immer zu peitschen, unabhängig davon, ob er willig oder ungezogen ist. Denn ich weiß aus meiner eigenen Erfahrung, dass mir selbst nichts besser getan hat" [Anm.: Übersetzung aus dem Englischen B.S.] (Wallace, Franklin, Keegan, 1994, nach (Slater & Bremner, 2006 [2003], S. 5). Die Grundidee, dass Erziehung aus dem „Mängelwesen" Kind mittels Gewalt ein wertvolles Mitglied der Gesellschaft zu produzieren habe, gibt von der Antike an vor, welcher Umgang mit dem Kind dafür zu pflegen sei, zusammengefasst in dem Satz, der dem griechischen Komödiendichter Menandros (342–290 a.c) zugeschrieben wird: „Ὁ μὴ δαρεὶς ἄνθρωπος οὐ παιδεύεται" („der nicht geschundene Mensch wird nicht erzogen") (zit. nach Goethe 2002 [1811], 7). – eine Idee, die sich bis heute gehalten hat, wenn Eltern (in Unkenntnis der Gesetzeslage und ihrer eigenen seelischen Befindlichkeit) ihre Gewalterziehung wie König Heinrich IV damit rechtfertigen, dass eine solche ihnen nicht geschadet hätte.

Eine Hinwendung zur Freundlichkeit und Mitgefühl in der Erziehung läutet John Locke (1632–1704), englischer Philosoph der Aufklärung des 17. Jahrhunderts, ein: Er sieht das Kind als „tabula rasa", als unbeschriebenes Blatt, das von den Eltern und anderen Erziehungspersonen beschrieben werden müsse, damit der leere Geist des Kindes sich fülle durch sorgfältige Instruktion, beispielgebendes Verhalten und Belohnung für gutes Benehmen (vgl Berk, 2005).

Die Anfänge entwicklungspsychologischer Forschung charakterisiert eine methodische Vorgangsweise der „Einzelfallforschung", erinnernd an den Weg, den Jean Jacques Rousseau (1712–1778) mit seinem Roman „Emile" gebahnt hatte: Rousseau verfolgt den fiktiven Lebensweg des Waisenkindes Emile von seiner Geburt bis zu seiner Heirat (Rousseau & Schmidts, 1998 [1762]). Mit diesem Roman versucht Rousseau, seine Ansichten über die „natürliche" Erziehung als Erziehungsideal zu verbreiten. Er vertritt darin ein völlig neues Konzept der Kindheit und daher auch der Erziehung, davon ausgehend, dass das Kind von Natur aus gut sei, sein Moralverständnis angeboren sei. Im

Gegensatz zu Locke sieht Rousseau das Kind als ein Wesen, das sein Schicksal selbst bestimmt.

Revolutionär in seiner Zeit war Rousseaus Gedanke, das Kind als von Natur aus gut zu definieren: Im selben Jahrhundert noch erhielt der Begründer der Methodistenkirche John Wesley (1703–1791) von seiner Mutter den Erziehungsratschlag:

„Gib ihm nichts, worum er weint, absolut nichts, egal ob groß oder klein, sonst störst du deine eigene Arbeit [...]. Bringe ihn dazu, das zu tun, was von ihm verlangt wird, auch wenn du ihn zehnmal auspeitschen musst, um das zu erreichen. Lass dir von niemandem einreden, dass dies grausam sei. Es ist grausam, es nicht zu tun. Brich seinen Willen jetzt, und seine Seele wird leben, und er wird dich wahrscheinlich für alle Ewigkeit segnen" [Anm.: Übersetzung aus dem Englischen B.S.] (nach Sants & Barns, in Slater & Bremner, 2006 [2003], S. 6).

Bei aller Bestimmtheit, mit der Wesleys Mutter der Grausamkeit in der Erziehung das Wort redete, stellte sie zumindest mit der Formulierung „wahrscheinlich" die apodiktische Gültigkeit ihrer Erziehungsmethode in Frage, was deren Nutzen für die Beziehung zwischen Vater und Sohn anbelangt.

Der gewalttätige und autoritäre Erziehungsstil der Antike ist allerdings langlebig, wird er doch noch im 20. Jahrhundert dem Sadismus des Nationalsozialismus in den „Erziehungsanstalten" zur Legitimation: Die „Kinder vom Spiegelgrund" werden unter dem Deckmantel der Erziehungsmaßnahmen gefoltert und umgebracht (Berger, 2007). Die Tatsache, dass Kinderschutz und Kinderrechte überhaupt postuliert und legistisch formuliert und exekutiert werden müssen, bildet ab, dass die Ideologie der Erziehung durch Gewalt bis heute fortbesteht.

Erziehungsstile erwiesen sich lange immun gegen entwicklungspsychologisches Wissen, erst in den letzten Jahrzehnten scheinen sie davon infizierbar. Erziehung ist schon im Wortstamm ein zu ambivalenten Gefühlen anregender Begriff, vermittelt „ziehen" doch die semantische Konnotation des Zwanges. Jedenfalls aber gehen alle Erziehungsratschläge von der Prämisse aus, dass Erziehung die Entwicklung des Kindes in seiner Persönlichkeit beeinflussen kann, der Erwachsene also nicht allein das Produkt seiner genetischen Ausstattung ist. Wird allerdings aus dem Erziehungsobjekt Kind nicht das, was sich die Erziehenden und ihr Umfeld erwartet haben, so wird der Misserfolg weiterhin den Erbanlagen, also der genetischen Ausstattung, zugeschrieben, an deren Macht die Erziehung gescheitert ist. Dieser Fluchtweg aus der Verantwortlichkeit in die Ohnmacht gegenüber den Genen bietet Erziehenden Schutz vor Versagensgefühlen und dem Erleben von Minderwertigkeit in Erziehungskompetenz. Dieser ist allerdings durch die Neurobiologie in den letzten beiden Jahrzehnten verschlossen worden, das Dilemma der „nature – nurture"-Dichotomie hat sich in der neuronalen Plastizität und der nutzungsabhängigen Ausformung des menschlichen Gehirns verloren (Hüther, 2005 [2001]; Krens & Hüther, 2005).

Schon Rousseau versteht den Entwicklungsverlauf als Abfolge aufeinander aufbauender Stufen im Gegensatz zu Lockes Annahme der Entwicklung als kontinuierlichen

Prozess. Die Modellvorstellung der Entwicklungsstufen findet sich dann in der Entwicklungspsychologie wieder: Im Bereich der kognitiven Entwicklung ordnet Piaget die Entwicklung des Denkens altersbezogenen Phasen zu (Piaget, 1974; Piaget & Inhelder, 1977). Piagets Modell zur Entwicklung des kindlichen Denkens versteht jede nächsthöhere Phase als auf der vorhergehenden aufbauend, ohne dass aber deswegen die vorhergehende Denkweise nun nicht mehr verwendet wird. Jede höhere Phase stellt eine Erweiterung des Repertoires an kognitiven Fähigkeiten dar. Im Zuge der Entwicklung gewinnt das Denken des Kindes an Unabhängigkeit von der konkreten Wahrnehmung, die zunehmend in Vorstellungen eingebunden und nach dieser beurteilt wird. Entwicklung als Prozess der Abfolge von immer komplexer werdenden Fähigkeiten und Fertigkeiten zu verstehen impliziert, dass das Kind jeweils alters- und entwicklungsspezifische Aufgaben zu erfüllen hat und dies die Voraussetzung für Weiterentwicklung ist. Dieses prinzipielle Verständnis von Entwicklung hat die kognitive Entwicklungspsychologie mit der Pädiatrie in ihrem Bezug zur somatischen Entwicklung, mit der Entwicklungspsychopathologie und mit den tiefenpsychologischen Theoriegebäuden gemeinsam.

> „In jeder Entwicklungsphase finden sich ganz spezielle Entwicklungsaufgaben, die für diese bestimmte Lebensperiode typisch sind. Die erfolgreiche Bewältigung solcher Entwicklungsaufgaben führt zur harmonischen Weiterentwicklung, das Versagen im Rahmen einer Entwicklungsaufgabe macht das Individuum unglücklich, stößt auf Ablehnung durch die gesellschaftliche Umgebung oder führt zu Schwierigkeiten bei der Bewältigung späterer Aufgaben." (Resch, Parzer & Brunner, 1999, S. 18)

Piagets Forschungen folgen einer Methodik der detaillierten Beobachtung des Kindes bei der Lösung von standardisiert vorgegebenen Denkaufgaben, wie zum Beispiel dem „Drei-Berge-Versuch" zur Erfassung des räumlichen Vorstellungsvermögens und der Fähigkeit zur Perspektivenübernahme[5] oder den Aufgaben zur Klassifikation von Objekten oder zum logischen Verständnis von physikalischen Abläufen (Piaget & Inhelder, 1977; Arbinger, Hoffmann & Reithner, 2005).

Piaget sieht die Unterstützung der kindlichen Denkentwicklung darin, dem Kind Möglichkeiten zur Verfügung zu stellen, sich aktiv mit seiner Umwelt auseinander zu setzen, wozu es Material und Problemsituationen braucht, die sein Interesse wecken. Darin stimmt er mit Rousseau überein: Rousseau versteht den Auftrag der Erziehung im Erfahrungsangebot, das das Kind zur Kreativität ermuntern soll. Das Erziehungsideal Rousseaus ist, das Kind von den schädlichen Einflüssen der Gesellschaft fernzuhalten, die ideale Erziehung besteht in der „Nicht-Erziehung", woraus eine Abkehr von strengen Regeln und Lehrplänen folgt.

---

5   Dem Kind wird ein Modell von drei Bergen präsentiert, das es aus seiner Perspektive nachbauen soll. Danach wird das Kind vor die Aufgabe gestellt, die Sichtweise auf diese drei Berge aus einer anderen als der eigenen Perspektive nachzubauen.

Entwicklung als Abfolge von Phasen zu verstehen, ist den psychologischen und psychotherapeutischen Entwicklungstheorien gemeinsam, auch wenn der Dialog zwischen ihnen unterblieb.

4 Entwicklungsforschung auf getrennten Wegen

4.1. Die Spaltung des Forschungsobjekts Kind

Die Entwicklungsforschung ging getrennte Wege: Während sich die akademischen Entwicklungspsychologen Anfang des 20. Jahrhunderts, wie in Wien Karl[6] und Charlotte[7] Bühler und Hildegard Hetzer, als Kinderpsychologen verstanden, deren zentrales Interesse der normativen Entwicklung des Kleinkindes galt, und sich dabei vor allem mit kognitiven Entwicklungsprozessen beschäftigten und versuchten, Gesetzmäßigkeiten der Denk-, Intelligenz- und Sprachentwicklung zu erforschen, war die Tiefenpsychologie ohne „offizielle" Verbindung zur Entwicklungspsychologie der Universitäten an der seelischen Entwicklung und den seelischen Konflikten in der frühen Kindheit interessiert. Dass die Entwicklung der kindlichen Seelenwelt in den tiefenpsychologischen Psychotherapien einen dominanten Stellenwert einnahm, ist aus dem Verständnis des Gewordenseins der Persönlichkeit durch die Weichenstellung der frühesten Kindheitserfahrungen naheliegend:

> „Psychoanalytische Modelle stützen sich immer auf entwicklungspsychologische Konstrukte, um die psychischen Anomalien zu erklären, die sich unserem alltäglichen Verständnis des psychischen Funktionierens entziehen." (Fonagy & Target, 2007, S. 13)

Die psychoanalytische Forschung schloss dabei auf die Gesetzmäßigkeiten der Entwicklung des kindlichen Trieblebens vor allem retrospektiv aus der psychoanalytischen Arbeit mit erwachsenen Patienten. Dass die Wurzeln des menschlichen Charakters in der Kindheit liegen, war dabei ein bereits gedachter Gedanke: „Das Kind ist der Vater des Mannes" („The Child is Father of the Man" – Zeile aus dem Gedicht: „My Heart Leaps Up" von William Wordsworth, 1770–1850). Die individualpsychologische Sichtweise, seelische Gesundheit aus dem Maß an Gemeinschaftsgefühl zu definieren, dieses wiederum durch den frühkindlich geprägten Lebensstil determiniert zu verstehen, verweist ebenso wie die psychoanalytischen Modellvorstellungen der psychosexuellen Phasen auf frühest- und frühkindliche Entwicklungen und deren Störungen. Dies legt nahe, den Faktoren, die auf die frühkindliche emotionale Entwicklung den bedeutsamsten Einfluss nehmen, Aufmerksamkeit zu widmen: Daher fokussierte die von ihrem Beginn an mit Fragen der Erziehung und Pädagogik befasste Individualpsychologie Alfred Adlers ebenfalls auf die emotionale Entwicklung des Kindes und dessen Bestreben, die „Mängellage", also das dem Menschen innewohnende Minderwertigkeitsge-

---

6   Karl Bühlers Interesse galt außerdem unter anderem der Sprachtheorie, was ihn zu seinem „Organonmodell" zur Kommunikation führte (Bühler, K. 1965).

7   Zu Charlotte Bühler ist festzuhalten, dass sie ihr psychologisches Werk nicht auf die Entwicklungspsychologie des Kleinkindes beschränkt war, sondern sie sich mit der Lebensspanne des menschlichen Lebens auseinander setzte (Bühler, C. 1959) und während ihrer Emigration in der NS-Zeit in den USA mit Maslow und Rogers Ende der 1950er Jahre die Gesellschaft für Humanistische Psychologie gründete.

fühl, resultierend aus der naturgegebenen Realität der Unterlegenheit des Kindes gegenüber dem Erwachsenen, zu überwinden.

Der Beginn der Psychotherapie ist ohne Entwicklungspsychologie der Emotion und Sozialisation undenkbar:

> „Zum anderen war in der Psychoanalyse resp. in der Tiefenpsychologie ebenso von Anfang an der epigenetische Aspekt von prominenter Bedeutung. Symptome als etwas zu verstehen, was eine (individuelle und unverwechselbare) Geschichte hat (sowohl im Sinne der „Entstehungsgeschichte" und ihrer Kausalitäten als auch im Sinne dessen, was „erzählt" werden kann, was also verstanden und nicht nur erklärt werden muss, um es einer Veränderung zuführen zu können, und einen bestimmten Zeitraum (zumeist die ersten sechs Lebensjahre) als besonders entscheidend für die Persönlichkeitsentwicklung ebenso wie für bestimmte Pathologien zu bestimmen, weist prinzipiell den Entwicklungstheorien im Theoriengebäude der Tiefenpsychologie, also auch der Individualpsychologie, einen besonderen Stellenwert zu." (Stephenson, 2011, S. 101)

Trotz der räumlichen und zeitlichen Nähe zwischen dem Beginn der Entwicklungspsychologie und der Psychoanalyse blieb die Entwicklungsforschung über weite Strecken gespalten: „Für die Entwicklungspsychologie waren die Arbeiten von Freuds Schülern, die sich mit kleinen Kindern beschäftigten, nicht von Bedeutung" (Seiffge-Krenke, 2009, S. 3).

In der Zwischenkriegszeit wurde der Forschungsgegenstand der akademischen Entwicklungspsychologie „älter": Das Schulkind rückte in den Mittelpunkt des Forschungsinteresses, in der Folge die Psychologie des Jugendalters, bis die Entwicklungspsychologie schließlich auf den gesamten menschlichen Lebenszyklus bezogen wurde. Ab etwa den sechziger Jahren des vorigen Jahrhunderts wandte sich die akademische Entwicklungspsychologie auch dem schwierigen, auffälligen Kind bzw. Jugendlichen vermehrt zu. Zu eben dieser Zeit begann die Entwicklungspsychologie psychoanalytisches Gedankengut zu rezipieren, also mit einer ziemlichen zeitlichen Verzögerung, beschränkte sich aber dabei weitgehend auf die Arbeiten Freuds (Seiffge-Krenke, 2009). In der Psychoanalyse und Individualpsychologie, die ja primär auf die Behandlung psychischer Störungen ausgerichtet sind, findet sich der Zugang zum „schwer erziehbaren" Kind schon wesentlich früher (Adler, 1930e; Seelmann, 1926).

Die entwicklungspsychologische Forschung zeichnet sich zu Beginn des vorigen Jahrhunderts somit durch eine Trennung zwischen kognitiver Entwicklung, die die akademische Psychologie beschäftigt, und der den Emotionen und der Sozialisation zugewendeten Entwicklungspsychologie innerhalb der Psychotherapie aus, die Ganzheitlichkeit von Geist, Seele und Körper vernachlässigend, und hat sich von dieser Spaltung des Forschungsobjekts Kind bis heute nur ansatzweise verabschiedet:

> „Fühlen und Denken, Emotion und Kognition, Affekte und Logik sind in der wissenschaftlichen Psychologie und Soziologie bisher vorwiegend isoliert, kaum aber in ihrem regelhaften Zusammenwirken untersucht worden. In der psychischen

Wirklichkeit dagegen sind sie immer untrennbar miteinander verknüpft. Diese Tatsache an sich ist zwar schon lange bekannt, aber in ihrer Bedeutung noch nicht hinreichend erfaßt." (Ciompi, 1993, S. 76)

Die Trennung zwischen Denken und Fühlen ist in der Forschungsdimension zur kindlichen Entwicklung weitgehend erhalten geblieben, die Integration der Disziplinen verharrt innerhalb der Grenzen der Kognition versus der Affekte und Emotionen, wie zum Beispiel in der Entwicklungsneuropsychologie, selbst wenn sie ein anderes Credo voranstellt:

„Die Entwicklungsneuropsychologie ist somit eine interdisziplinäre Wissenschaft, welche Fachwissen aus der Entwicklungspsychologie, Neuropädiatrie, klinischen Psychologie, pädagogischen Psychologie und biologischen Grundlagenforschung vereint." (Kaufmann, Mrakotsky & Proksch, 2006, S. 373f.)

Denn im Weiteren konkretisieren die Autorinnen die Anwendungsbereiche der Entwicklungsneuropsychologie ausschließlich in kognitiven und der Informationsverarbeitung zugehörigen Aspekten der Entwicklung. Auch wenn folgend im Terminus „Brain-Behavior-Relationship" konzidiert wird, dass dieser „nicht nur kognitive, sondern auch alle behavioralen (inkl. emotionalen, sensorischen, motorischen] Funktionen" (ebd. S. 374) umfasse, wird – unausgesprochen – die außerhalb des beobachtbaren Verhaltens liegende emotionale und soziale Entwicklung exkludiert, wenn die Autorinnen festhalten: „Das Hauptziel der (kognitiven) Entwicklungsneuropsychologie ist der Erwerb detaillierten Wissens über die neuronalen Grundlagen kognitiver Prozesse" (ebd. S. 374). Diese Beschränkung der Entwicklungsneuropsychologie auf kognitive Funktionen ist umso erstaunlicher, als ja gerade die Neurowissenschaften, also die Wissenschaftsdisziplin, auf die sich die Entwicklungsneuropsychologie bezieht, nicht nur die neuronale Plastizität, sondern vor allem die dichte Vernetzung zwischen kortikalen und limbischen Hirnstrukturen klar gestellt haben und somit die wechselseitige Einflussnahme von Gefühl und Denken neurobiologisch belegt haben (vgl. zum Beispiel Roth, G., 2001; Hüther, 2005 [2001]; Le Doux, 2006 [Orig. 1996]; Hüther, 2009; Roth, Grün & Friedman, 2010).

Dennoch vermitteln auch aktuelle Lehrbücher der Entwicklungspsychologie weiterhin den Wissensschatz über die menschliche Entwicklung in gespaltener Form: Elaborierte, aber jeweils getrennte Kapitel zur Entwicklung von Denken und Sprache, von Gefühl und Persönlichkeit, von sozialer Kompetenz werden nicht zusammengeführt. Auf die Darstellung der wechselseitigen Einflussnahme der Entwicklungsbereiche in einer Bezugsachse des Lebens- bzw. Entwicklungsalters wird verzichtet. Genau diese aber macht die jeweils aktuelle Individualität sowohl der normativen als auch der pathologischen Entwicklung aus.

Diese Abspaltung der Emotionen und Affekte von der Kognition in der Entwicklungsforschung entspricht nun aber keineswegs der menschlichen Lebens- und Erlebensrealität, denn dieser ist eigen, dass Affekte und Emotionen nicht nur untrennbar mit dem Denken verbunden sind, sondern dieses auch organisieren und integrieren, Affekte

„Operatorwirkungen [...] auf das Denken" (Ciompi, 2005 [1997], S. 50), haben, was erst in den letzten Jahren auf mehreren Gebieten der Wissenschaft zur Erkenntnis wurde. Verzögernd für diese Erkenntnis, dass emotionale Einflüsse auf Denken und Verhalten nicht „Störfaktoren", sondern integraler und integrativer Bestandteil sind, war:

> „... der Umstand, dass Fühlen und Denken – oder Emotion und Kognition, Affekt und Logik – von der spezialisierten psychologischen und biologischen Forschung in der Vergangenheit ganz vorwiegend gesondert, nicht aber in ihren gesetzmäßigen Wechselwirkungen untersucht worden sind. Überhaupt wurden von der Wissenschaft emotionale Phänomene, nicht zuletzt aus methodologischen und definitorischen Gründen, lange Zeit vergleichsweise stark vernachlässigt. Die Folge war ein einseitig intellektzentriertes Welt- und Menschenverständnis, das, obwohl mit der beobachteten Wirklichkeit offensichtlich nicht übereinstimmend, das wissenschaftliche Denken doch lange Zeit fast ausschließlich beherrscht hat." (Ciompi, 2005 [1997], S. 11)

Andrerseits hat die Tiefenpsychologie bereits in ihren Anfängen den Einfluss der Emotionen auf die Kognition modellhaft dargestellt, dabei immer aus dem Blickwinkel der Emotionen, ohne allerdings dem kognitiven Aspekt dabei besondere Aufmerksamkeit zukommen zu lassen: Wenn die Psychoanalyse die Verdrängung als Abwehrmechanismus beschreibt, so meint sie damit die Einflussnahme von Gefühlen bzw. von emotionalen Konflikten auf das Gedächtnis (Freud, A., 1964 [1936]). Wenn die Individualpsychologie die „tendenziöse Apperzeption" als individuelle Gestaltung von Wahrnehmungsinhalten versteht, deren Ziel es ist, diese den bereits erworbenen Denk- und Fühlstrukturen im Dienste des lebensstiltypischen Sicherheitsstrebens anzupassen, so erklärt auch sie damit die Einflussnahme von Gefühlen auf die Wahrnehmung (Adler, 1904–1912).

Während die Entwicklungsforschung des Kindes- und Jugendalters die Integration von Kognition und Emotionalität vernachlässigt, ist diese in den Psychotherapiewissenschaften und in der Neurobiologie sehr wohl bereits im Gange, bezogen auf den erwachsenen Menschen von Ciompi 1982 erstmals im Zusammenhang mit dem Problem der Schizophrenie im Konzept der „Affektlogik" formuliert (Ciompi, 1982) und von ihm seither kontinuierlich weiterentwickelt und verallgemeinert. Danach „...besteht die Psyche aus zwei untrennbar verbundenen komplementären Funktionseinheiten: einem qualifizierenden Emotions- und einem quantifizierenden Kognitionssystem. Bewußte oder unbewußte affektive Faktoren beeinflussen das Denken selbst noch in der wissenschaftlichen Logik." (Ciompi, 1993, S. 76).

Dass die Entwicklung der kognitiven Strukturen beim Kind auch mit affektiven Reaktionen, wie zum Beispiel an lustvollen Äußerungen beim „Aha-Erlebnis" zu erkennen, das den Zugang zu einer nächsthöheren Abstraktionsstufe begleitet, wurde zwar bereits von Piaget in seinen minutiösen Beobachtungsprotokollen dokumentiert, blieb aber ansonsten von ihm weitgehend unbeachtet, allerdings zu Unrecht: „Aus der Sicht der Affektlogik gehören gerade sie aber zentral zum Vorgang der Abstraktion" (Ciompi, 2005 [1997], S. 116). Fast mutet diese geringe Beachtung der Rolle der Emotionen und

Affekte in der kognitiven Entwicklung als ein Beleg für diese Erkenntnis an: „Die Wirkungen der Affekte auf die kognitiven Prozesse laufen ,außerhalb des Bewußtseins'" (Ciompi, 2005 [1997], S. 123). Vielleicht laufen sie auch außerhalb des Forschungsbewusstseins und der Beobachtungsaufmerksamkeit der Entwicklungspsychologie, sobald sie sich auf die Kognition fokussiert:

> „In der Folge wurde „[...] die Bedeutung von solchen obligaten Koppelungen zwischen affektiven und kognitiven Komponenten, obwohl an sich von niemandem grundsätzlich geleugnet, von der spezialistisch meist entweder auf kognitive oder emotive Aspekte zentrierten psychologischen wie biologischen Forschung lange Zeit gewaltig unterschätzt [...]." (Ciompi, 2005 [1997], S. 51).

Auch umfassende Studien zur Entwicklung, wie zum Beispiel die über 20 Jahre durchgeführte Münchner Langzeitstudie „LOGIK" (Schneider & Bullock, 2009), deren Anliegen es war, die Veränderungen der Entwicklung einerseits, die individuelle Stabilität andrerseits über die Lebensspanne der frühen Kindheit bis zum jungen Erwachsenenalter zu untersuchen, bleiben in den Untersuchungsebenen der Trennung zwischen den Entwicklungsbereichen treu.

Erstaunlicherweise kommt „[...] das Postulat eines ständigen komplementären Zusammenwirkens eines umfassenden Affektsystems mit einem davon wesensverschiedenen Kognitionssystem" (Ciompi, 2005 [1997], S. 121) in der psychologischen und psychotherapeutischen Entwicklungsforschung also kaum zur Darstellung.

4.2 Die Spaltung der Forschungsmethoden oder: Der Elefant im Dunklen

Von deren Anfängen bis zum Ende des 19. Jahrhunderts war die Einzelfalldarstellung die Forschungsmethodik der Entwicklungspsychologie. Beobachtungen der eigenen Kinder, wie sie Ernst Scupin und seine Frau Gertrud, Wilhelm Preyer, Clara und William Stern und zuvor schon Pestalozzi und Darwin in minutiösen Tagebüchern schriftlich festhalten, legen den Grundstein zu Erkenntnissen über die kognitive, emotionale und soziale Entwicklung des Kindes (Simon & Rieken, 2007, S. XXVI, XXVII). Zentrale Forschungsaussagen basierten auf Verallgemeinerungen dieser Beobachtungen – mit allen daraus resultierenden Fehlermöglichkeiten, besonders bezüglich der Repräsentativität der so gewonnenen Erkenntnisse.

Wenngleich der Vorzug der Einzelfalldarstellung in Genauigkeit, Intensität und Kontinuität der Beobachtung durchaus der wissenschaftlichen Wertschätzung würdig ist, hat dieser Zugang in der Folge an wissenschaftlicher Reputation verloren gegenüber der Forschungsmethode, aus quantitativen Forschungsdesigns mittels statistischer Auswertungen allgemein gültige Gesetzmäßigkeiten abzuleiten. Mit dem Selbstverständnis der Psychologie als Wissenschaft war eine Spaltung der Forschung eingeleitet, die hermeneutische und qualitative Methodik in Konkurrenz zur quantitativen treten ließ. Objektivität wurde ausschließlich in naturwissenschaftlichen Zugängen geortet, fast als eine Art moderner Zahlenmystik anmutend. Qualitative Forschung geriet in den Geruch der unwissenschaftlichen Subjektivität, die Kasuistik blieb in der Folge weitgehend der Psychotherapie und der Medizin vorbehalten, sofern sie sich nicht in einen neurophysiologischen und neuropsychologischen Kontext stellen ließ: „Auch in der Forschung ist es zu bedauern, dass das Einzelfalldesign derzeit nicht salonfähig ist. Es ist übrigens weitaus anspruchsvoller als eine Versuchsreihe" (Zöllner, 2004, S. 3). Diskussionen und professionelle Kontroversen über die inhaltliche Konnotierung von Wissenschaftlichkeit bewegten sich lange Jahre in einer konkurrenzierenden Dichotomie, vielleicht der Suche nach Ordnung folgend, wie der Mensch sie seit jeher auf so vielen Ebenen seines Daseins in Polaritäten zu finden glaubt. Die Angst vor der verallgemeinernden Subjektivität, aus den historischen Ereignissen des 20. Jahrhunderts als Antwort auf die Ideologien der „Herrenrasse" durchaus einfühlbar, nachvollziehbar und zu bejahen, goss das Kind mit dem Bade aus. So ist die Kasuistik auch in den Psychotherapiewissenschaften an den Rand gedrängt worden, ihr Stellenwert verblasste ab der Mitte der achtziger Jahre des vorigen Jahrhunderts.

Die objektive Handhabung der Subjektivität stellt hohe Ansprüche (Zöllner, 2004). Bescheidener ist der Weg, die Gefahr des „wissenschaftlich begründeten" Vorurteils hintanzuhalten, indem die Kasuistik als Forschungsmethodik in das Exil einer reichen Fach-Belletristik verbannt wird. Eine Gegenbewegung zur Dominanz naturwissenschaftlich getragener, also statistisch-quantitativ gestalteter Wissenschaftlichkeit als „alleiniger Wahrheit" wird in den letzten Jahren sichtbar, wenngleich immer noch Misstrauen gegenüber der wissenschaftlichen Verlässlichkeit hermeneutischer bzw. qualitativer Forschung besteht (Gelo, Braakmann & Benetka, 2008).

Interessant erscheint in diesem Zusammenhang, dass in der Medizin, so auch in der Neurologie und Psychiatrie, die Einzelfalldarstellung weiterhin als Forschungszugang ihre Reputation behielt, ebenso in der medizinischen klinischen Diagnostik sowie in der neurologischen und psychiatrischen und psychotherapeutischen Behandlung. Es scheint, als käme der Einzelfalldarstellung umso mehr wissenschaftliches Gewicht zu, je näher bei der Medizin sich die Forschung bewegt.

Gerade in der klinischen Forschung ist eine Entwicklungslinie von der Beschreibung der Pathologie des Einzelfalles, also der Krankengeschichte des mit nicht standardisierten Verfahren untersuchten Patienten, die als ungenügend angesehen wurden, zu einer Art experimenteller Neuropsychologie zu erkennen, die versuchte, anhand von Gruppendaten Objektivität in den Forschungsergebnissen zu gewinnen.

Die Debatte zwischen quantitativen und qualitativen Methoden erinnert an das Gleichnis vom Elefanten im Dunkeln[8]: Eine Reihe von Gelehrten will den Fortschritt erkennen, der im Dunkeln steht. Jeder von ihnen betastet den Fortschritt und kommt daraus zu seiner jeweils eigenen Erkenntnis, was der Fortschritt denn sei: Einer betastet die Ohren und vermutet ein Zelt. Ein anderer schließt aus der von Stoppeln überzogenen Haut, dass er es mit einer frisch gemähten Wiese zu tun habe. Ein Dritter wiederum

---

8   Eine ausführliche Erzählung des Gleichnisses ist zu finden in: Gisela Kraft: Der Elefant im Dunkeln (Kraft, 1988)

bekommt eines der mächtigen Beine zu fassen und ist sich sicher, dass er die Säule eines Gebäudes umschlingt. Und ein Vierter, der den Rüssel und dessen feuchtes Ende untersucht, meint, den Fortschritt im Wasserspeier zu finden. Als das Licht angeknipst wird, sehen sie alle einen Elefanten. Aber dann kommt der Narr, der das Licht schnell wieder abdreht, um keinem der Gelehrten seine Hypothese und Überzeugung vom Fortschritt zu nehmen: „Die Tragödie in den Wissenschaften besteht in der Ermordung schöner Hypothesen durch ekelhafte Fakten." (Thomas Henry Huxley 1825–1895)

Seit Beginn der 80er Jahre des vorigen Jahrhunderts ist ein Paradigmenwechsel in der humanwissenschaftlichen Forschungslandschaft zu beobachten, der quantitative und qualitative Methoden aufeinander zugehen lässt, deren Besonderheiten als Gewinn durch wechselseitige Ergänzung statt als Konkurrenz verstehend. Eine Gegenüberstellung der Eigenschaften quantitativer und qualitativer Forschung macht nachvollziehbar, dass diese nicht alternativ verstanden werden können, sondern als zwei unterschiedliche Zugänge, deren Integration dem Erkenntnisgewinn zugutekommt (siehe Abbildung 1):

„Each approach has its strengths and weaknesses, and usually the strengths of an approach may be considered as the weaknesses of the other approach, and vice versa. These differences have been perceived by the proponents of each approach in terms of dichotomy, rather than complementarity." (Gelo, Braakmann & Benetka, 2008, S. 270)

Das Eingreifen des Narren ist also mittlerweile überwunden im Forschungszugang „Mixed Methods Research", der quantitative und qualitative Methoden kombiniert und integriert, was nicht nur begrüßenswert, sondern notwendig erscheint, um dem komplexen Forschungsgegenstand der menschlichen Entwicklung gerecht zu werden und dabei einerseits Theorien zu entwickeln, die allgemeine Gesetzmäßigkeiten abbilden, und andrerseits zugleich die individuellen Unterschiede beachten. Dazu ist ein Zugang unabdingbar, der sowohl intraindividuelle als auch interindividuelle Gegebenheiten im Zusammenspiel von Soma, Emotion, Kognition und Sozialisation in Betracht zieht, Integration suchend und Dichotomien vermeidend (Gelo, Braakmann & Benetka, ebd., S. 286ff.).

Attributes of quantitative and qualitative methodologies	
Quantitative Approaches	Qualititative Approaches

Nomothetic
  Extensive
  Generalizing
	Idigraphic
	  Intensive
	  Individualizing

Explanation
  Prediction
  Generalization
	Comprehension
	  Interpretation
	  Contextualization

Deduction
  Theory-driven Hypotheses-testing
  Verification-oriented (confirmatory)
	Induction
	  Data-driven
	  Hypotheses-generating
	  Discovery-oriented (exploratory)

Experimental
  True-experiments
  Quasi-experiments
	Naturalistic
	  Case-study (narrative)
	  Discourse analysis
	  Conversation analysis

Non-experimental
  Correlational
  Correlational–comparative
  Correlational–causal–comparative
  Ex-post-facto
	Focus group
	  Grounded theory
	  Ethnographic

Internal validity
  Statistical conclusion validity
	Internal validity
	  Descriptive validity
	  Interpretative validity

Construct validity Causal validity	Explanatory validity

Generalizability
  External validity
	Generalizability
	  Transferability

Abbildung 1:   Attributes of quantitative and qualitative methodologies
(Gelo, Braakmann & Benetka, 2008, S. 272)

5 Von der Ganzheitlichkeit der kindlichen Persönlichkeit

5.1 Neurobiologie als Beweisführung der Ganzheitlichkeit

In Konsequenz der getrennten Wege der Entwicklungsforschung bewegen sich Entwicklungstheorien der menschlichen Persönlichkeit innerhalb ihres jeweiligen Forschungsrahmens der Emotionen, Affekte und Beziehungsstrukturen versus der Sprach- und Denkprozesse, auch wenn dies dem menschlichen Sein nicht umfassend gerecht werden kann. Neurobiologische Forschungsergebnisse stellen Wegweiser in die Gemeinsamkeit auf: Denkmodelle der Entwicklungsforschung werden durch die Hirnforschung der letzten Jahre mit biologischen Beweisen für Postulate, Theorien und Hypothesen beliefert, sodass in vielem an das angeknüpft werden kann, was schon einmal gedacht worden war. Die Neurobiologie ist heute zu einer Art Leitdisziplin geworden, vielleicht auch, weil wir in einer Zeit leben, in der objektive Befunde eingefordert werden. Ergebnisse der neurobiologischen Forschung der letzten Jahre haben aber nicht nur in anderen Disziplinen bereits Gedachtes bestätigt, sondern auch frühere Erkenntnisse in Frage gestellt oder professionelle Diskurse der Humanwissenschaften entschieden:

> „Von besonderem Interesse ist im Hinblick auf langwierige Kontroversen der Psychologen für oder wider ein Primat der Affekte über die Kognition [...] außerdem die Erkenntnis, dass sensorische Reize nicht nur über den Umweg über die Großhirnrinde, sondern ebenfalls über direkte subkortikale Bahnen vom Thalamus zu den Mandelkernen zu gelangen und dort emotionale Reaktionen ganz ohne Beteiligung des Neokortex auszulösen vermögen." (Ciompi, 2005 [1997], S. 55)

Die vertiefte Kenntnis über die Funktionsweise des menschlichen Gehirns, die die neurobiologische Forschung in den letzten Jahren gebracht hat, lässt auch keine Zweifel mehr an dem interaktionellen Geschehen zwischen Denken und Fühlen zu:

> „Für zirkuläre affektiv-kognitive Interaktionen sorgt ein dichtes System von auf- und absteigenden Assoziationsfasern. Über sie sind die Mandelkerne nicht nur mit den präfrontalen Rindenregionen, die als Sitz der höheren geistigen Funktionen gelten, sondern ebenfalls mit dem Thalamus, dem wichtigsten Schaltzentrum für sensorische Stimuli, eng verbunden. Es gilt heute als gesichert, dass sie sämtlichen einlaufenden sensorischen Reizen eine positive oder negative emotionale Färbung verleihen. Über zusätzliche Verbindungen mit den motorischen Rindenregionen und den unmittelbar benachbarten hypothalamisch-hypophysären Hormonregulationszentren beeinflussen die Emotion generierenden und -regulierenden Bereiche außerdem den vegetativen Apparat und damit die gesamten inneren Organe. Auch anatomisch wie funktionell sind also alle Voraussetzungen für die von der Affektlogik postulierten engen Wechselwirkungen nicht nur zwischen affektiven und kognitiven Funktionen, sondern auch zwischen der affektiven Stimmung und

dem ganzen ‚peripheren Körper' mit Einschluss von sensomotorischen Funktionen und Psychomotorik erfüllt." (Ciompi, ebd., S. 55)

Das Grundkonzept der Individualpsychologie Alfred Adlers von der untrennbaren Einheit von Körper, Geist und Seele ist also bereits im strukturellen Aufbau des Gehirns von Stammhirn, zuständig für Körperfunktionen, limbischem System, dem neuronalen Aktionsfeld der Emotionen, und Cortex, der neuronalen Arena kognitiver Fähigkeiten und Fertigkeiten, physiologisch abgebildet. Seine vertiefte neurobiologische Entsprechung findet das individualpsychologische Menschenbild der untrennbaren Einheit in der neuronalen Vernetzung, therapeutischen Optimismus der individuellen Ausformung und Formbarkeit durch die erfahrens- und erlebensbestimmte neuronale Plastizität unterstützend.

Die Anstrengung, das menschliche Gen zu entschlüsseln, um dadurch die genetischen Anlagen jeder isolierten menschlichen Eigenschaft und Verhaltensweise sequenziell isolieren zu können, hatte zum Ziel, damit in der Lage zu sein, den Menschen auf der Ebene der Genstruktur verstehen und vielleicht auch in diese Anlagen korrigierend eingreifen zu können. Zwar wurde diese Hoffnung enttäuscht, aber dafür eine andere, bis dahin zu wenig verstandene Option der menschlichen Existenz klar: Die Entschlüsselung der menschlichen DNA mit Ende des vorigen Jahrhunderts beweist, dass wir zwar mit einer genetischen Grundausstattung zur Welt kommen, die Gen-Expression jedoch in weitaus größerem Maße als angenommen von Umweltfaktoren abhängt. Die strukturellen und funktionalen Bedingungen des menschlichen Gehirns sind weit mehr von Umweltbedingungen geprägt als bis zur Entschlüsselung des menschlichen Genoms am Ende des vorigen Jahrhunderts gedacht. Die Ergebnisse der neurobiologischen Forschung lassen die Bedeutung der genetischen Einflüsse für die kindliche Entwicklung und damit auch der Vererbung in neuem Lichte erscheinen. Das Konzept eines determinierenden Primats der Genetik in der menschlichen Entwicklung ist hiermit obsolet:

„Of course, behavior itself is not inherited – what is inherited is DNA. Genes encode proteins that are important for the development and regulation of the neural circuits that underlie behavior. The environment, which begins to influence its exerts in utero, becomes of prime importance after birth." (Kandel, Schwartz & Jessell, 2000 [1991], S. 2)

Die genetischen Programme sind also dafür verantwortlich, dass Nervenzellen produziert werden. Welche davon aber benützt werden und wie sie untereinander vernetzt werden, wird nicht genetisch gesteuert, sondern durch die Erfahrung bestimmt, was ein tieferes Verständnis sowohl der normativen als auch der pathologischen Entwicklung zur Verfügung stellt:

„We believe that the connection between neural networks, genes, and socialization provides a common approach to all aspects of human cognition and emotion. Pursuit of this approach can provide a basis for psychology that unifies social, cultural, differential, experimental and physiological areas, and allows normal development to serve as a baseline for understanding various forms of pathology." (Posner & Rothbart, 2007, S. 1)

Intrauterines Lernen als intrauterine Prägung ist bei weitem umfangreicher und daher auch einflussreicher auf die weitere Entwicklung des kindlichen Gehirns als noch im zweiten Drittel des vorigen Jahrhunderts angenommen, was auch die Ergebnisse der Zwillingsforschungen im letzten Jahrhundert als Beweisführung für genetische Bedingtheiten kritisch betrachten lässt, da Zwillinge eine gemeinsame Schwangerschaft und daher gemeinsame intrauterine Prägungen erfahren (Krens & Hüther, 2005). Die durch die neuronale Plastizität, also die Formbarkeit der neuronalen Netzwerke durch Umwelteinflüsse (Hüther, 2005 [2001]) gekennzeichnete Funktionsweise des menschlichen Gehirns können wir im Erwachsenenalter mitgestalten, sofern unsere Fähigkeit zur Selbstreflexion und Selbststeuerung, also die Aktivitäten des präfrontalen Cortex, nicht in Gefangenschaft unserer erfahrungsgeprägten, aber von uns unverstandenen inneren Bilder steht (Hüther, 2009). Weist die Entwicklungsneurobiologie aus, dass das limbische System bereits intrauterin beginnend und in den ersten drei bis fünf Lebensjahren grundlegend strukturiert wird (Roth, 2001), so erinnert dies an das individualpsychologische Konzept des Lebensstils: Adler postuliert, dass der Charakter eines Menschen durch die frühkindlichen Erfahrungen der ersten fünf Lebensjahre in seinen Grundzügen geprägt wird und als Lebensstil das Bewegungsgesetz des Seelenlebens bestimmt. Die bereits intrauterine Aktivierung des für die Emotionalität zuständigen limbischen Systems, das dann in den ersten drei bis fünf Jahren durch Erfahrungen seine grundlegende Strukturierung erfährt (Krens & Hüther, 2005), erscheint als neurobiologischer Beleg für das Postulat des Lebensstils, die „Folie für alle Umwelteinflüsse, da jedes menschliche Gehirn nur als sozialisiertes Gehirn überlebens- und reifungsfähig ist" (Lehmkuhl & Lehmkuhl, 2008, S. 132).

Das Selbstwirksamkeitskonzept, im präfrontalen Cortex repräsentiert, dessen neuronale Verschaltungen sich am langsamsten, aber fortdauernd entwickeln, erinnert an den mutigen Lebensstil, der der Ermutigung bedarf, um zu diesem zu werden, und diese dadurch erfährt, dass seine „Sehnsucht nach Aufgaben, an denen er wachsen kann" (Hüther, 2009, S. 135) gestillt wird. Sieht Adler das Kind als schöpferisches Wesen, das nicht vollkommen durch seine Erfahrungen determiniert ist, sondern aktiv mitbeteiligt an seiner Entwicklung, also autopoietisch, so entspricht dies dem neurobiologischen Forschungsergebnis, dass wir durch die Art, wie wir unser Gehirn „bedienen", dieses auch gestalten, also eine Art neurobiologisch wirksamer Kreativität uns Gestaltungsraum für unseren Lebensstil bietet (Hüther, 2006). Wenn Ciompi, von den emotionalen Grundlagen des Denkens ausgehend, eine „fraktale Affektlogik" entwirft, in der er Affekte als „grundlegende Operatoren von kognitiven Funktionen" (Ciompi, 2005 [1997], S. 93) und zugleich „Im Größten das Kleinste – Im Kleinsten das Größte" (Ciompi, ebd. Deckblatt) erkennt, so lässt dies ebenfalls den Begriff des Lebensstils assoziieren, der die Einheitlichkeit der Seelenbewegung bestimmt.

Allerdings bedeutet neuronale Plastizität nicht, dass jedwede Erfahrung durch andere ausgleichbar ist: früheste Prägungen geben die Grundstrukturen vor, nach denen die neuronale Aktivität dann abläuft. Der Überschuss an synaptischen Verbindungen, der in den ersten Lebensjahren zur Verfügung steht, braucht Aktivierung unter der Entwicklung zuträglichen Bedingungen. Was in den ersten Lebensjahren nicht genutzt, also nicht durch Anregung aktiviert wird, wird wieder abgebaut. Und dennoch ist der Verlust des Überschusses an synaptischen Verbindung kein endgültiger Verlust. Somit gilt heute: „Was Hänschen nicht lernt, kann Hans immer noch lernen". Und somit wird die Neuformulierung „Sentio, ergo cognosco", wie sie Overmann trifft, der Funktionsweise des menschlichen Denkens gerecht: „Der cartesische Dualismus von Geist und Körper, der zu einer fehlgeleiteten Hypertrophie des Kopfes und Amputation der Ganzheitlichkeit im Lernprozess geführt hat, ist ein Irrtum" (Overmann, 2011, S. 1).

5.2 An der Hand der Individualpsychologie auf dem Weg in eine ganzheitliche Entwicklungstheorie

Interessanterweise gehen Impulse zu einer ganzheitlichen Entwicklungstheorie von der Entwicklungspsychopathologie aus, wenn der Individualpsychologe und Kinder- und Jugendpsychiater Max Friedrich allen seinen umfangreichen Publikationen zu Erziehungsfragen zugrunde legt, dass Entwicklung aus dem Netzwerk von Emotion, Kognition, Sozialisation und Soma zu verstehen ist (ohne dieses Modell jemals in graphischer Darstellung publiziert zu haben) – siehe Abbildung 2).

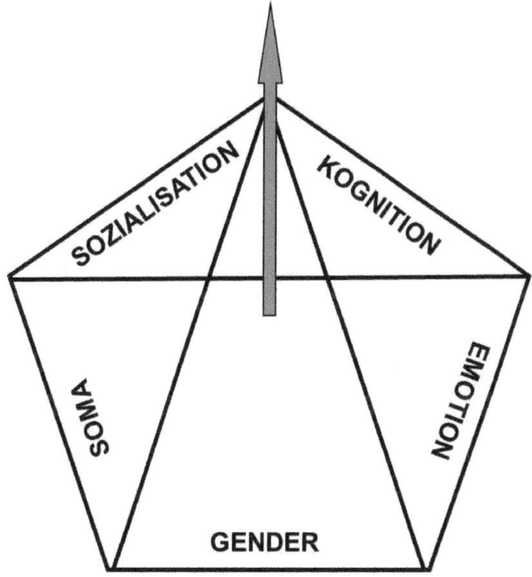

Abbildung 2: Die Achsen der Entwicklung nach Max H. Friedrich, graphisch dargestellt.

Dies legt eigentlich eine ganzheitliche individualpsychologische Entwicklungstheorie nahe. Allerdings blieb die Individualpsychologie eine in sich geschlossene Entwicklungstheorie lange schuldig:

„Richtet sich die Suche jedoch auf Werke, in denen man eine spezifisch individualpsychologische Entwicklungstheorie zu finden hofft, so bleibt die Suche erfolglos. In früheren individualpsychologischen Übersichtswerken, Handbüchern, Anthologien und Bibliographien (Wexberg 1926, Ansbacher u. Ansbacher 1965) ist der Begriff Entwicklung nicht einmal im Stichwortverzeichnis zu finden. Erst im von Reinhard Brunner und Michael Titze herausgegebenen „Wörterbuch der Individualpsychologie" finden sich in der ersten und der überarbeiteten und erweiterten zweiten Auflage (1995, 107 ff.) ein nennenswerter Eintrag zu diesem nicht nur, aber besonders für jede Tiefenpsychologie so zentralen Begriff." (Stephenson, 2011, S. 102)

Angesichts der Tatsache, dass sich die Individualpsychologie bereits in ihren Anfängen mit Themen der Erziehung und Pädagogik befasste, in ihrem Selbstverständnis der Vernetzung von Psychotherapie, Erziehung und Pädagogik, durchaus auch im Sinne einer primärpräventiven Zielsetzung, verbunden (Adler & Furtmüller, 1928 [1913]; Seelmann, 1926), verwundert dies. In Adlers Schriften finden sich an vielen Stellen Hinweise zur kindlichen Entwicklung, insbesondere eingebunden in seine Arbeiten zu Fragen der Erziehung, auf welche Adler bereits zu Beginn fokussiert. Aus diesen lässt sich Entwicklungstheoretisches ableiten. Doch wurde keine individualpsychologische Entwicklungstheorie elaboriert. Von einer solchen wäre zu erwarten, dass sie die Entwicklung der Kognition, der Emotion, der Sozialisation und der somatischen Ebene integriert.

Die wissenschaftliche Landschaft der theoretischen Konzepte zur Entwicklung der menschlichen Persönlichkeit erfährt aktuell integrative wissenschaftliche Belebung in Stephensons individualpsychologischer Entwicklungstheorie, in der er die „Big Four" der Persönlichkeitsentwicklung benennt: „a) Affektregulierung, b) Mentalisierung, c) Bindung, d) Intersubjektivität" (Stephenson, 2011, S. 105) und somit mit der Mentalisierung erstmals auch kognitive Aspekte in eine Entwicklungstheorie integriert:

„Alle vier Bereiche weisen untereinander vielfältige Verbindungen auf: Bindung ist durch die in ihr enthaltene essentielle gegenseitige Bezogenheit und Verwiesenheit die Basis, auf der Interaktionen als Realisierungen von Intersubjektivität bedeutsam und relevant werden und gemeinsam mit der „Verständnishilfe" der Mentalisierung Wahrnehmungs- und Handlungsstrukturen entstehen lassen, die an ausbalancierten Beziehungsformen ausgerichtet sind und einen dafür notwendigen regulierenden Rahmen für aufkommende Affekte bieten." (Stephenson, 2011, S. 109)

Die Modellvorstellung von Externalisierung und Internalisierung, von Stephenson assoziiert mit Piagets Begriff der „Äquilibration", der meint, dass Entwicklung in gegenseitiger Abstimmung von Angleichung des Wahrgenommenen an bereits etablierte innere Strukturen und Anpassung der inneren Strukturen an neue Wahrnehmungsinhalte geschieht, projiziert theoretische Konzepte der kognitiven Entwicklungspsychologie auf die Persönlichkeitsentwicklung. Stephenson benennt diesen konzeptuellen Gleichklang als „szenische Äquilibration":

„Alle unsere im Zuge von Externalisierungen (unserer virtuellen Positionen in den gemeinsamen Interaktionsraum) auf das Gegenüber gerichteten Handlungen (= Aktionen + Reaktionen) bilden gemeinsam mit allen Handlungen unseres auf uns gerichteten Gegenübers (= Aktionen + Reaktionen) einen ‚Interaktionsraum‘, aus dem das ‚interaktionell realisierte‘ ‚Ich‘, ‚Du‘ und ‚Wir‘ im Zuge von Internalisierungen wieder in die jeweiligen virtuellen Positionen ‚eingespeist‘ wird." (Stephenson, ebd., S. 125)

Damit findet sich in der modernen Individualpsychologie eine Begegnung zwischen emotionaler, sozialer und kognitiver Entwicklung in der Selbstverständlichkeit, wie sie dem Menschen entspricht, aber bislang in der Entwicklungsforschung wenig beachtet wurde:

„Alle vier Bereiche weisen untereinander vielfältige Verbindungen auf: Bindung ist durch die in ihr enthaltene essentielle gegenseitige Bezogenheit und Verwiesenheit die Basis, auf der Interaktionen als Realisierungen von Intersubjektivität bedeutsam und relevant werden und gemeinsam mit der „Verständnishilfe" der Mentalisierung Wahrnehmungs- und Handlungsstrukturen entstehen lassen, die an ausbalancierten Beziehungsformen ausgerichtet sind und einen dafür notwendigen regulierenden Rahmen für aufkommende Affekte bieten." (Stephenson, ebd., S. 109)

Wahrnehmungs- und Handlungsstrukturen sind also unabdingbare mentale „Werkzeuge" der Mentalisierung, die ihrerseits gestaltend auf die Mentalisierung Einfluss nehmen, aber auch von den Affekten, Emotionen und sozialen Erfahrungen geformt werden. Mentalisierung ist ohne Sprache undenkbar. Und gerade die Psychologie und die Psychotherapie wissen um die Macht der Sprache in ihrer Gestaltung der Wahrnehmung, aber auch der Erinnerungen wie auch um den Einfluss innerer Schemata auf die kognitiven Funktionen: So belegte die Gedächtnisforschung in der Psychologie, dass Gesetzmäßigkeiten zum Merken und Behalten, wie Hermann Ebbinghaus (1850–1909) sie anhand des Lernens sinnfreier Silben sie erstellte, eben nur für dieses bedeutungslose Material gelten. Aber bereits im Reproduzieren einer Geschichte finden sich Veränderungen der Geschichte, entsprechend den Erwartungen und den rationalen Strukturen des Erzählenden, wie der britische Experimentalpsychologe Sir Frederick Bartlett (1886–1969) feststellen konnte[9]. Und auch die Auswirkungen von sprachlichen Formulierungen beim Nachfragen an Erinnerungen konnte von Elisabeth Loftus 1979[10] experimentalpsychologisch belegt werden (beides siehe Seel, 2003).

---

9   Die Versuchspersonen sollten eine Geschichte, deren Inhalt ihrem Kulturkreis fremd war („The War of Ghosts"), nach zweimaligem Durchlesen innerhalb kurzer und längerer Zeitabstände wiedergeben. Dabei zeigte sich, dass wesentliche Details der Geschichte in der Erzählung so verändert wurden, dass sie dem Kulturkreis angepasst wurden, und diese veränderte Erzählung stabil im Gedächtnis blieb, während die Originalversion der Geschichte verblasst war.

10 Eine kurze Filmvorführung einer Szene eines Autounfalls wurde unterschiedlich erinnert, je nachdem, wie die Fragen zu diesem Autounfall sprachlich formuliert waren.

6 Die Einheit der Gefühlswelt – von der Phänomenologie zur Theorie zur Neurophysiologie zur Empirie

Tiefenpsychologische Konzepte finden also ihren objektiven Beleg in neurobiologischen Forschungsergebnissen zur Entwicklung und Funktionsweise des menschlichen Gehirns. Beide Ebenen sind als konjunkte „Erklärungsräume" zur Phänomenologie von Erleben und Verhalten sowie deren Entwicklung zu denken. Sie führen vom Beobachteten zur Theorie, also dem dazu „Gedachten" und von dort weiter zum neurobiologisch und neurophysiologisch Objektivierten, also dem „Gefundenen". In Konsequenz ist zu erwarten, dass die Empirie diese gedachten Konstrukte und Hypothesen und die gefundenen Substrate widerspiegelt, also Gesetzmäßigkeiten, die die Individualitäten übergreifen, auffinden lässt. Denn wenngleich der Aussage der individuellen Unverwechselbarkeit und Einzigartigkeit nichts entgegenzusetzen ist, so hat Einzigartigkeit den Bezugsrahmen der Gemeinsamkeit zur Voraussetzung: einzigartig kann nur sein, was sich von anderem unterscheidet. Einzigartigkeit braucht also die Andersartigkeit, um festgemacht werden zu können. Und, hier einmal auf den Menschen eingeschränkt: Um ein individueller Mensch zu sein, muss ich ein Mensch sein, wodurch ich mit anderen Menschen das Menschsein gemeinsam habe.

Theorien sind immer Induktionen im aristotelischen Sinn, zugleich heuristisch, und treffen nicht verifizierbare, aber falsifizierbare Aussagen über die Wirklichkeit, wie Sir Karl Popper definiert (Popper, 2007 [1935]). Sind Deduktionen aus Theorien möglich, so rücken Theorien damit näher an die Wirklichkeit. Im gegebenen Zusammenhang kommen empirische Untersuchungen, die im beobachtbaren Erleben und Verhalten von Kindern die theoretisch postulierten und neurobiologisch belegten Zusammenhänge des Entwicklungsgeschehens auf statistische Signifikanzen überprüfen, diesem Wissenschaftsanspruch der Logik in der Forschung nach.

6.1 Empirische Daten zur Einheit der Persönlichkeitsentwicklung: Selbstwert, Empathie und Impulsivität

An einer unausgelesenen Stichprobe von Volksschulkindern wurde untersucht, ob die Aussagen zum Selbstwert in Schule, Freizeit und Familie sowie im Gesamtscore zum Selbstwert und die Daten zur Erfassung der Impulsivität, dem riskanten Verhalten und der Empathie und die Daten der projektiven Testuntersuchung Zusammenhänge auffinden lassen[11].

Die Stichprobe bestand aus 124 Kindern der dritten Volksschulklasse aus zwei öffentlichen Wiener Volksschulen. Die Daten wurden im Zuge einer Evaluierungsstudie zum Einfluss von Theaterarbeit auf die kindliche Entwicklung gewonnen[12] (Sindelar,

---

11 Entsprechend den Ethikrichtlinien für Forschungsarbeiten im Bereich der humanwissenschaftlichen Forschung wurde das schriftliche Einverständnis der Eltern zur anonymisierten wissenschaftlichen Auswertung der gewonnenen Daten vorab eingeholt.

12 Die hier referierte, über die Evaluierung hinausgehende Auswertung der Daten wurde durch die Hochschuljubiläumsstiftung der Stadt Wien gefördert: Projekt H-2444/2009.

38

Friedrich, Scharinger & Kuenburg, 2008). Die Kinder waren zwischen sieben Jahren und sechs Monaten und zehn Jahren und vier Monaten alt, davon 63 (50,8 Prozent) Mädchen und 61 Buben (49,2 Prozent)[13].

Überprüft wurde folgende Hypothese: Das Selbstwertgefühl steht im Zusammenhang mit Empathie, die Empathie mit der Kontaktfähigkeit im zwischenmenschlichen Du-Kontakt und im Gruppenkontakt. Geringer Selbstwert wird mit dem Bedürfnis, mithilfe von sozial unerwünschtem Verhalten im Mittelpunkt zu stehen, beantwortet, mit dem Ziel, dadurch den Selbstwertmangel zu kompensieren. Demnach ist zu erwarten, dass Impulsivität und die Neigung zu riskantem Verhalten einen negativen Zusammenhang mit dem Selbstwert zeigen. Zur Auswertung kamen folgende Verfahren:

Selbst- und Fremdbeobachtungsverfahren:

Aussagen-Liste zum Selbstwertgefühl für Kinder und Jugendliche (ALS) (Schauder, 1995):

Dieser Selbstbeurteilungsfragebogen dient der differenzierten Erfassung des Selbstwertgefühls von Kindern und Jugendlichen in verschiedenen Lebensbereichen: Schule, Familie und Freizeit. Um Fehler durch Leseverständnisprobleme zu vermeiden, wurden den Kindern die Fragen vorgelesen und die Antworten vom Testleiter in den Antwortbogen eingetragen. Die Auswertung erfolgt nach Prozenträngen für jeden einzelnen Bereich sowie für den Gesamtwert, die Standardisierung berücksichtigt sowohl Geschlecht als auch Alter.

Inventar zur Erfassung von Impulsivität, Risikoverhalten und Empathie (IVE) (Janke, Stalder & Schmeck, 2004)

Das IVE ist ein Selbstbeurteilungsfragebogen für Kinder und Jugendliche und stellt eine für den deutschen Sprachraum adaptierte Version des Impulsivitätsfragebogens I6 von Eysenck und Eysenck (1980) zur Erfassung von Impulsivität, Risikoverhalten und Empathie dar. Die Skala Impulsivität erfasst anhand von 16 Items Aspekte kognitiver und motivationaler Impulsivität. Die Skala Risikoverhalten ermittelt das Ausmaß von riskantem und sensationssuchendem Verhalten mit ebenfalls 16 Items. Die Skala Empathie, bestehend aus 16 Items, umfasst den Bereich Einfühlungsvermögen und Sensitivität gegenüber den Gefühlen anderer Menschen. Zwecks Ausschluss von Verzerrungen durch Leseverständnisfehler wurden die Items den Kindern vorgelesen, die Antworten der Kinder von den Testleitern protokolliert.

---

13   Sämtliche statistischen Auswertungen in der vorliegenden Arbeit wurden mit dem Statistikprogramm SPSS Version 17.0 und 19.0 durchgeführt. Die Stichprobendaten wurden jeweils mittels Kolmogoroff-Smirnov-Test auf Normalverteilung geprüft und dem Ergebnis entsprechend bei Stichprobenvergleichen und Korrelationsmessungen entweder parametrische oder parameterfreie statistische Verfahren verwendet

Lehrereinschätzliste für Sozial- und Lernverhalten (LSL) (Petermann & Petermann, 2006)

Die Lehrereinschätzliste für Sozial- und Lernverhalten (LSL) dient der differenzierten Beurteilung von schulbezogenem Sozial- und Lernverhalten bei Schülern im Alter von 6 bis 19 Jahren. Die Beurteilung erfolgt anhand einer vierstufigen Skala für insgesamt zehn Teilbereiche, wobei jeder Teilbereich fünf Aussagen aufweist. Die Teilbereiche des Sozialverhaltens umfassen Kooperation, Selbstwahrnehmung, Selbstkontrolle, Einfühlungsvermögen und Hilfsbereitschaft, angemessene Selbstbehauptung sowie Sozialkontakt. Die Teilbereiche des Lernverhaltens beziehen sich auf Anstrengungsbereitschaft und Ausdauer, Konzentration, Selbstständigkeit beim Lernen sowie Sorgfalt beim Lernen.

Leistungstests:

Hamburg-Wechsler-Intelligenztest für Kinder – IV (HAWIK IV) (Petermann & Petermann, 2008)

Der HAWIK IV, die Übersetzung und Adaption des WISC-IV® von David Wechsler, ist ein Intelligenztest zur Erfassung allgemeiner und spezifischer intellektueller Fähigkeiten bei Kindern von 6;0 bis 16;11 Jahren, der sich an der bewährten Wechsler-Tradition orientiert. Vorgegeben wurden die verbalen Subtests: Begriffe erkennen, Gemeinsamkeiten finden, Zahlennachsprechen, Allgemeines Wissen, Wortschatztest.

Körperkoordinationstest für Kinder (KTK) (Kiphard & Schilling, 2007)

Der KTK dient der Messung des Entwicklungsstandes der Gesamtkörperbeherrschung und -kontrolle von normalen Kindern und Kindern mit Behinderungen im Alter von 5 bis 14 Jahren. Er besteht aus den vier Untertests Balancieren rückwärts (BR), Monopedales Überhüpfen (MÜ), Seitliches Hin- und Herspringen (SH) und Seitliches Umsetzen (SU), die sämtlich das Merkmal Gesamtkörperbeherrschung erfassen. Der KTK erlaubt die Berechnung eines Gesamt-Motorik-Quotienten (M = 100, S = 15).

Die Auswertung der erhobenen Daten zeigt folgende Ergebnisse:

Der Zusammenhang zwischen Selbstwert und Risikoverhalten ist in der Dimension der Impulsivität statistisch signifikant nachweisbar: Impulsives Verhalten korreliert[14] in einem mittleren Zusammenhang negativ mit dem Selbstwert in der Schule (r = -,434, r = ,000), in der Freizeit (r = -,306, r = ,001) und in der Familie (r = -327, p = ,000) sowie mit dem Gesamtwert in der Aussagenliste zum Selbstwertgefühl (r = -,394, p = ,000). Das heißt: Kinder mit einem geringen Selbstwert sind also zugleich auch Kinder mit erhöhter Impulsivität. Keine signifikanten Zusammenhänge lassen sich zwi-

---

14 Zur Interpretation von Korrelationskoeffizienten ist festzuhalten: „Eine Korrelation zwischen 0,10 und 0,30 wird als gering bis moderat bezeichnet und eine Korrelation zwischen 0,30 und 0,50 als moderat bis groß" (Bühner & Ziegler, 2009, S. 603).

schen Selbstwertgefühl und Empathie nachweisen, ebenso korrelieren die Neigung zu riskantem Verhalten und Empathie nicht.

Dieser Zusammenhang erscheint im erzieherischen und pädagogischen Kontext relevant: je impulsiver ein Kind, umso geringer ist also sein Selbstwert. Da Korrelationen keine Kausalzusammenhänge abbilden, muss dies auch in der umgekehrten Formulierung bedacht werden: je geringer der Selbstwert eines Kindes, umso impulsiver ist es.

Von Interesse erscheint hier auch eine Differenz zwischen den Geschlechtern: Dieser Zusammenhang zur Impulsivität findet sich bei den Mädchen in allen Bereichen des Selbstwertgefühls, also in Schule (r = -,559, p = .000) Familie (r = -,343, p = .000) und Freizeit(r = -,455 p = .000) und daher auch im Gesamtwert (r = -,497, p = .000), bei den Buben nur im Selbstwert im Bereich Schule (r = -,443, p = .000) und Familie (r = -,325, p = .011) und daher auch im Gesamtwert (r = -,383, p = .002). Impulsives Verhalten und Selbstwertgefühl in der Freizeit zeigen offensichtlich bei Buben keinen signifikanten negativen Zusammenhang, aber auch keinen positiven.

Es ließe sich vermuten, dass impulsives und riskantes Verhalten von den Lehrkräften nicht geschätzt wird und daher impulsive Kinder, die riskantes Verhalten zeigen, häufig negative Rückmeldungen auf ihr Verhalten seitens der Lehrer bekommen, was ihren Selbstwert beeinträchtigt. Wenn diese Hypothese richtig ist, müsste sich eine negative Korrelation zwischen Impulsivität im IVE und Selbstkontrolle im LSL, also der Einschätzung der Lehrkräfte, zeigen, woraus zu schließen wäre, dass Kinder, die sich selbst als impulsiv darstellen, auch von den Lehrkräften als mangelhaft selbstkontrolliert eingeschätzt werden. Allerdings finden sich insgesamt nur schwache bis höchstens mittlere signifikante Korrelationen zwischen den Skalen der Lehrereinschätzung und der Selbstbeurteilung der Kinder, dabei nur zwischen der Selbstbeurteilung der Kinder zur Empathie und, von den Lehrkräften beurteilt, der Selbstwahrnehmung (r = ,200, p = ,027), der Selbstbehauptung (r = ,192, p = ,034) und dem Sozialkontakt (r = ,266, p = ,003). Die Lehrkräfte nehmen also Kinder, die sich selbst als impulsiv darstellen, nicht zwingend als mangelhaft selbstkontrolliert wahr. Am ehesten noch finden sich Gemeinsamkeiten zwischen der Lehrereinschätzung und der Selbstdarstellung der Kinder in den Parametern des Sozialverhaltens, wenngleich auch hier die Korrelationen nur schwach sind.

Bei einer Bewertung der Aussagekraft der Ergebnisse ist natürlich zu berücksichtigen, dass die analysierten Daten zur Persönlichkeit der Kinder aus Selbstbeobachtungsinstrumenten und Fremdbeurteilungsverfahren gewonnen sind, also nicht Persönlichkeitsmerkmale erhoben wurden, sondern die Selbstdarstellung der Kinder und die Beobachtungen der Lehrkräfte zu Persönlichkeitsmerkmalen. Jedes psychodiagnostische Verfahren in Form von Fragebogen ist durch Antworttendenzen beeinflussbar, wie zum Beispiel durch die Antwort in Richtung der sozialen Erwünschtheit, durch Simulation oder Dissimulation oder auch durch Selbsttäuschung. Darin kann ein Verursachungsmoment dafür liegen, dass die Korrelationen zwischen den Skalen der Lehrereinschätzungen der Selbstbeobachtungen der Kinder niedrig und zum Großteil nicht signifikant sind.

6.2 Empirische Daten zur Einheit der Persönlichkeitsentwicklung: Selbstwert und Leistung

Wenn der Neurobiologe Gerald Hüther ein gut entwickeltes Selbstwirksamkeitskonzept als das Fundament der emotionalen Sicherheit beschreibt und dieses Selbstwirksamkeitskonzept als Resultat der frühkindlichen Erfahrungen des Kindes mit seinen Bezugspersonen versteht (Hüther, 2003), dann erinnert dies deutlich an das Konzept des Lebensstils, den Adler als in den ersten fünf Lebensjahren aus den Erfahrungen des Kindes und den Bedeutungen, die das Kind diesen Erfahrungen gibt, geprägt versteht. Selbstwirksamkeit ist damit der Antagonist des Minderwertigkeitsgefühls, das durch die Erfahrung, etwas aus eigener Kraft und selbständig geschafft und geschaffen zu haben, verringert wird. Voraussetzung dafür, dies zu erleben, ist, Gelegenheiten gehabt zu haben, sich Aufgaben zu stellen, die zwar eine Herausforderung darstellen, aber bewältigbar sind. Je mutiger das Kind, umso eher wird es sich auch an Aufgaben herantrauen, von denen es sich anfangs nicht sicher ist, dass es sie erfüllen kann. Und nur, wenn sein Selbstwert stabil ist, es also ein ermutigtes Kind ist, wird es nicht verzagen, wenn ihm die Erfüllung einer Aufgabe nicht sofort gelingt, sondern neuerliche Versuche wagen, bis es erfolgreich und damit wiederum ein Stückchen über sich selbst herausgewachsen ist. Und jeder dieser kleinen Erfolge schwächt das Minderwertigkeitsgefühl und stärkt das Selbstvertrauen, das Vertrauen in die eigenen Fähigkeiten und damit das Zutrauen in die Selbstwirksamkeit. Selbstvertrauen ist also aus Erfahrungen lernbar. Dazu braucht das Kind ein Beziehungsumfeld, das ihm einerseits zutraut, Aufgaben zu lösen, andererseits Schutz vor Überforderung bietet, also das Gleichgewicht von Forderung und Unterstützung bietet, das die Förderung der Entwicklung des Kindes auf allen Ebenen zum Ziel hat und bewirkt. Eines der Resultate dieses positiven Selbstwertgefühls ist ein konstruktiv-aktiver, mutiger Lebensstil, der die Gemeinschaftsfähigkeit des Kindes stärkt, Nur wer sich selbst schätzt, geht auch davon aus, dass er in der Gemeinschaft geschätzt wird und er ein nützliches Mitglied dieser Gemeinschaft ist, also es der Gemeinschaft insgesamt besser geht durch seine Mitgliedschaft als ohne diese.

Natürlich erfährt auch das Erleben der Gemeinschaft im Zuge der kindlichen Entwicklung eine Wandlung: Die Gemeinschaft des Kleinkindes ist die Familie. Erlebt sich das Kind in der Familie willkommen, wahrgenommen und wertgeschätzt, wird es sich selbst eine förderliche Bedeutung für die Gemeinschaft Familie zuordnen: Das Gefühl, dass alleine die eigene Existenz, das eigene „Ich" dazu beiträgt, dass es den Bezugspersonen, zu denen das Kind eine Bindung aufgebaut hat, wohler ergeht als wenn das Kind nicht wäre. Dieses existenzielle Gefühl, das wohl auch Kohut meint, wenn er vom „Glanz in den Augen der Mutter" (Kohut, 1977) spricht, ist die Startlinie zur Entwicklung einer gesunden Persönlichkeit, die den drei Lebensaufgaben der Liebe, Partnerschaft und Familie, der Leistung und der Gemeinschaft (den „Lebensaufgaben" nach Adler) gewachsen ist und sie erfolgreich lösen kann. Alfred Adler postuliert, dass alles Seelenleben zielgerichtet auf das Überwinden von Minderwertigkeitsgefühlen ausgerichtet ist und nach dem Erreichen von Sicherheit strebt. Jede Handlung, jedes Motiv ist durch seine Finalität gestaltet, die beim Entmutigten die Fiktion der Sicherheit in der Überlegenheit der Macht durch Ohnmacht nährt, beim Mutigen die Weiterentwicklung, eingebunden in die Gemeinschaft erreicht. Der Frage, inwieweit dieser Aspekt des Zusammenhangs zwischen Leistung und Selbstwert empirisch belegbar ist, geht die Auswertung der Daten nach:

Die Idee, dass der Selbstwert eines Kindes von seiner Leistungsfähigkeit beeinflusst ist, lässt sich in der vorliegenden Stichprobe nicht bestätigen. Lediglich mit dem Subtest „Zahlennachsprechen" aus dem HAWIK IV, also der Merkfähigkeit für vorgesprochene Zahlenreihen, zeigen sich schwach signifikante Zusammenhänge, die aufgrund ihrer geringen (Selbstwert in der Schule: r = ,247, p = ,006; Selbstwert in der Freizeit: r = ,181, p = ,046; Selbstwert in der Familie: r = ,190, p =,036). Keine Signifikanzen ergaben sich zwischen den Werten zum Selbstwert und dem Motorik-Quotienten.

Damit spielt – zumindest bei diesen 124 Kindern aus zwei Schulen – die aktualisierte intellektuelle und motorische Kapazität offensichtlich keine Rolle für den Selbstwert. Dieses Ergebnis lässt in einer Gesellschaft, die Leistungsfähigkeit als erste Priorität, quasi als Existenzberechtigung definiert, hoffen: Bei diesen Kindern beider Schulen ist die Botschaft, dass nur wertvoll ist, wer leistungsfähig ist, (noch) nicht angekommen.

6.3 Genderspezifische Persönlichkeitsaspekte bei Volksschulkindern unter besonderer Berücksichtigung des Einflusses der Schule

Buben und Mädchen werden unterschiedliche Ausprägungen in bestimmten Variablen der Persönlichkeit zugeordnet: Buben werden als impulsiver, risikofreudiger und weniger empathisch als Mädchen wahrgenommen, was aus Wechselwirkungen zwischen biologischen und Erziehungsfaktoren interpretiert wird. Bei Buben wird ein höheres Maß an Selbstwert angenommen, dies auch als Benachteiligungsrisiko für die Mädchen im Schulunterricht der Mädchen vermutet, da sie durch ein geringeres Selbstwertgefühl im Vergleich zu den Buben im koedukativen Unterricht weniger aktiv agieren und von den Buben in den Hintergrund gedrängt würden. In der Folge wird im bildungspolitischen Rahmen immer wieder diskutiert, inwiefern koedukativer Schulunterricht gendergerecht ist oder nicht doch eine Benachteiligung der Mädchen darstellt.

Jedenfalls beschäftigt der Einfluss der Geschlechtszugehörigkeit auf die Persönlichkeitsentwicklung die Psychotherapie, die Psychologie und die Soziologie, aber auch die Pädagogik. Die Rolle des Geschlechts auf die Persönlichkeitsentwicklung war bereits in den Anfängen der Tiefenpsychologien der Psychoanalyse und der Individualpsychologie ein zentrales Thema. Der priore Platz, den die Sexualität in der Psychoanalyse inne hat, die Fokussierung der Verursachung neurotischer Entwicklungen auf sexuelle Triebkonflikte, stellt die Geschlechtszugehörigkeit in den Mittelpunkt der gesunden und neurotischen Persönlichkeitsentwicklung. Adler rückt die Sexualität in den Zusammenhang der sozialen Bezogenheit und betrachtet die Geschlechtszugehörigkeit als eine soziale Zuordnung, die in der herrschenden patriarchalischen Gesellschaft mit der Höherwertung des Männlichen gegenüber der Entwertung des Weiblichen verbunden ist (Lehmkuhl & Lehmkuhl, 1988). Dies impliziert, Geschlechterrollen und -identitäten zu thematisieren, was dem Szenario des gesellschaftlichen Umbruchs jener Zeit entspricht: Um 1900 werden die symbolische Ordnung der Männlichkeit und Weiblichkeit und die ihnen zugeordneten Wertvorstellungen, die seit der Antike quasi als Naturgesetz bestanden hatten und in der westlichen Welt festgeschrieben waren, hinterfragt. Die Einheit der Persönlichkeit auch für den Menschen Alfred Adler bestätigend, findet seine eigene Haltung zu Männlichkeit und Weiblichkeit nicht nur in der wissenschaftlichen Dimension ihren Niederschlag, sondern zeigt sich auch gestaltend im privaten Leben in seiner Ehe mit der russischen Feministin Raissa Epstein, die von Moskau über Zürich nach Wien kommt, um hier an der Universität zu studieren (Sindelar, 2011).

Hinsichtlich der Einstellung zu Weiblichkeit und Männlichkeit ist die Familie ist der erste, aber nicht der letzte Einflussfaktor auf die Persönlichkeitsentwicklung. Da die Schule laut Schulgesetz ja nicht nur den Auftrag zur Wissensvermittlung, sondern auch zur Persönlichkeitsbildung zu erfüllen hat, ist der Einfluss der Schule auf die Persönlichkeitsentwicklung von Kindern ein Aspekt, der in Überlegungen zu Schulreformen jedenfalls zu berücksichtigen sein wird. Denn selbst wenn die Schule diesen gesetzlich verankerten Auftrag zur Persönlichkeitsbildung nicht wahrnimmt, ist Einflusslosigkeit auf die Persönlichkeit der Schulkinder nie gegeben, genauso wie es unmöglich ist, nicht mit miteinander zu kommunizieren, sobald mehr als Mensch präsent ist. Für die soziale Entwicklung haben die Erfahrungen, die Kinder während ihrer Volksschulzeit machen, weichenstellenden Charakter in ihrem Selbstbild.

Da nicht davon auszugehen ist, dass alle Schulen in gleicher Weise diese persönlichkeitsbildende Aufgabe wahrnehmen, sondern unterschiedliche pädagogische Stile in den Schulen herrschen, wie zum Beispiel ein unterschiedlicher Anspruch an Disziplin im Verhalten oder unterschiedlich hohe Leistungsanforderungen von Schulen dessselben Schultyps, aber vielleicht auch unterschiedliche Einstellungen zu männlichen und weiblichen Kindern, könnten sich die Kinder unterschiedlicher Schulen in Aspekten ihrer Persönlichkeit unterscheiden. Dieser Fragestellung wird nachgegangen, indem die Daten der in 5.1 beschriebenen Verfahren dahingehend statistisch analysiert werden, ob genderspezifische Unterschiede zwischen den Kindern zweier Schulen zu finden sind. Genderspezifische Erwartungshaltungen bergen, wie ja der Rückblick in die Menschheitsgeschichte und deren Gegengewicht in der aktuellen Genderforschung belegen, ein besonders hohes Risiko, Vorurteilscharakter zu erreichen.

Die Daten der in Kapitel 5.1 beschriebenen Stichprobe legen eine Datenanalyse auch im Hinblick auf Faktoren des sozialen Umfelds nahe (was auch die Auswahl der beiden Schulen mitbestimmte): Die Daten wurden an zwei öffentlichen Volksschulen in Wien gewonnen, und zwar einer innerstädtischen Schule mit einem hohen Anteil an Kindern mit Migrationshintergrund und einer Schule am Stadtrand, also im Grünbereich von Wien, in einem Wohngebiet mit einem niedrigen Anteil an Familien mit Migrationshintergrund. Von den 124 Kindern der Stichprobe besuchten 45 Kinder die innerstädtische Volksschule, 79 Kinder die Volksschule im Grünbezirk. Die Verteilung von Buben und Mädchen war in der Gesamtstichprobe und innerhalb der beiden Schulen in etwa gleich (Innerstädtische Schule: 22 Mädchen, 23 Buben; Schule im Grünbezirk: 41 Mädchen, 38 Buben). Daher ist nicht davon auszugehen, dass das Überwiegen eines Geschlechts in einer Schule die Ergebnisse beeinflusst.

6.3.1 Selbstwertgefühl im Gendervergleich

Die Daten aus der Aussagenliste zum Selbstwertgefühl (ALS – siehe Kap. 6.1) (Schauder, 1995) wurden zwischen Buben und Mädchen verglichen. Dabei lässt sich ein hochsignifikanter Unterschied zwischen den Geschlechtern im Selbstwertgefühl fest-stellen: Die Mädchen berichten ein signifikant höheres Selbstwertgefühl als die Buben in der Schule (p = ,029), in der Freizeit (p = ,026) und im Gesamtwert (p = ,010). Nicht signifikant ist der geschlechtsspezifische Unterschied im Selbstwertgefühl in der Fami-lie. Dieses erste Ergebnis bestätigt also nicht das erwartete Ergebnis, dass Buben über ein höheres Selbstwertgefühl verfügten und daher in der koedukativen Erziehung die Gefahr bestünde, dass Mädchen übersehen würden, sondern widerspricht diesem sogar: Der Selbstwert der Buben ist, bezogen auf die Schule, die Freizeit und im Gesamtwert, signifikant niedriger als das der Mädchen .

Die Interpretation statistisch signifikanter Ergebnisse zu verallgemeinern, bevor der Einfluss möglicher intervenierender Variablen geprüft wird, ist ein Weg, Statistik zur Bestätigung oder auch für neue Vorurteile zu missbrauchen. Im gegebenen Zusammen-hang wäre dies der Fall, würde dieses Ergebnis verallgemeinernd so formuliert, dass die Annahme, Buben verfügten über ein höheres Selbstwertgefühl, hiermit widerlegt wäre, und würde sogar als Vorurteil entlarvt, weil die Mädchen der Stichprobe ein signifikant höheres Selbstwertgefühl zeigen. Bevor diese Aussage generalisiert werden kann, ist daher zu prüfen, ob dieser Unterschied im Selbstwert zugunsten der Mädchen in beiden Schulen feststellbar ist, oder, was die Generalisierbarkeit natürlich ausschließen würde, schulenspezifisch ist. Daher wurde im nächsten Schritt statistisch analysiert, ob die Kinder der beiden Schulen unterschiedliche Werte in den Skalen des Selbstwertgefühls aufweisen, außerdem, ob die Mädchen der beiden Schulen unterschiedliches Selbst-wertgefühl zeigen, ebenso, ob sich die Buben der beiden Schulen im Selbstwertgefühl unterscheiden.

Der statistische Vergleich der Werte im Selbstwertgefühl zwischen den Kindern der beiden Schulen brachte folgende Ergebnisse: Die Kinder der innerstädtischen Schule beschreiben ein signifikant höheres Selbstwertgefühl in der Schule als die Kinder der Schule im Grünbezirk (p = ,024). In den anderen Skalen (Freizeit, Familie, Gesamtwert) unterscheiden sich die Kinder der beiden Schulen nicht.

Da die Mädchen der Gesamtstichprobe ein höheres Maß an Selbstwertgefühl zeigen, wäre jetzt der Schluss zu ziehen, dass die Ergebnisse doch zu generalisieren sind. Die Analyse nach geschlechtsspezifischen Unterschieden zwischen den Schulen verwerfen diese Schlussfolgerungen dann allerdings wieder: Der Vergleich zwischen den Mädchen der beiden Schulen zeigt keine signifikanten Unterschiede zwischen den Mädchen der beiden Schulen, dieser Einflussfaktor ist hiermit auszuschließen, d.h., das höhere Selbstwertgefühl der Kinder in der innerstädtischen Schule ist nicht darauf zurückzufüh-ren, dass die Mädchen der innerstädtischen Schule ein höheres Selbstwertgefühl als die Mädchen der Schule am Stadtrand aufweisen. Ein signifikanter Unterschied ergibt sich allerdings bei den Buben: In den Skalen Selbstwertgefühl in der Schule (p = ,013), Selbstwertgefühl in der Familie (p = ,031) und im Gesamtscore Selbstwertgefühl (p = ,040) zeigen die Buben der innerstädtischen Schule höhere Werte als die Buben der Schule im Grünbezirk. Bei diesem Ergebnis drängt sich zuerst die Vermutung auf, dass spezifische Sozialisationsfaktoren hier Einfluss nehmen: In der innerstädtischen Schule ist der Anteil der Kinder mit Migrationshintergrund wesentlich höher als in der Schule im Grünbezirk, was zu folgender interpretativen Annahme (ver)führt: Viele Kinder der innerstädtischen Schule kommen aus Familien, die aus Ethnien stammen, in denen der soziale Stellenwert des männlichen Geschlechts höher ist als der des weiblichen Geschlechts. Und dies resultiert in einem höheren Selbstwertgefühl der Buben der innerstädtischen Schule gegenüber den Buben der Schule im Grünbezirk. Dieser Schluss wäre allerdings voreilig – im Sinne des Vorurteils –, denn dieser Unterschied kann ja auch dadurch zustande kommen, dass die Buben in der Schule im Grünbezirk über ein geringeres Selbstwertgefühl verfügen als die Mädchen in der Schule im Grünbezirk und dadurch die Buben insgesamt einen niedrigen Wert im Selbstwertgefühl erreichen, also dieser Effekt nur durch die Buben in der Schule im Grünbezirk zustande kommt. Dies ist zu klären, indem die Geschlechter innerhalb der Schulen verglichen werden:

In der innerstädtischen Schule ergibt sich kein geschlechtsspezifischer Unterschied bezüglich des Selbstwertgefühls. Der Unterschied zwischen den Geschlechtern ist somit nicht durch die Daten der innerstädtischen Schule zustande gekommen, die Annahme eines Einflussfaktors der unterschiedlichen Gender-Wertung in Familien mit Migrationshintergrund ist daher zu verwerfen (und als Vorurteil identifiziert).

Aufschluss gibt der Vergleich des Selbstwertgefühls von Buben und Mädchen in der Schule im Grünbezirk: Dort findet sich ein geschlechtsspezifischer Unterschied zugunsten der Mädchen in der Skala Schule (p = ,007) und im Gesamtwert (p = ,006). Jedenfalls ist hiermit die Hypothese, dass Buben aufgrund ihres kulturellen Hintergrunds in der innerstädtischen Schule bevorzugt werden, widerlegt. Der Unterschied im Selbstwertgefühl bezüglich Schule, Freizeit und Gesamtwert zwischen den Kindern der beiden Schulen zugunsten der Kinder der innerstädtischen Schule ist also auf das geringere Selbstwertgefühl bezüglich Schule, Freizeit und im Gesamtwert der Buben in der Schule im Grünbezirk zurückzuführen.

Diese Detailanalyse macht auf drei Aspekte aufmerksam:

1 Das Risiko der voreiligen Interpretationen statistisch signifikanter Ergebnisse ist zugleich das Risiko, Vorurteile zu verfestigen oder gar auch erst zu schaffen, wenn intervenierende Variable nicht ausreichend analysiert werden.

2 Die (populäre) Annahme, dass Buben aufgrund eines höheren Selbstwertgefühls im koedukativen Schulunterricht Mädchen in den Hintergrund drängen, konnte in der vorliegenden Stichprobe von insgesamt 124 Kindern aus dritten Volksschulklassen zweier öffentlicher Schulen nicht bestätigt, sondern widerlegt werden. Diese Annahme hat also vorurteilshaften Charakter.

3 Da nicht anzunehmen ist, dass die Schule im Grünbereich eine Benachteiligung der Buben in ihrem Selbstwertgefühl in der Schule gezielt anstrebt, weisen die Ergebnisse auf unbemerkte Faktoren im pädagogischen Umfeld hin, die signifikanten Einfluss auf die Persönlichkeitsentwicklung der Schulkinder ausüben.

Die Gender-Identität bezüglich des Selbstwerts ist offensichtlich je nach pädagogischem Einfluss unterschiedlich. Diese Behauptung lässt sich deswegen aufstellen, weil nicht plausibel ist, dass die Familien im Grünbezirk den gemeinsamen Erziehungsstil haben, die Mädchen in ihrem Selbstwert mehr zu stärken als die Buben. Ebenso wenig ist anzunehmen, dass die Familien im innerstädtischen Bereich einen Erziehungsstil der Gleichwertigkeit der Geschlechter gemeinsam haben. Das, was allen Kindern der jeweiligen Schule an sozialer Einflussgröße gemeinsam ist, ist das jeweils gemeinsame pädagogische Umfeld, weswegen die Schlussfolgerung, dass der Effekt des Erziehungsstils der Schule die festgestellten Ergebnisse bewirkt, gerechtfertigt erscheint.

Da die Daten im Zuge einer Evaluierungsstudie zum Einfluss von Theaterarbeit auf die kindliche Entwicklung gewonnen wurden, konnte auch überprüft werden, inwiefern die Selbstwerteinschätzung der Kinder durch pädagogische Interventionen beeinflussbar war (in beiden Schulen wurden über drei Monate Theaterworkshops durchgeführt[15]). Dabei lässt sich feststellen, dass offensichtlich der Selbstwert der Kinder, zumindest in diesem Lebensalter, sehr plastisch ist: Die Zweittestungen nach Beendigung der Theaterworkshops ergeben, dass der Unterschied im Selbstwert zwischen den Kindern der beiden Schulen zugunsten der Kinder der innerstädtischen Schule, bedingt durch den niedrigeren Selbstwert der Buben in der Schule im Grünbezirk, nach den Theaterworkshops in der Schule nicht mehr gegeben ist. In der Zweittestung findet sich auch kein Unterschied mehr zwischen den Buben der innerstädtischen Schule und den Buben der Schule im Grünbezirk. Die Mädchen der beiden Schulen unterscheiden sich weiterhin nicht in ihrem Selbstwertgefühl. In der Schule im Grünbezirk ist der geschlechtsspezifische Unterschied zugunsten der Mädchen nicht mehr feststellbar. Damit haben die Buben der Schule im Grünbezirk in ihrem Selbstwert offensichtlich deutlich profitiert, oder, anders ausgedrückt: Die Buben der Schule im Grünbezirk konnten ihr Selbstwertdefizit im Vergleich zu den Mädchen der Schule im Grünbezirk aufholen. In der innerstädtischen Schule besteht weiterhin kein signifikanter Unterschied zwischen Buben und Mädchen.

Somit ist unter der Einflussvariablen der Kindertheaterarbeit der niedrigere Selbstwert der Buben in der Schule im Grünbezirk gegenüber den Mädchen ausgeglichen, was aber auch bedeutet, dass die Buben in ihrem Selbstwert in der Schule durch die Theaterworkshops mehr profitiert haben als die Mädchen.

6.3.2 Impulsivität, Risikoverhalten und Empathie im Gender-Vergleich

Die Daten des Inventars zur Erfassung von Impulsivität, Risikoverhalten und Empathie (IVE – siehe Kap. 6.1) (Janke, Stalder & Schmeck, 2004) wurden zwischen den Geschlechtern verglichen: Während sich in der Gesamtstichprobe keine Unterschiede zwischen Buben und Mädchen in Impulsivität, Risikoverhalten und Empathie finden, zei-

---

15   Die Theaterworkshops wurden vom „Wiener Kindertheater" in den Schulen abgehalten. Die gewonnenen Daten wurden im Hinblick auf den Effekt der Theaterarbeit auf Leistung und Persönlichkeit ausgewertet, was Anliegen und Auftrag der Studie war, innerhalb derer die Daten gewonnen werden konnten.

gen die Kinder der Schule im Grünbezirk eine signifikant höhere Impulsivität, (wobei der Mittelwert des Prozentranges bei 52,18 liegt, also keine im Gesamten überdurchschnittliche Impulsivität bei den Kindern dieser Schule festzustellen ist).

Allerdings finden sich im Vergleich zwischen den beiden Schulen Unterschiede in der Gruppe der Buben: Die Buben der Schule im Grünbezirk zeigen eine signifikant höhere Impulsivität (p = .001), aber eine geringere Empathie als die Buben der innerstädtischen Schule (p = .047). Da der mittlere Prozentrang der Buben der innerstädtischen Schule in der Skala Impulsivität PR = 25,57 beträgt, ist dies als Tendenz zur Hemmung der Buben der innerstädtischen Schule zu verstehen, der mittlere Wert von PR = 69,39 in der Skala der Empathie als Tendenz zur hohen Empathie. Die Mädchen der beiden Schulen unterscheiden sich nicht. Die Auswertung innerhalb der Schulen ergibt jedoch geschlechtsspezifische Unterschiede: In der innerstädtischen Schule liegt der Score für Impulsivität bei den Mädchen signifikant höher (p = .027), während sich in der Schule im Grünbezirk keine geschlechtsspezifischen Unterschiede ergeben.

Empirisch belegt ist hiermit, dass das pädagogische Klima der Schule Einfluss auf die Persönlichkeitsentwicklung des Kindes nimmt.

7 Vom Austausch zwischen Denken und Fühlen: Die verpasste Chance in der Pädagogik

7.1 Misserfolgsorientierung in der Schule als Entwicklungshemmnis

Zu erwarten wäre, dass in der pädagogischen Arbeit das Wissen um die somatische, kognitive, emotionale und soziale Entwicklung zusammenfließend Anwendung findet, da das grundlegende Selbstverständnis der Pädagogik die Begleitung und Unterstützung des Kindes in seiner Bildung ist, und dies ja nur gelingen kann, wenn die Pädagogik die kindliche Entwicklung in ihrer Ganzheitlichkeit von körperlicher, seelischer und geistiger Entwicklung begreift. In diesem Sinne ist auch der Bildungsauftrag der Schule in der Präambel § 2 (1) des Schulorganisationsgesetzes gesetzlich definiert:

> „Die österreichische Schule hat die Aufgabe, an der Entwicklung der Anlagen der Jugend nach den sittlichen, religiösen und sozialen Werten sowie nach den Werten des Wahren, Guten und Schönen durch einen ihrer Entwicklungsstufe und ihrem Bildungsweg entsprechenden Unterricht mitzuwirken. Sie hat die Jugend mit dem für das Leben und den künftigen Beruf erforderlichen Wissen und Können auszustatten und zum selbsttätigen Bildungserwerb zu erziehen. Die jungen Menschen sollen zu gesunden, arbeitstüchtigen, pflichttreuen und verantwortungsbewußten Gliedern der Gesellschaft und Bürgern der demokratischen und bundesstaatlichen Republik Österreich herangebildet werden. Sie sollen zu selbständigem Urteil und sozialem Verständnis geführt, dem politischen und weltanschaulichen Denken anderer aufgeschlossen sowie befähigt werden, am Wirtschafts- und Kulturleben Österreichs, Europas und der Welt Anteil zu nehmen und in Freiheits- und Friedensliebe an den gemeinsamen Aufgaben der Menschheit mitzuwirken." (Bundesgesetz vom 25. Juli 1962 über die Schulorganisation (Schulorganisationsgesetz) BGBl. Nr. 242/1962, zuletzt geändert durch BGBl. I Nr. 44/2009 § 2. Aufgabe der österreichischen Schule)

Wissensvermittlung mit Persönlichkeitsbildung zu vernetzen ist der Anspruch, den die Gesetzgebung an die Schule stellt, also ein Auftrag, der weit über die Vermittlung von Kulturtechniken und von Wissen hinausgeht. In der praktischen Umsetzung findet dies aber nur marginal Berücksichtigung, außer im Zuge eines individuellen Selbstverständnisses von Lehrkräften, die ihre „Lehrkraft" dem gesetzlichen Auftrag gemäß zum Einsatz bringen. Die Anpassung an die entwicklungsphasenspezifische Gestaltung des Unterrichts über die Schuljahre steht als unbeantwortete Forderung im „Lebensraum Schule" (Friedrich, 2008). So betrachtet, arbeitet zumindest in Österreich ein Großteil der Schulen außerhalb ihres gesetzlichen Auftrags, der die Zielsetzung der Schule klar aus einem ganzheitlichen Verständnis des Heranwachsens definiert. Zugleich wird das mangelnde Bildungsniveau, mit dem Jugendliche die Schule verlassen, sowohl in der Wirtschaft als auch auf den Universitäten bejammert. Die Zukunft des Lernens, das als lebensbegleitend und lebenslang für notwendig erachtet wird, findet offensichtlich nicht statt. Die Erwartung, dass die untrennbare Einheit von Kognition und Emotion realisiert wird, erfüllt sich nur in pädagogischen Wissenschaftsfeldern, die mit der Psychotherapie assoziiert sind, wie in der psychoanalytischen und individualpsychologischen Pädagogik, wo Lernen und Gefühl als interaktiv verstanden werden.

Außerhalb der Schule, aber auch innerhalb der Schule wird fortdauernd moniert, dass den Lehrkräften die notwendige pädagogische Kompetenz in ihrer Ausbildung nicht ausreichend vermittelt werde. Die mangelnde Vorbereitung von Lehrern und Lehrerinnen für ihre Aufgabe ist aber kein nur österreichisches Problem:

„Teachers come into the classroom poorly equipped for their profession. Teacher preparation programs often omit even basic psychology about discipline, motivation, and purposive behavior. While teachers are increasingly held accountable for the achievement and behavior of their students, they are handicapped by this lack of knowledge and skills." (Carlson, Dinkmeyer & Johnson, 2008, S. 480)

Wie mager und dürftig die Aufnahme tiefenpsychologischen Wissens in die Schule als Anwendungsgebiet der Pädagogik bis dato erfolgt ist, ist eigentlich verwunderlich, noch dazu, wo die Tiefenpsychologie von ihren Anfängen an ihre Zuständigkeit für Fragen der Erziehung deklariert und seither ständig als Thema ihrer Forschung und Praxis lebendig betrieben hat, begonnen schon von Anna Freud und Alfred Adler. Dennoch wird die Beachtung der Tatsache, dass Denken und Fühlen untrennbar miteinander verbunden sind, in der Pädagogik immer noch als Forderung gestellt, die es zu erfüllen gilt, was belegt, dass sie noch nicht erfüllt ist:

„Im Anschluss an die humanistische Bildungspädagogik fordern wir daher auf der Grundlage eines neurobiologischen Monismus eine multimodale Didaktik der Komplexität, um den Lerner in der dialektischen Einheit von Kognition und Emotion mit allen Sinnen durch mehrdimensionale Lernsituationen bei der Konstruktion seiner Persönlichkeit als autonomes Individuum zu rehabilitieren – sentio, ergo cognosco." (Overmann, 2011, S. 1)

Immer noch zahlreich sind die Schulen, die das Vorurteil, mit dem Kinder auf den Schulbesuch eingestimmt werden, nämlich dass mit der Schule der „Ernst des Lebens" beginne, zum Urteil werden lassen. Jedoch mehren sich mittlerweile die Pädagogen und Pädagoginnen, die imstande und bereit sind, in ihrer Arbeit dem gerecht zu werden, was jeder von uns in seiner Schulzeit erfahren hat und mittlerweile auch neurobiologisch nachgewiesen ist: Es gibt kein Lernen, keine Behaltensleistung ohne Gefühl, sondern vielmehr entscheidet die mit dem Lernen verbundene Emotion darüber, ob Gelerntes und was von dem Gelernten abgespeichert wird und verfügbar bleibt. Dass Lernen unabdingbar immer mit Gefühl verbunden ist, wird in der Schule konsequent ignoriert, obwohl im Alltagserleben eines jeden bestätigt: Spontane Erinnerungen an unsere Schulzeit sind keine Wissenserinnerungen, sondern Gefühlserinnerungen. Beziehungen zu Lehrpersonen und zu Mitschülern sind das, was jedem als erstes in Erinnerung kommt, denkt er an seine Schul-, Lehr- und Studienzeit zurück. Lehrstoff als zuerst wachgerufener Gedächtnisinhalt ist eine höchst seltene Ausnahme. Dies ist hirnphysiologisch determiniert und unveränderbar: Die Hirnstrukturen, die für unser emotionales Erleben zuständig sind, sind dichtest mit den Bereichen, die für kognitive Leistungen verantwortlich sind, vernetzt. Zugleich sind die Auswirkungen von emotionalem Stress auf das Lernen mittlerweile hinreichend erforscht, um daraus Konsequenzen ziehen zu können: Emotionaler Stress bewirkt zwar die vermehrte Ausbildung synaptischer Verbindungen, die jedoch nicht die nächste Stufe der neuronalen Organisation erreichen, womit das unter emotionalem Stress Erlernte nicht für die weitere Verwendung verfügbar bleibt – ein Phänomen, das jeder, der jemals unter Zeitdruck und Angst für eine Prüfung gelernt hat, aus Eigenerfahrung kennt: Das Gelernte war vielleicht zur Prüfung präsent, ist danach aber rasch in die Vergessenheit versunken und nicht mehr verwendbar, um darauf aufzubauen.

Die Ehe zwischen Spielen und Lernen ist die glücklichste Verbindung, die es gibt. Sie wird bereits vor der Geburt eines Kindes geschlossen, sie gedeiht besonders in einem harmonischen Umfeld und stabilisiert sich durch unermüdlichen Forschergeist. Die Spuren ihres Gelingens prägen sich molekularbiologisch nachweisbar im menschlichen Gehirn ein (Medina, 2003). Gefühlvoll und lustvoll Erforschtes bereichert kreatives Wissen. Schule als der Eintritt in den Ernst des Lebens verstanden, bedeutet eine gewaltsame Trennung dieses „winning teams" von Lernen und Freude. Und dennoch wird, jedweder wissenschaftlichen Erkenntnis zum Trotz, auch heute noch häufig Lernen nur dann als solches verstanden, wenn es als anstrengend und unlustvoll erlebt wird, also mit emotionalem Stress verbunden ist. Diese Form des Lernens ist bestenfalls, und auch das nur in eingeschränktem und den Optionen nur marginal gerecht werdenden Maße, als Wissenszuwachs realisierbar.

Schüchtern meldet sich das Wissen um die „Widernatürlichkeit" der Vorgangsweise, Lernen von Emotion und Sozialisation abzukoppeln, zu Wort, wenn soziales Lernen in den letzten Jahren immer mehr Beachtung im Schulunterricht findet. Soziales Lernen kann aber niemals alleinig durch die Einführung eines solchen Unterrichtsfaches effizient sein, denn es umgreift das Gesamt der Persönlichkeitsentwicklung. Die Zunahme an Aufmerksamkeit, die diesem Aspekt des Lernens geschenkt wird, keimt sicherlich in der Tatsache, dass die Pädagogik immer mehr durch Probleme der Persönlichkeitsentwicklung und durch mangelnde Lernmotivation der Schulkinder und -jugendlichen in die Überforderungsfalle in der Erfüllung ihres Bildungsauftrags gerät. Soziales und emotionales Lernen abzugrenzen von kognitivem Lernen ist nicht möglich, da entgegen der Funktionsweise unseres Hirns gedacht (vgl. Kapitel 4.1).

In diesem Sinne ist die Sichtweise kritisch zu hinterfragen, die derzeit meist unbenannt im Schulunterricht den Blick auf den Zusammenhang zwischen Lernen und Emotion kennzeichnet: Störungen der emotionalen und sozialen Entwicklung eines Kindes beeinträchtigen dessen Lernfähigkeit und sind daher in ihrer Behandlung auf die Eliminierung dieses Störfaktors des Lernens zielgerichtet: Die Störung der emotionalen und sozialen Kompetenz des Kindes möge beseitigt werden, auf dass es zu einer Optimierung seiner Lernleistung geführt werden könne. Auch dieser Ansatz führt am Ziel vorbei, wenn die seelische Gesundheit der Kinder in den Dienst der Erhöhung der Lernleistung gestellt wird. Und sie ist zu bescheiden in Anbetracht der Möglichkeiten, die die

Anerkennung der Vernetzung von Kognition, Emotion und Sozialisation für die kindliche Entwicklung bietet. Nicht die Beseitigung der „Störfaktoren" Emotion und Sozialisation, sondern die Nutzung der Tatsache, dass in der kindlichen Entwicklung Körper, Emotion, Sozialisation und Kognition in permanentem Austausch stehen und einander wechselseitig beeinflussen, ist anzustreben (vgl. Sindelar, Friedrich, Scharinger & Kuenburg, 2008).

Lehrkräfte beklagen Motivationsmängel der Schulkinder, die die Wissensvermittlung behindert. Motivation ist ein Begriff, dessen Bedeutung in der Arbeitswelt der Erwachsenen seit Jahrzehnten immer mehr in den Vordergrund gerückt wird – Strategien zur Motivierung von Mitarbeitern und Mitarbeiterinnen sind zu einem zentralen Thema in der Wirtschaft geworden. „Appreciative Inquiry", von Cooperrider in den Achtziger Jahren des vorigen Jahrhundert als wirksames „Management-Tool" zur Entwicklung im Wirtschaftsleben entwickelt, das radikal das Positive betont, gehört in der Organisationsentwicklung und im Change Management zum State of the Art (Cooperrider & Whitney, 2005). Es schließt nahtlos an den individualpsychologischen Grundbegriff der Ermutigung an. Die Erkenntnis, dass das Hinweisen auf das Positive Motivation und Einsatzfreude fördert und damit die Leistungsergebnisse optimiert, ist in dieser Klarheit erstmals von der Individualpsychologie formuliert worden.

Leistungsmotivation und in der Folge Leistungsergebnisse sind maßgeblich davon beeinflusst, welche emotionale Resonanz Kinder aus ihrer Umwelt erfahren: Hochmotivierte Kinder erreichen gute Leistungen, wenn ihnen seitens der Bezugspersonen Wärme und Anerkennung in Leistungssituationen entgegengebracht wird, während niedrig leistungsmotivierte Kinder Distanziertheit und Verärgerung bei ihren Bezugspersonen erleben (Rollett, 1997, S. 137f.). Der Zusammenhang zwischen Motivation und Leistungsbereitschaft liegt auf der Hand: Sich als erfolgreich zu erleben ermutigt und stärkt das Selbstwertgefühl, was zu weiterer Einsatzbereitschaft und Leistungsfreude führt, also unter der Bedingung emotionalen Wohlbefindens zu weiterer Leistung motiviert. Oder, plakativ zusammengefasst: ermutigte Kinder sind mutig, mutige Kinder sind motiviert. Chronisch mit eigenen Misserfolgen konfrontiert zu werden entmutigt und demotiviert.

Nach den frühen familiären Bezugspersonen des Kindes kommt der Schule eine zentrale Rolle als Einflussfaktor auf die Entwicklung des Kindes zu, sowohl was sein Selbstverständnis innerhalb der Gemeinschaft betrifft, aber vor allem natürlich, was seine Einstellung zur eigenen Leistungsfähigkeit und zur Leistungsbereitschaft und Einsatzfreude anbelangt. Trotz aller positiven Entwicklungen, die die Schule in den letzten Jahrzehnten genommen hat, ist der Schulalltag auch heute noch weit davon entfernt, das Wissen um den Effekt von positivem Feedback und Ermutigung konsequent und fruchtbringend umgesetzt zu haben. Die Schule hat sich bis dato nicht von ihrer Defizitorientierung verabschieden können: Immer noch werden Kinder vom Beginn ihrer Schulzeit an bis zu deren Beendigung kontinuierlich begleitet vom Fehler. Der Fehler ist der treue Begleiter jedes Schulkindes durch seine Schulzeit: Schriftliche Arbeiten der Kinder werden korrigiert, indem die Fehler farbig angestrichen werden und am Ende der Arbeit die Anzahl der Fehler notiert wird. Diese Fehlerzahl ist zumeist auch die Maßeinheit für die Note. Fehlervermeidung statt Leistungsoptimierung ist die Zieldefinition; deren Resultat, dass schriftliche Arbeiten von Schulkindern konsequent nach Fehlern statt nach Richtigem durchsucht werden und jeder entdeckte Fehler in einer Farbe, zumeist rot, markiert wird, ohne jemals in Frage zu stellen, ob dieses Tun tatsächlich dem Lernen zugutekommt. „Aus Fehlern lernen wir" wird als Credo genommen, jedweder wissenschaftlichen Erkenntnis zum Trotz: In einer umfangreichen experimentellen Studie konnte nachgewiesen werden, dass die Farbe Rot einen leistungshemmenden Signalcharakter hat (Elliot, Maier, Moller, Friedmann & Meinhardt, 2007).

Die farbige Kennzeichnung von Fehlern hat in zweifacher Weise hinderlichen Einfluss auf die Entwicklung des Kindes: Dass das farbige Markieren als Merkhilfe dient, ist sowohl allgemeine Alltagserfahrung als auch Lerntipp. Der Effekt des farbigen Markierens von Fehlern ist derselbe wie der des Markierens von Inhalten, die zwecks Erhöhung der Behaltensleistung so gekennzeichnet werden: Das Wortbild – in diesem Fall das fehlerhafte – wird durch die Hervorhebung des Fehlers bildhaft abgespeichert. Da üblicherweise das richtig geschriebene Wort dann von der Lehrkraft nicht mehr markiert wird, bleibt dieses korrekte Erinnerungsbild blass, jenes fehlerhafte dagegen betont. Sobald ein Kind dieses Wort dann später ohne visuelles Vorbild wieder schreibt, erinnert es dieses falsche Wortbild, ohne in diesem Augenblick bewusst zu haben, dass dieses Wortbild fehlerhaft ist. Das Kind hat sich in der Folge ein Repertoire an falschen Wortbildern gemerkt, die alle das richtige Wortbild, das ja nicht betont wurde, überlagern und in der Erinnerung dominieren. Und so kommt es, dass das Kind in einer einzigen Arbeit ein Wort in mehreren falschen Varianten schreibt. Manchmal ist allerdings auch die richtige Version dabei, was von den Erwachsenen dann fehlinterpretierend so verstanden wird, dass das Kind ohnehin „wüsste", wie das Wort zu schreiben wäre – ein Fehlschluss, denn für das Kind ist diese korrekte Schreibweise eine der vielen Möglichkeiten, die es in seinem Gedächtnis abgespeichert hat. Besonders drastisch in der Auswirkung auf die Rechtschreibfähigkeit ist das Markieren des falsch Geschriebenen dann, wenn das Kind viele Fehler macht, also Rechtschreibschwierigkeiten hat: Durch die Kennzeichnungen der Fehler werden auch die richtig geschriebenen Wörter optisch in den Hintergrund gedrängt. Die herkömmliche Art der Fehlerverbesserung verwirrt also zumeist mehr als sie hilft, besonders bei vielen Fehlern (Abbildung 3: Zu beachten ist, dass sogar die liebevolle Herzchenzeile, die das Kind unter seine schriftliche Arbeit gezeichnet hat, durch einen roten Strich in der Linienführung von der Lehrerin korrigiert wurde. Was das Kind daraus Positives lernen könnte, bleibt dem Betrachter allerdings verschlossen.).

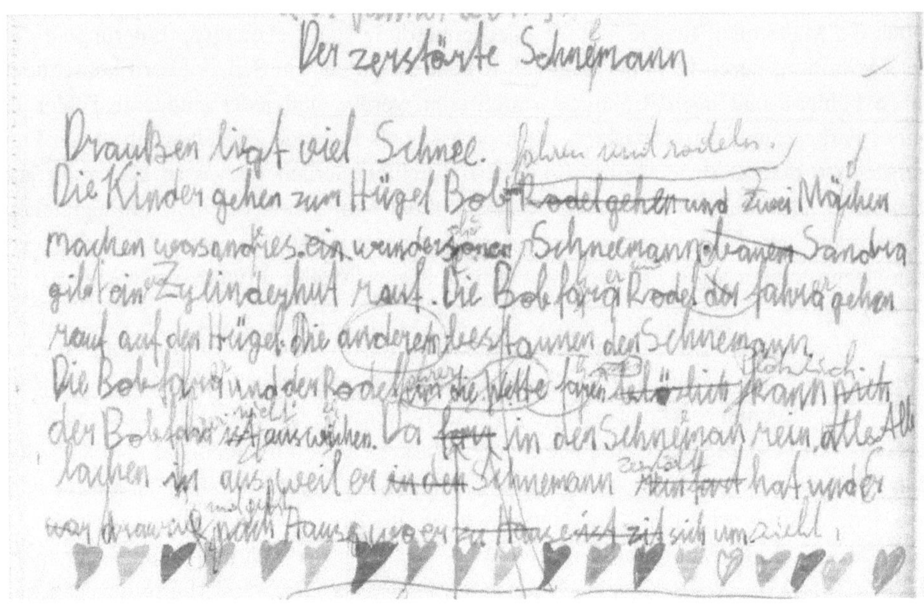

Abbildung 3: Die Förderung der Rechtschreibverwirrung durch die Korrektur der Fehler

Abgesehen von der Rechtschreibverwirrung durch die farbige Markierung der Fehler ist diese Vorgangsweise aber auch für die Entwicklung der Leistungsmotivation eines Kindes fatal. Die Markierung der Fehler sowie die noch immer übliche Aufsummierung der Fehler am Ende einer schriftlichen Arbeit ist eine für das Kind ausgesprochen entmutigende Botschaft, die zu einem Abbau der Leistungsmotivation führt. Damit wird das Schulkind zu einer misserfolgs- und versagensorientierten Haltung erzogen, die sich in der Folge negativ auf die Entwicklung der Lernmotivation auswirkt. Und gerade der Mangel an Lern- und Leistungsmotivation im Schulunterricht ist es, der den Schulerfolg unserer Kinder behindert. Motivationsmangel der Kinder und der Jugendlichen im Schulunterricht ist sowohl Szenario als auch Symptom der Hilflosigkeit und Ohnmacht für Eltern und Lehrerschaft. Als langweilig titulieren die Kinder das Unterrichtsangebot umso mehr, je höher die besuchte Schulstufe ist (Kern, 2010). Dies widerspricht allerdings der natürlichen Entwicklung: Kinder kommen als lernfreudige, und, wie wir mittlerweile wissen, auch bereits in großem Umfang lernerfahrene Wesen auf die Welt (Krens & Hüther, 2005). Ein Kind in seinen ersten Lebensjahren dabei zu beobachten, wie es das Greifen, Lallen, Krabbeln, Gehen übt, lässt den Zuschauer Zeuge der kindlichen Lernfreude, Wissbegier, Übungsbereitschaft, Ausdauer und Frustrationstoleranz werden. Lernen ist offensichtlich von Natur aus lustvoll, das Streben nach Wissen und Wachstum ein menschliches Grundbedürfnis (Hüther, 2005 [2001]), die Lernmotivation eine kostbare Mitgift aus vorgeburtlicher Zeit für die kindliche Entwicklung. Somit wäre zu erwarten, dass die Schuljahre eine glückliche Lebenszeit darstellen, da sie dieses Bedürfnis umfangreich befriedigen. Die Schulrealität ist eine andere: „Bei Schuleintritt prallen die Interessen des Kindes und die Forderungen der Schule aufeinander" (Kern, 2010, S. 79). Und so mutieren lernhungrige Kleinkinder zu lernunwilligen Schulkindern.

7.2   Der Smiley-Test: Ein Selbstbeurteilungsverfahren zur Erfassung der Leistungsmotivation von Kindern im Volksschulalter

Für die im nächsten Kapitel berichtete Studie wurde zur Erfassung der Leistungsmotivation ein Selbstbeurteilungsfragebogen erstellt. In der Konstruktion des Verfahrens wurde darauf Bedacht genommen, dass das Ergebnis nicht durch mangelnde Lesefertigkeiten eines Kindes verfälscht werden kann. Daher wurde die Form eines Bilderfragebogens gewählt, bei dem das Kind ankreuzt, ob es den lachenden, den neutralen oder den traurigen Smiley als zutreffend für die jeweilige Aussage findet, und der Text bewusst einfach gehalten:

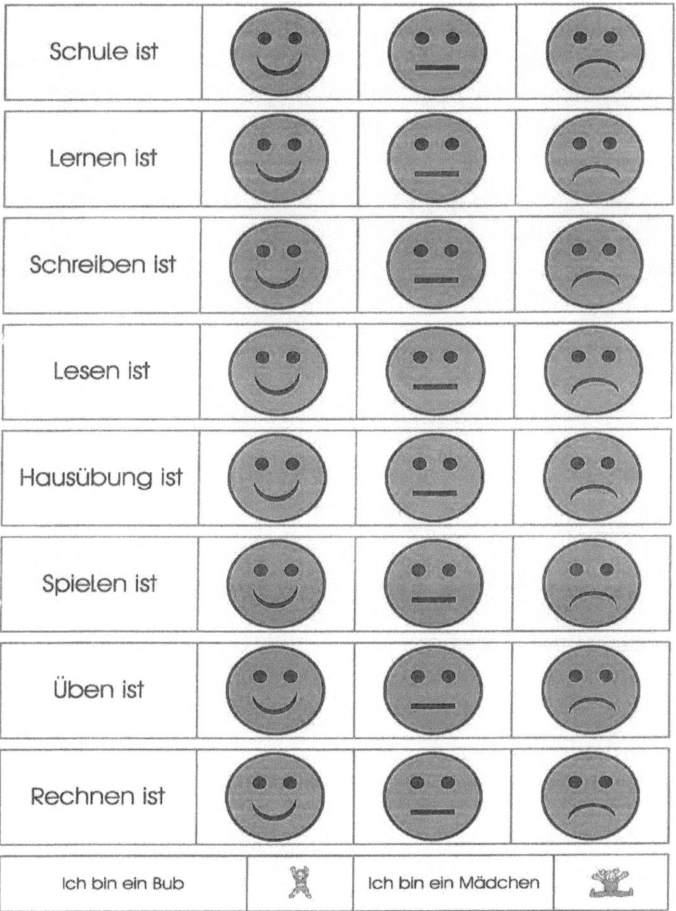

Abbildung 4: Der Smiley-Test

Verrechnung: Die Verrechnung des Smileytests sieht als Testkennwerte die Summenbildung der rangskalierten Smileys vor (trauriger Smiley = ein Punkt, neutraler Smiley = zwei Punkte, lachender Smiley = drei Punkte).

Die Eignung des Instruments zur Erfassung der Leistungsmotivation bei Volksschulkindern zu untersuchen wurden nach den üblichen testtheoretischen Gütekriterien geprüft (Kubinger, 2009, S. 38-123).

Objektivität

„Unter Objektivität eines Tests ist zu verstehen, dass die mit ihm gewonnenen Ergebnisse unabhängig vom Untersucher sind" (Kubinger, 2009, S. 38). Wie bei jedem Fragebogentest, so ist auch bei diesem Selbstbeurteilungsverfahren zu berücksichtigen, dass die Selbsteinschätzung bereits bei Kindern im Volkschulalter durch einen Bias in Richtung sozialer Erwünschtheit verzerrt werden kann: Wenn zum Beispiel dieser Fragebogen von der Klassenlehrperson dem Kind vorgegeben wird, möchte das Kind möglicherweise durch positive Motivationsantworten die Klassenlehrkraft erfreuen, bei ihr in einem guten Licht dastehen. Da in der soeben referierten Untersuchung die Smiley-Fragebögen aber nicht der Klassenlehrkraft abgegeben wurden, sondern den Studierenden des mitarbeitenden Teams, was die Kinder auch wussten, ist diese Verfälschungstendenz mit großer Wahrscheinlichkeit nicht gegeben. Natürlich ist dabei nicht grundsätzlich auszuschließen, dass die Kinder auch den Studierenden als besonders schulmotiviert imponieren wollten. Allerdings ist dieser Bias bei jeder Art von Selbstbeurteilungsverfahren gegeben und kein spezifisches Problem des Smiley-Tests.

Objektivität, wie Kubinger sie definiert, meint auch die Testleiterunabhängigkeit. Von einer weitgehenden Testleiterunabhängigkeit kann beim Smileytest ausgegangen werden, da es nur zu einer minimalen Interaktion zwischen Kind und Testleiter kommt (der Testleiter legt dem Kind den Bogen vor und erklärt die Aufgabenstellung).

Verrechnungssicherheit:

Das Verfahren kann als verrechnungssicher angesehen werden, da die Punktezuordnung zu den Smileys definiert und einfach ist, den Zahlenraum 1 bis 3 pro Item erfassend. Die maximal mögliche Punktezahl beträgt also 24.

Interpretationseindeutigkeit:

Die Schlussfolgerung aus den Testergebnissen, nämlich die Identifikation der Selbstdarstellung der Leistungsmotivation, ist einfachst, da die erreichten Punkte Prozenträngen zuzuordnen sind (siehe: Normierung).

Konstruktvalidität:

Diese ist augenscheinlich durch die Zuordnung eines traurigen oder eines neutralen oder eines fröhlichen Smiley zu Schule, Lesen, Schreiben, Rechnen, Hausübung und Übung gegeben. Das Item „Spielen" hat den Charakter eines Prüfitems, um sicher zu stellen, dass das Kind die Instruktion verstanden hat, da davon ausgegangen werden kann, dass Spielen bei allen Kindern beliebt ist. Dies wurde auch in der Reliabilitätsprüfung berücksichtigt, indem diese ohne dieses Item berechnet wurde:

56

Reliabilität:

„Die Reliabilität eines Tests beschreibt den Grad der Genauigkeit, mit dem er ein bestimmtes Persönlichkeitsmerkmalen misst, gleichgültig, ob er dieses Merkmal auch zu messen beansprucht" (Kubinger, 2009, S. 49). Zur Berechnung der inneren Konsistenz, also zur Bestimmung der Itemhomogenität, wurde die Reliabilität nach der Split-Half-Methode und Cronbachs α berechnet. Bei der Split-Haft-Methode nach Spearman-Brown werden sämtliche Items in zwei Gruppen aufgeteilt und zueinander in Korrelation gesetzt. Eine Alternative dazu stellt die Reliabilitätsschätzung nach Cronbachs α dar, mit welcher sich die untere Grenze der Reliabilität bestimmen lässt. Die Richtlinien der DIN 33430 für berufsbezogene Eignungsdiagnostik geben eine akzeptable Mindestreliabilität von .70 und eine wünschenswerte Reliabilität von über .85 vor (Moosbrugger & Rauch, 2004). Da das Item „Spielen ist" als Kontrollitem gedacht ist, um sicher zu gehen, dass das Kind die Instruktion verstanden hat, wurde die Reliabilität unter Ausschluss dieses Items berechnet: Mit einer Reliabilität von .785 erfüllt der Smiley-Test das Gütekriterium der Reliabilität.

Ökonomie:

„Ein Test erfüllt das Gütekriterium Ökonomie, wenn er, gemessen am diagnostischen Informationsgewinn, relativ wenig Ressourcen (Zeit und Geld) beansprucht" (Kubinger, 2009, S. 94). Die Durchführung des Smiley-Tests nimmt maximal fünf Minuten in Anspruch und ist damit als ausgesprochen zeitökonomisch zu sehen. Die Auswertung dauert sicherlich nicht länger als zwei Minuten, denn für die Auswertung müssen lediglich die erreichten Punkte addiert werden, also sieben Zahlen im Zahlenraum von 1 bis 3. An Material ist für die Durchführung lediglich ein einseitiger Testbogen erforderlich. Das Kriterium der Ökonomie ist also erfüllt.

Normierung:

„Ein Test erfüllt das Gütekriterium Normierung, wenn für sein Bezugssystem zur Relativierung des individuellen Ergebnisses (die sog. ‚Normen') folgende Bedingungen gegeben sind:
- die Normen sind gültig, d.h. nicht veraltet
- die Population, für die die Normen gelten, ist definiert
- die für die Erstellung der Normen herangezogene Stichprobe ist repräsentativ" (Kubinger, 2009, S. 64).

Die Normen sind aus Daten, die innerhalb der Schuljahre 2004-2009 gewonnen wurden, errechnet. Damit sind sie als aktuelle Daten anzusehen. Die Population, für die die Normen gelten, ist definiert: Die Normen beziehen sich auf die ersten vier Volksschuljahre. Die für die Erstellung der Normen herangezogene Stichprobe ist mit insgesamt 1092 Testungen als repräsentativ zu betrachten. Die Rohwerte werden umgerechnet in Prozentränge, die getrennt nach Schulstufe und Geschlecht zur Verfügung stehen.

Nützlichkeit:

„Ein Test ist dann nützlich, wenn für das von ihm gemessene Merkmal praktische Relevanz besteht und die auf seiner Grundlage getroffenen Entscheidungen (Maßnahmen) mehr Nutzen als Schaden erwarten lassen" (Kubinger, 2009, S. 107). Die praktische Relevanz ist sowohl in der Gruppendiagnostik im Rahmen der pädagogischen und psychologischen Forschung gegeben, da Motivationsschwierigkeiten, wie vorher ausgeführt, seitens der Lehrerschaft zunehmend als hinderlich im Schulunterricht berichtet werden. In der Einzelfalldiagnostik erscheint die Durchführung des Tests ebenfalls praxisrelevant, da das Kind damit innerhalb kürzester Zeit die Möglichkeit hat, über seine Schulmotivation Auskunft zu geben, ohne dadurch in seiner sprachlichen und schriftsprachlichen Ausdrucksfähigkeit besonders gefordert zu sein. Die sprachlich einfachen Formulierungen machen den Test auch für Kinder anwendbar, die nicht Deutsch muttersprachlich aufgewachsen sind, aber bereits ein gewisses Maß an sprachlicher Kommunikationsfähigkeit, vor allem an sprachlichem Verständnis zur Verfügung haben. Die Kenntnis der verwendeten Wörter (Schule, Schreiben, Lesen, Rechnen, Hausübung, Übung, Spielen) ist bei Volksschulkindern, die deutschsprachig unterrichtet werden, sicherlich gegeben, selbst wenn Deutsch nicht ihre Muttersprache ist. Damit ist die sprachliche Anforderung gering, die praktische Relevanz, die Schulmotivation des einzelnen Kindes zu erfassen, ist augenscheinlich, da mangelnde Motivation den Lernerfolg nachweislich einschränkt (siehe Kapitel 6.1).

Zumutbarkeit:

„Ein Test erfüllt das Gütekriterium Zumutbarkeit, wenn er die Testperson absolut und relativ zu dem aus seiner Anwendung resultierenden Nutzen in zeitlicher, psychischer (insbesondere energetisch-motivationaler und emotionaler) sowie körperlicher Hinsicht schont" (Kubinger, 2009, S. 111). Dieses Gütekriterium der Zumutbarkeit ist sowohl in zeitlicher als auch im psychischer als auch in körperlicher Hinsicht durch den geringen zeitlichen und kognitiven Aufwand bei der Durchführung des Tests erfüllt.

Fairness:

„Ein Test erfüllt das Gütekriterium der Fairness, wenn die resultierenden Testwerte zu keiner systematischen Diskriminierung bestimmter Testpersonen zum Beispiel aufgrund ihrer ethnischen, soziokulturellen oder geschlechtsspezifischen Gruppenzugehörigkeit führen" (Kubinger, 2009, S. 118). Für den Smileyfragebogen wurde überprüft, inwiefern geschlechtsspezifische Unterschiede bestehen. Da die Gruppe der Mädchen insgesamt signifikant höhere Werte erreicht, die Mädchen also insgesamt im Smiley-Test ein Ergebnis einer höheren Schulmotivation zeigen, wurden die Prozentränge getrennt für Buben und Mädchen berechnet. Unterschiede in der Leistungsmotivation zwischen den Kindern verschiedener Schulstufen ließen sich ebenfalls nachweisen, weswegen getrennte Normen für jede Schulstufe berechnet wurden.

7.3 Empirische Ergebnisse zum Zusammenhang zwischen Wollen und Können – Motivation und Leistung: Die „Fehlerkiller-Studie"[16]

In einer Langzeitstudie über vier Jahre an Volksschulkindern in Wien wurde überprüft, welchen Einfluss der Verzicht auf die Kennzeichnung von Fehlern und auf ein defizitorientiertes Feedback auf die Lernleistung und die Leistungsmotivation hat: In den am Projekt beteiligten Schulen gingen die Lehrkräfte vom ersten Schultag in der ersten Klasse bis zum Ende des vierten Schuljahres, also die gesamte Volksschulzeit der Kinder hindurch, in allen Unterrichtsgegenständen konsequent anders als üblich mit Fehlern in schriftlichen Arbeiten der Kinder um: Markiert wurden nicht die Fehler, sondern das Richtige, ebenso wurden nicht die Fehler aufsummiert, sondern die Anzahl der richtigen Wörter bzw. Rechnungen. Durch diese Kennzeichnung des Richtigen wurden die Kinder auf ihre Erfolge hingewiesen, also ihre schriftlichen Leistungen mit positivem Feedback beantwortet. Fehler wurden im Feedback ignoriert. Am Ende jedes Schuljahres wurde sowohl die Rechtschreib-, Lese- und Rechenleistung mittels standardisierter Tests (Salzburger Lese- und Rechtschreibtest SLRT, Landerl, Wimmer & Moser, 1997); Subtest 3-Angewandtes Rechnen aus dem AID 2, Kubinger & Wurst, 2000) als auch die Leistungsmotivation der Kinder mittels eines dafür entwickelten Smiley-Fragebogens (Sindelar, 2011) – siehe 7.2 – unter Mitarbeit eines Teams von Studierenden der Sigmund-Freud-Privatuniversität Wien evaluiert. Jeweils zu Beginn des nächsten Schuljahres erhielten die Eltern in Form eines Elternabends, der von der Projektleitung und den Klassenlehrerinnen gehalten wurde, Rückmeldung über die Evaluierungsergebnisse. Die Lehrkräfte wurden seitens der Projektleitung beratend begleitet.

Die Kontrollgruppe bestand aus Volksschulkindern der ersten bis vierten Klassen, die nach der herkömmlichen Methode mit Fehlern konfrontiert wurden, also deren Fehler durch die Lehrkräfte farbig markiert wurden und in deren Arbeiten die Anzahl der Fehler am Ende der Arbeit angegeben wurden. Für die Versuchsgruppe konnten 776, für die Kontrollgruppe 382 Datensätze gewonnen werden. Die folgenden Ergebnisse sind also aus insgesamt 1158 Datensätzen berechnet (davon 416 aus ersten Klassen, 305 aus zweiten Klassen, 327 aus dritten Klassen, 110 aus vierten Klassen, davon 49 Prozent Mädchen und 51 Prozent Buben).

Die Auswertungen[17] der Datensätze aus vier Schuljahren liefern Ergebnisse, aus denen Konsequenzen für den Schulunterricht abzuleiten wären: Am Ende des ersten Schuljahres unterschieden sich die Kinder der Versuchsgruppe und der Kontrollgruppe weder in ihrer Leistungsmotivation noch in ihren Leistungen. Am Ende des zweiten Schuljahres erreichten die Kinder der Versuchsgruppe signifikant höhere Werte in der

---

16 Eingebunden in diese Studie waren die Abschlussarbeiten des Studiums der Psychotherapiewissenschaften an der Sigmund Freud PrivatUniversität Wien von Dorit Hejze und Vivien Langer. Die Datenerhebung erfolgte durch ein Team von Studierenden der SFU. Dieses Kapitel gibt Inhalte aus der Publikation wieder: (Sindelar, Hejze & Langer, Das Fehlerkillerprojekt: Leistungsmotivation und Lernerfolg bei Volksschulkindern. Ergebnisbericht einer Langzeitstudie, 2011)

17 Die Auswertung erfolgte mittels SPSS; die Prüfung auf Normalverteilung mittels Kolmogoroff-Smirnov-Test ergab, dass die Daten nicht normalverteilt sind. Daher kamen zum Stichprobenvergleich nicht-parametrische Verfahren zur Anwendung.

Motivation zum Lernen im Vergleich zur Kontrollgruppe, in der – wie üblich – die Fehler in den schriftlichen Arbeiten gekennzeichnet wurden (p = .016, Differenz der mittleren Ränge: 22,85). Am Ende des dritten Schuljahres verstärkte sich dieser Effekt: Die Kinder der Versuchsgruppe zeigen signifikant höhere Werte in der Motivation für die Schule (p = .029, Differenz der mittleren Ränge: 19,66), zum Schreiben (p = .023, Differenz der mittleren Ränge: 22,27), für die Hausübung (p = .003, Differenz der mittleren Ränge: 30,11), zum Üben (p = .001, Differenz der mittleren Ränge: 35,02) und zum Rechnen (p = .001, Differenz der mittleren Ränge: 27,51) und auch im standardisierten Rechtschreibtest (p = .005, Differenz der mittleren Ränge: 30,22). Am Ende des vierten Schuljahres liegt die Motivation zum Schreiben (p = .014, Differenz der mittleren Ränge: 13,49) sowie die Motivation zum Lesen (p = .018, Differenz der mittleren Ränge: 10,10) der Kinder der Versuchsgruppe signifikant, die restlichen Motivationswerte tendenziell, aber nicht signifikant höher.

Die Ergebnisse der Leistungstests belegen, dass das Nicht-Markieren der Fehler die Leistungen der Kinder nicht beeinträchtigt: Am Ende des vierten Schuljahres erreichen über 57 Prozent der Kinder der Versuchsgruppe überdurchschnittliche Leistungen im standardisierten Rechtschreibtest. In den fünf Subtests des standardisierten Lesetests liegen die Prozentzahlen der Kinder, die überdurchschnittliche Leistungen zeigen, bei 78 Prozent beim Lesen häufiger Wörter, bei 58 Prozent beim Lesen zusammengesetzter Wörter, bei 67 Prozent beim Lesen eines Textes, bei 70 Prozent beim Lesen von wortunähnlichen Pseudowörtern und bei 66 Prozent bei wortähnlichen Pseudowörtern. Im standardisierten Rechentest erzielen 56 Prozent der Kinder überdurchschnittliche Werte.

Ein ungeplantes und unbeabsichtigtes Detailergebnis der statistischen Analyse ist von hoher praktischer Relevanz und Konsequenz für die Schlussfolgerungen, die aus den Resultaten der Studie zu ziehen sind: In einer der beiden Schulen, die über alle vier Jahre in dieses Projekt eingebunden waren, zeigten die Kinder am Ende der vierten Volksschulklasse signifikant niedrigere Werte in ihrer Motivation als am Ende der dritten Volksschulklasse, signifikant niedrigere Werte als die Kinder der anderen Versuchsschule und zugleich signifikant niedrigere Werte als die Kinder der Kontrollgruppe. Dieses überraschende Ergebnis ist aus einem emotional belastenden Erlebnisinhalt der Schulkinder dieser Schule erklärbar: In dieser Schule kam es aus tragischen persönlichen Gründen zu einem Wechsel in der Schulleitung, die Kinder dieser Schule hatten aber eine besonders innige persönliche Beziehung zur Direktorin ihrer Schule. Die Auswirkung dieser Belastung auf die Motivation der Kinder ist also statistisch signifikant nachweisbar.

Die in diesem Projekt realisierte Form des Umgangs mit Fehlern zeigt bei einem für die Lehrkräfte minimalen Mehraufwand, nämlich dem, die richtigen Wörter und Rechenergebnisse zu markieren und zu zählen statt die Fehler anzuzeichnen und zu summieren, eine signifikant positive Auswirkung sowohl auf die Leistungsmotivation als auch auf die Leistungen der Schulkinder. Damit ist in dieser Langzeitstudie an einer in ihrer Größe relevanten Stichprobe über einen aussagekräftigen Zeitraum von vier Schuljahren nachgewiesen, dass eine Optimierung der Motivationsentwicklung und der Lese-,

Rechtschreib- und Rechenleistung bei Volksschulkindern mit geringem Aufwand und ohne finanziellen Kostenaufwand umzusetzen ist.

Ob ein Kind also die Volksschule ermutigt oder entmutigt, leistungsmotiviert und lernfreudig oder unmotiviert und lernunwillig verlässt, ist somit nachweislich dadurch beeinflusst, wie die Lehrerinnen und Lehrer mit den erbrachten Leistungen umgehen. Zugleich ist das Detailergebnis dieser Untersuchung von essentieller Bedeutung im Kontext einer eventuellen praktischen Umsetzung, das belegt, dass optimale pädagogische Maßnahmen in ihrer Effizienz massiv beeinflussbar sind durch emotionale Faktoren – den Beziehungsaspekten kommt die tragende und auch entscheidende Rolle in der Effizienz jedweder pädagogischen Reform als erste Priorität zu.

Die Wechselwirkung zwischen der Motivation, also einer Facette der emotionalen Stellungnahme zur Leistung, und Leistungsergebnis ist somit empirisch belegt und damit auch die aktuelle Gültigkeit einer vom Individualpsychologen Seelmann bereits 1926 getroffenen Feststellung: „Wie oft aber wird gedankenlos vernichtet, was das kostbarste Gut für das Kind bedeutet, das man sorgfältig zu erhalten trachten müsste: Selbstvertrauen, das Gefühl des eigenen Wertes und der eigenen Leistung" (Seelmann, 1926, S. 181).

8 Von der Ganzheitlichkeit des Denkens

8.1 Informationsverarbeitung und höhere kognitive Leistungen

Die Entwicklungsforschung bewegt sich nicht nur in Isolation von Emotion, Sozialisation und Kognition, vielmehr finden sich auch innerhalb der Kognition noch weitere Bruchstellen, wenn diskutiert wird, Perzeption eigenständig von Kognition zu betrachten und dabei „übersehen" wird, dass die informationsverarbeitenden Funktionen der Aufmerksamkeit, der Wahrnehmung und des Gedächtnisses die Werkzeuge sind, deren sich das Kind (so wie ja auch der Erwachsene) bedient, um höhere kognitive Leistungen zu erbringen:

> „Obwohl kognitive Prozesse wesentlich besser erfaß- und auch meßbar sind als affektive, besteht doch ebenfalls in diesem Bereich nach wie vor eine erhebliche definitorische Konfusion. Unter Hinweis auf die Tatsache, dass »Kognition« von der einfachsten Wahrnehmung und Informationsverarbeitung bis zu den höchsten Denkprozessen buchstäblich alles bedeuten kann, möchten deshalb gewisse Autoren auch diesen Begriff am liebsten gänzlich über Bord werfen." (Ciompi, 2005 [1997], S. 70)

Wenn dann wiederum der Schulunterricht die „Kulturtechniken" des Lesens, Schreibens und Rechnens abgelöst von den basalen Prozessen der Informationsverarbeitung versteht und in seiner Didaktik auf die Anwendung der Kenntnisse zu den auf den unterschiedlichen Entwicklungsstufen qualitativ unterschiedlichen Prozessen des Denkens verzichtet, wie dies im Zusammenhang mit der Legastheniebehandlung postuliert wird (Suchodoletz, 2006; Klicpera, Schabmann & Gasteiger-Klicpera, 2007), so kommt das einer weiteren Spaltung innerhalb der Entwicklung der Kognition gleich – ein realitätsferner Zugang zum Menschsein.

8.2 Die „Tiefenpsychologie" der kognitiven Entwicklungspsychologie

Weiterentwicklungen von Piagets Theorie der kognitiven Entwicklung des Kindes, in der Piaget (1886–1980) vier qualitativ unterschiedliche Stufen identifiziert[18], setzen Denkoperationen in Bezug zur Informationsverarbeitung. Weiterführend erstellt die Piaget-Schülerin Félicie Affolter ein Modell zur Entwicklung der Wahrnehmung, in dem sie die Prozesse der Informationsverarbeitung als Netzwerk über die Sinnesmodalitäten, deren intermodale Vernetzung und seriale Integration versteht, und dieses wiederum als Grundlage höherer kognitiver Funktionen, wie der gesprochenen Sprache und des Lesens und Rechtschreibens, also der geschriebenen Sprache. Sie verbindet in ihrem Modell komplexe kognitive Leistungen mit basalen Prozessen der Informationsverarbei-

---

18   1. Sensumotorische Phase, 2. Phase des präoperationalen Denkens, 3. Phase des konkretoperatorischen Denkens, 4. Phase des formal-operatorischen und abstrakten Denkens (Piaget, 1974; Piaget & Inhelder, 1977; Piaget, 2003).

tung, die nach ihrer Theorie die Wurzeln der höheren Denkprozesse darstellen, differenziert dabei das System der informationsverarbeitenden Funktionen in modalitätsspezifische, intermodale und seriale Prozesse, die sich in der Interaktion des Kindes mit seiner Umwelt entwickeln.

Affolter benennt drei Stufen der basalen Informationsverarbeitung (Abbildung 5: Modell zur Entwicklung der Wahrnehmung):

1. die modalitätsspezifische Stufe: die Informationsverarbeitung innerhalb eines Sinnes gebietes entwickelt sich.
2. die intermodale Stufe: Informationen aus verschiedenen Sinnesgebieten werden mit einander verknüpft.
3. die seriale Stufe: die Reihenfolge von Informationen wird wahrgenommen, verarbeitet und behalten.

(Affolter, 1972, 1975)

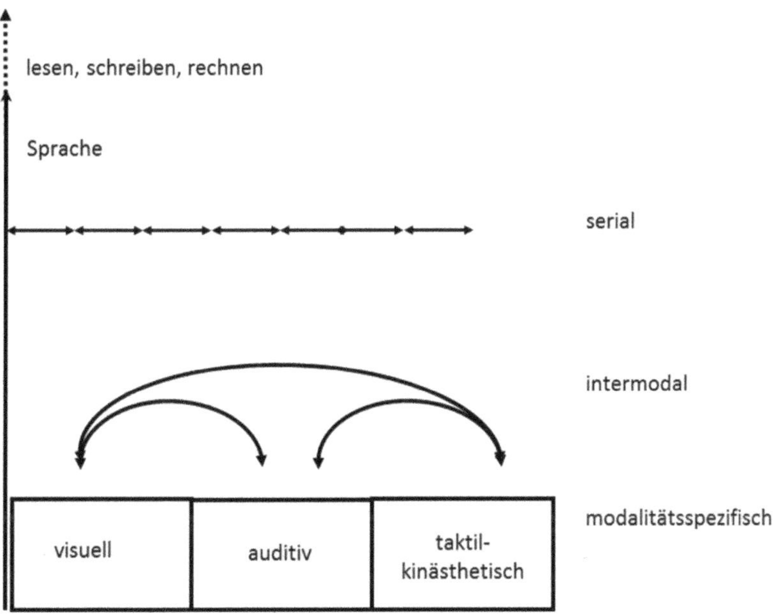

Abbildung 5: Modell zur Entwicklung der Wahrnehmung, adaptiert nach F. Affolter

Affolter erstellt ihr Modell, ausgehend von Piagets Theorien, anhand ihrer Arbeit mit Kindern mit Auffälligkeiten in der Sprachentwicklung. Sie postuliert, dass die Sprachentwicklungsstörungen der von ihr untersuchten und behandelten Kinder das Resultat eines partiellen Entwicklungsdefizits in der Informationsverarbeitung sind, da eine Störung in einer der basalen Prozesse (modalitätsspezifisch, intermodal und/oder serial) die Weiterentwicklung des Kindes zur nächsten Stufe blockiert und in der Folge auch die Sprachentwicklung hemmt (Affolter & Bischofberger, 2000). Ihr Therapieansatz beginnt daher mit der Differentialdiagnostik, in welchem Bereich der Informationsverarbeitung das Kind eine Beeinträchtigung zeigt, die Therapie besteht in der individualisierten Förderung dieser als defizitär erkannten Funktion (Affolter, 1975)[19].

Affolter beschreitet damit einen in der Forschung zur kognitiven Entwicklung völlig neuen Weg, indem sie das Denken als gestaltet durch frühkindlich entwickelte Prozesse der Informationsverarbeitung ansieht, also – von ihr nicht so ausformuliert, aber aus ihren Arbeiten ableitbar – in einem Paradigma der Entwicklungs„bewegung" postuliert, auch Symptome der kognitiven Entwicklung „als etwas zu verstehen, was eine (individuelle und unverwechselbare) Geschichte hat", wie es Stephenson für die Entwicklungstheorien der Tiefenpsychologien festhält (Stephenson, 2011, S. 111). Affolter liefert nicht nur ein Modell, das die normative Entwicklung abbildet, sondern das auch therapierelevante Diagnostik bei Kindern und Erwachsenen mit psychopathologischen Symptomen ermöglicht, wie sie in ihren Arbeiten zum Autismus und zu Sprachentwicklungsstörungen darstellt. Auch in letzterer Hinsicht wählt Affolter, wie übrigens in etwa zeitgleich auch Marianne Frostig (Frostig & Maslow, 1978), eine über Piagets Arbeiten hinausführende Zielsetzung: Sie leitet, ähnlich dem psychotherapeutischen Paradigma der Tiefenpsychologien, aus ihrem Modell, das sie induktiv aus ihrer therapeutischen Arbeit gewonnen hat, Behandlungskonzepte und -strategien ab, die mit Theorie und Diagnose kongruent sind, und geht davon aus, dass die Stärkung der „Wurzeln" den Menschen zu Entwicklungsfortschritten auf ein höheres Funktionsniveau befähigt. Dabei stellt Affolter auch einen Konnex zwischen Kognition und Emotion her, indem sie Auswirkungen von partiellen Defiziten in der Informationsverarbeitung auf die Kommunikation und das Verhalten des Kindes diskutiert (Affolter, 2006 [1991]). Außerdem schlägt Affolter die Brücke zwischen emotionaler und kognitiver Entwicklung, wenn sie einerseits ein Primat der Bedeutung der taktil-kinästhetischen Wahrnehmung für die Entwicklung höherer Denkprozesse postuliert und zugleich die Wahrnehmung von Berührung als kritische Einflussgröße auf die perzeptive und kognitive Organisation von Erfahrung erkennt, auf die gestaltende Rolle der taktil geankerten nonverbalen Interaktion des Kindes mit der Umwelt – und auch mit seinem Therapeuten – hinweisend (Affolter & Bischofberger, 2000). Dies lässt unweigerlich an Adlers Begriff des „Zärtlichkeitsbedürfnis des Kindes" denken, das befriedigt werden muss, damit eine gesunde psychische Entwicklung stattfinden kann (Adler, 1908d).

Die Grundaussagen von Affolters Modell, in den 1970er Jahren von ihr ausformuliert, stimmen mit Ergebnissen späterer Publikationen überein, die ebenfalls davon ausgehen, dass kognitive Prozesse vor dem Spracherwerb des Kindes sowohl diesen gestalten als auch im Zusammenhang mit der Kommunikation stehen: „[...] that preverbal cognition forms a substrate for language acquisition and that analyzing cognition may enhance our understanding of certain disorders of communication" (Meltzoff, 1999, S. 251). Die Sichtweise, dass komplexe kognitive Leistungen ihre Grundlage und Voraussetzung in den basalen informationsverarbeitenden Prozessen haben und dies der

---

19   Ich hatte das Privileg, Félicie Affolter anlässlich eines Workshops, den sie in den 1970er Jahren an der Universitätsklinik für Neuropsychiatrie des Kindes- und Jugendalters in Wien gehalten hat, in ihren theoretischen Überlegungen und deren praktischer Anwendung in Diagnostik und Behandlung kennen zu lernen.

Pfad der Entwicklung des kindlichen Denkens ist, wird auch aktuell vor allem in der angloamerikanischen Entwicklungspsychologe vertreten, wenn Oakes, Cashon, Casasola und Rakison als Herausgeber zusammenfassen:

> „[…] of how abilities ranging from visual attention to lace processing to object categorization have developed during infancy. […] ‚it becomes clear that much of our modern understanding of infant perceptual and cognitive development has emerged from the foundation of classic information-processing models of development much of our modern understanding of infant perceptual and cognitive development has emerged from the foundation of classic information-processing models of development." (Oakes, Cashon, Casasola & Rakison, 2011)

Affolter hat einen Weg der Theorienbildung beschritten, der eine Art „kognitive Tiefenpsychologie" darstellt, wenn sie höhere Denkprozesse als durch frühestkindlich entwickelte informationsverarbeitende Prozesse versteht, deren Harmonie oder Dysharmonie in ihren Auswirkungen im aktuellen kognitiven Entwicklungsstand des Kindes manifest werden.

9 Ein integratives Modell der kognitiven Entwicklung

Informationsverarbeitung bedeutet ein vernetztes Funktionieren mehrerer Systeme: Mittels der Aufmerksamkeit sind aus dem Reizumfeld distinkte Elemente auszuwählen, mittels der Wahrnehmung diese zu verarbeiten und mittels der Gedächtnissysteme diese kurz-, mittel- oder langfristig zu speichern, um in weiterer Folge diese Informationen in das bestehende Gesamt zu integrieren und wieder verwenden zu können, als Werkzeuge und Material höherer kognitiver Leistungen: „Unter Kognition ist das Erfassen und weitere neuronale Verarbeiten von sensorischen Unterschieden und Gemeinsamkeiten bzw. von Variantem und Invariantem zu verstehen." (Ciompi, 2005 [1997], S. 72)

Aufmerksamkeit umfasst mehrere Dimensionen: Die Vigilanz ist ihre basalste, da Wachheit die Vorbedingung dafür ist, dass die aufmerksame Reizselektion auf einzelne Elemente des aktuellen äußeren und inneren Reizumfeldes fokussiert, also eine Differenzierung in „Figur" und „Hintergrund" vornimmt, und diese Reizauswahl auch über längere Zeit aufrechterhalten kann, womit als weitere Dimension der Aufmerksamkeit die Ausdauer definiert ist.

Wahrnehmung ist ein aktiver, gestaltender Prozess, der aus dem Eingangssignal die wesentliche Elemente analysiert, aus diesen eine Hypothese bildet, und diese Hypothese mit dem eingehenden Signal vergleicht, um bei Übereinstimmung von Analyse und Synthese zur Wahrnehmung zu kommen.

Das Gedächtnis speichert die wahrgenommenen Inhalte, je nach Bedarf kurz-, mittel- oder langfristig, und kodiert sie nach individuell unterschiedlichen Gesetzmäßigkeiten, um sie abrufbar zu machen.

Diese Basisfunktionen der Kognition stehen in permanentem Austausch und Reafferenz, beeinflussen einander, hängen voneinander ab: Nur was mittels Aufmerksamkeit selektiert wird, kann auch differenziert wahrgenommen werden; nur Wahrgenommenes kann auch gespeichert werden, wobei diese Prozesse nicht bewusst ablaufen müssen (Miller & Johnson-Laird, 1976; Neisser, 1979, 1996).

Aufmerksamkeit, Wahrnehmung und Gedächtnis sind aktive und individuelle Prozesse der Informationsverarbeitung, die nicht die Wirklichkeit abbilden und speichern, sondern Sinnesreize als „Material" verwenden, um die jeweils individuelle Wirklichkeit zu gestalten (Abbildung 6: Das kognitive System der informationsverarbeitenden Prozesse). Dieses kognitive System steht in ständiger Interaktion mit emotionalen Faktoren: Emotionen und Affekte gestalten die Reizauswahl, spezifizieren die Wahrnehmung und nehmen Einfluss auf die Gedächtnisleistung (Ciompi, 1993; Ciompi, 2005 [1997]).

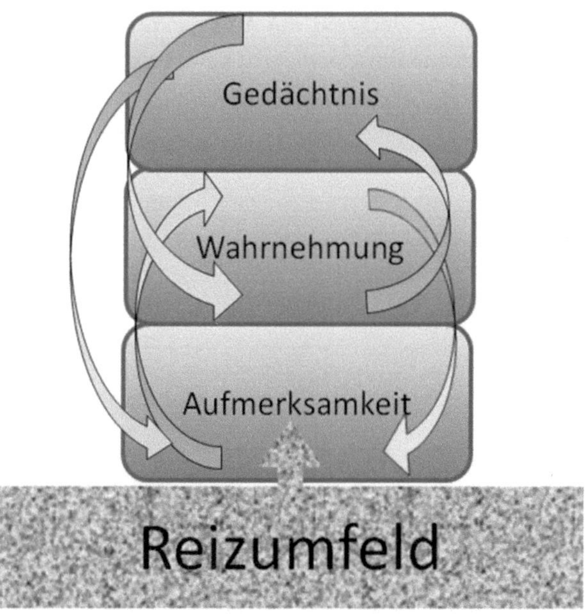

Abbildung 6: Das kognitive System der informationsverarbeitenden Prozesse

9.1 Systematik der Teilleistungen

Werden nun die Modelle der kognitiven Psychologie, die Aufmerksamkeit, Wahrnehmung und Gedächtnis als Pfeiler der Kognition definieren, und das Modell zur Entwicklung der Wahrnehmung von F. Affolter aufeinander bezogen, so ergibt dies ein Gesamtmodell der Entwicklung der Informationsverarbeitung, in dem Teilleistungen als Basisfunktionen der höheren Denkprozesse zu isolieren sind (Abbildung 7: „Das Sindelar-Modell": Systematik der basalen Prozesse der Informationsverarbeitung):

Komplexe kognitive Leistungen erfordern das Zusammenspiel der informationsverarbeitenden Prozesse, die, in einer Metapher ausgedrückt, die „Wurzeln des Baumes" der Kognition bilden. Das Funktionsniveau der höheren kognitiven Leistungen hängt somit von der Entwicklung der Basisfunktionen ab (Abbildung 8: Zusammenhang zwischen Informationsverarbeitung und höheren kognitiven Funktionen).

Bezogen auf die kindliche Entwicklung, sind die höheren kognitiven Fertigkeiten in einem entwicklungspsychologischen Kontext zu sehen: Welche höheren kognitiven Funktionen auf welchem Funktionsniveau in der Krone des Baumes zu beobachten sind, hängt vom Entwicklungsalter des Kindes ab. Beim Kind im Kindergartenalter ist hier z.B. seine Sprachentwicklung, seine Fähigkeit zu zeichnen, sein Mengenverständnis usw. beobachtbar; beim Schulkind dann auch die Lese-, Schreib- und Rechenfertigkeit. Und auch alle Aufgabenstellungen eines Intelligenztests erfordern zu ihrer Lösung komplexe kognitive Leistungen, die wiederum durch das Entwicklungsniveau der

Basisfunktionen (Teilleistungen) gestaltet sind. Letzteres wird im Zusammenhang mit Intelligenzuntersuchungen an Kindern, die, der Aussagekraft eines Intelligenzquotienten unangemessen, oft weitreichende Entscheidungen bewirken, wenig berücksichtigt.

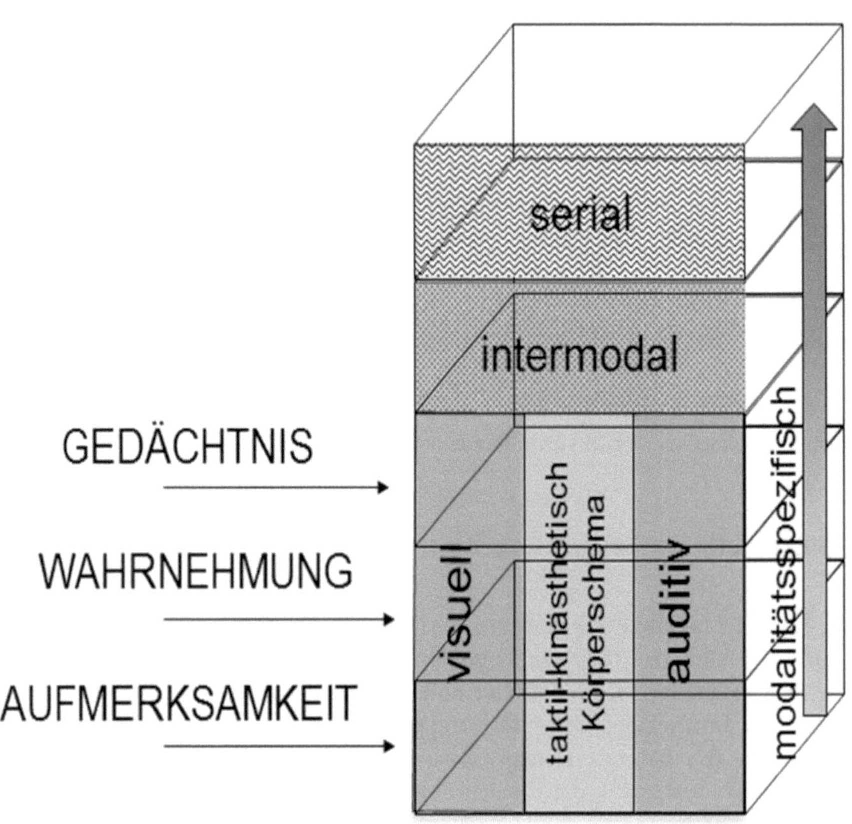

Abbildung 7:   „Das Sindelar-Modell": Systematik der basalen Prozesse der Informationsverarbeitung (Sindelar, 1994, 2008, S. 120)

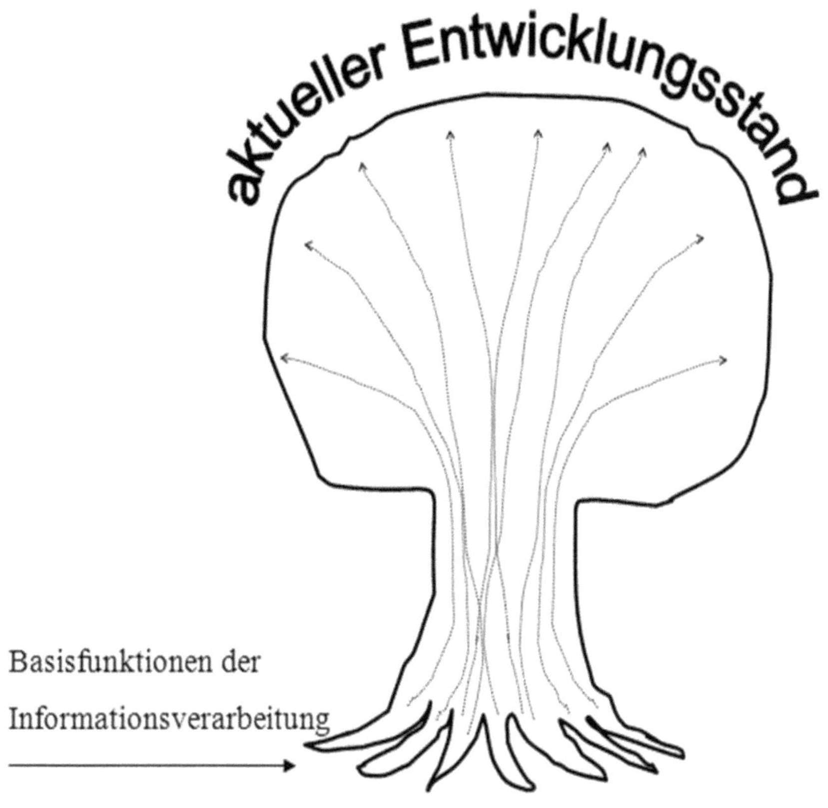

Abbildung 8:   Zusammenhang zwischen Informationsverarbeitung und höheren kognitiven
Funktionen (Sindelar, 1994, 2008, S. 20)

9.2   Intelligenzquotient und Informationsverarbeitung oder: Wo die goldene Kuh der psychologischen Diagnostik weidet

Die Intelligenzdiagnostik bei Kindern war in ihren Anfängen entwicklungsorientiert: Binet und Simon schlugen in ihrem Intelligenztest eine Formel zur Berechnung des Intelligenzquotienten vor, der das Verhältnis von Entwicklungsalter zu Lebensalter als Bezugsgröße zur Berechnung eines Intelligenzalters nahm (Kubinger, 2009, S. 12). Dieser Zugang zur Intelligenzdiagnostik bei Kindern, der eigentlich dem der Entwicklungstests entspricht, wurde abgelöst durch die Normierung, also die Relativierung des individuellen Ergebnisses im Hinblick auf eine Bezugspopulation, wodurch in der Intelligenzdiagnostik im Kindesalter der Entwicklungsgedanke verblasste. Dies verführte wohl zu der implizit statischen Interpretation des Intelligenzquotienten, der dann als etwas gesehen wurde, was das Kind „besitzt", und nicht mehr als das, was der Intelligenzquotient tatsächlich ist, nämlich ein Ergebnis, das ein Kind in einem Intelligenztest erreicht. Diese Ablösung der Intelligenzdiagnostik vom Entwicklungsgedanken bahnte in der Folge den Weg, das Intelligenztestergebnis auch aus dem Zusammenhang der kognitiven Entwicklung zu lösen, also keinen Bezug zu den basalen Funktionen der Informationsverarbeitung zu setzen. Damit geriet der Konnex zwischen Aufmerksamkeit, Wahrnehmung und Gedächtnis mit Intelligenzleistungen in Vergessenheit.

Ungeachtet der allein stehenden, punktuellen Aussagekraft seiner Ergebnissen mutierte der Intelligenztest vom diagnostischen Instrument zur Messung der aktuellen kognitiven Fähigkeiten des Kindes zur „Goldenen Kuh" der Testpsychologie und die zwei- oder dreistellige Zahl „Intelligenzquotient" zum Orakel der psychologischen Beratung in Schulfragen. Für die Beschulbarkeit des Kindes innerhalb des Regelschulsystems wurde ein IQ von 85 zur „magischen" unteren Grenze, die Eignung für eine höhere Schule nach Absolvierung der Grundschule bei einem IQ ab 115 angesetzt. Dass das, was mittels Intelligenztest gemessen wird, nicht zwangsläufig das Spektrum der Fähigkeiten und Fertigkeiten ist, das den Schulerfolg des Kindes determiniert, ist zwar Alltagserfahrung, aber deswegen noch lange nicht auch zwangsläufig professionelles Know-How, wenngleich empirisch belegt (Roloff, 1989).

Der Gesamt-IQ ist bei den gängigen Intelligenztests ein Durchschnittswert aus den einzelnen Subtestergebnissen. Obwohl in der psychologischen Grundausbildung unterrichtet wird, dass Mittelwerte nicht repräsentativ für das Gesamt sind, wenn sie aus einem Sample sehr unterschiedlicher Daten berechnet werden, bleibt die anwendende Psychologie der Idee treu, dass ein Gesamt-IQ aussagefähig sei über die Gesamtbegabung eines Kindes. Der IQ-Wert wird zur Bildungsberatung herangezogen, das Kind je nach IQ-Wert als sonderschulbedürftig, regelschulfähig oder für den Besuch einer höheren Schule geeignet eingestuft und administriert. Dabei findet die Tatsache, dass zum Beispiel ein IQ von 83 sowohl durch eine Verteilung von deutlich überdurchschnittlichen bis deutlich unterdurchschnittlichen Subtestwerten erreicht werden kann als auch durch ein über alle Subtests gleichbleibend leicht unterdurchschnittliches Wertpunktprofil, nur randständig Beachtung. Dasselbe gilt natürlich auch für den über 115 Punkten liegenden IQ-Wert, der durch ein durchgängig leicht überdurchschnittliches Ergebnis in den einzelnen Subtests zustande kommen kann, aber ebenso durch ein stark diskrepantes IQ-Profil von unterdurchschnittlichen und extrem hohen Subtestwerten.

Das Verständnis des IQ-Wertes als „eigenständige Größe", ohne Verbindung zu anderen, basaleren Funktionen, wie der Informationsverarbeitung, oder auch komplexen Leistungen, wie zum Beispiel den Kulturtechniken des Lesens und Rechtschreibens, ließ ihn zur diagnostischen „Messlatte" werden, in seiner Aussagekraft und Alltagsrelevanz bei weitem überstrapaziert. So wird der IQ-Wert zum Beispiel zur Differentialdiagnostik eingesetzt, um zu entscheiden, ob der mangelnde Schulerfolg eines Kindes aus seiner mangelnden Begabung oder aus einer Teilleistungsstörung im Bereich des Lesens und Rechtschreibens resultiert. Und daher wird weiterhin die Erhebung des Intelligenzquotienten zur Diagnose der Legasthenie als unerlässlich betrachtet, wobei sich hierin die Wissenschaft der Schulbehörde beugt:

„Eine Intelligenztestung erscheint für die Förderung der Kinder nicht unbedingt notwendig. Allerdings wird sie in einigen Bundesländern der BRD von der Schulbehörde, aber auch von den sozialen Ämtern gefordert, um in den Genuss eines Nachteilausgleichs zu gelangen beziehungsweise um Fördermaßnahmen als Eingliederungshilfe finanziert zu bekommen (Warnke, Hemminger, Roth & Schneck, 2002). In diesem Fall wird man selbstverständlich einen Intelligenztests durchführen beziehungsweise die Durchführung veranlassen müssen." (Klicpera, Schabmann & Gasteiger-Klicpera, 2007, S. 225)

Auch in den diagnostischen Kriterien des ICD 10 zur Klassifikation einer Lese- und Rechtschreibstörung (F 81.0) bildet sich die Vernachlässigung der Forschungsergebnisse der letzten 50 Jahre ab, die nur einen mittleren Zusammenhang zwischen IQ und Rechtschreibleistung nachweisen (Valtin, 2009), sodass Diskrepanzen zwischen dem IQ und den Leistungen im Lesen und Rechtschreiben zu erwarten sind: „Ausschlussklausel: Non-verbaler IQ unter 70 in einem standardisierten Test" (Dilling & Freyberger, 2008, S. 265). So halten auch Warnke, Hemminger, Roth und Schneck fest:

„Eine Einschätzung der Intelligenzentwicklung ist notwendig. Nach den Richtlinien der Weltgesundheitsorganisation (ICD 10) soll der non-verbale Intelligenzquotient (IQ) nicht kleiner 70 sein (IQ $\geq$ 70). Das Intelligenzniveau soll auch deutlich höher sein als das Lese-Rechtschreibniveau, wenn eine Legasthenie diagnostiziert wird. Daher kommt der Wahl des Intelligenztests zur Feststellung der Diagnose große Bedeutung zu." (Warnke, Hemminger, Roth & Schneck, 2002, S. 43)

Interessant auch, dass im ICD 10 als mögliches zusätzliches Einschlusskriterium folgendes angeführt wird: „Im Vorschulalter Beeinträchtigungen des Sprechens, der Sprache, der Klangkategorisierung, der motorischen Koordination, des visuellen Prozesses, der Aufmerksamkeit, der Aktivitätskontrolle oder der Aktivitätsmodulation." (Dilling & Freyberger, 2008, S. 265)

Damit wird ein eindeutiger Bezug zu Teilleistungsschwächen hergestellt, allerdings ohne zu berücksichtigen, dass sich diese auch auf das Intelligenzprofil und damit auf den IQ auswirken können, insbesondere visuelle und räumliche Wahrnehmungs- und Verarbeitungsprozesse auf den nonverbalen IQ, der die Diagnosestellung Legasthenie ausschließt, falls er niedriger als 70 ausfällt (s.o.). Mit diesem diagnostischen Kriterium ist außerdem definiert, dass nicht jeder Intelligenztest in Anwendung kommen darf, sondern nur einer, dessen Auswertung zwischen einem verbalen und einem non-verbalen IQ unterscheidet.

Kubinger stellt den Zusammenhang zwischen Informationsverarbeitungsprozessen und Ergebnis im Intelligenztest wieder her, wenn er modellhafte Bezüge zwischen den Subtests des von ihm entwickelten AID 2 und den Teilleistungen des Systems der Informationsverarbeitung expliziert (Kubinger & Wurst, 2000). Im AID 2 findet auch die Einflussgröße Motivation in ihrer Abhängigkeit von Erfolg oder Misserfolg Berücksichtigung: Adaptiv gestaltet die jeweilige Leistung des Kindes die Abfolge der vorgegebenen Items, sodass das Kind im Testverlauf, so möglich, den jeweiligen Subtest mit einer

Aufgabenstellung, die es lösen kann, und ihn daher mit einem Erfolgserlebnis beendet. Damit berücksichtigt Kubinger, dass Leistungsversagen die Leistungsmotivation beeinträchtigt, Leistungserfolg dagegen die Leistungsmotivation stärkt, und dieses wiederum die Leistungsergebnisse beeinflusst: Höhere Leistungsmotivation bewirkt höhere Leistung, Misserfolg beeinträchtigt die Leistungsmotivation (siehe Kapitel 6).

9.3 Empirische Ergebnisse zum Zusammenhang zwischen Intelligenzquotient und Teilleistungen

An einer Stichprobe von 55 Kindern mit diagnostiziertem ADHS (Aufmerksamkeitsdefizit-Hyperaktivitäts-Syndrom) wurde der Zusammenhang zwischen Fehlerscores im Verfahren zur Erfassung von Teilleistungsschwächen („TLS") und den T-Werten der einzelnen Subtests des AID 2 untersucht[20]. Dabei ergaben sich – erwartungsgemäß – keine signifikanten positiven Korrelationen zwischen den Fehlerwerten in den einzelnen Subtests des TLS, aber eine Reihe von negativen Korrelationen von moderatem bis großem Ausmaß, die hier graphisch dargestellt sind Die graphische Darstellung soll keineswegs eine allgemein gültige Gesetzmäßigkeit von Kausalzusammenhängen zwischen Teilleistungen und Intelligenztestwerten darstellen, da sie ja nur für diese Stichprobe gültig sein kann. Dennoch ist anzumerken: Wenngleich eine signifikante Korrelation keinen kausalen Zusammenhang abbildet, so ist eine kausale Interpretation unter bestimmten Umständen zulässig: „Liegt jedoch eine starke Theorie vor, kann auch dieser Theorie heraus eine kausale Interpretation gerechtfertigt sein" (Bühner & Ziegler, 2009, S. 590).

Das, was aus diesen Ergebnissen aber jedenfalls zu verallgemeinern ist, ist die Bestätigung der Theorie, dass basale Prozesse der Informationsverarbeitung mit höheren kognitiven Leistungen in einem interaktionellen Zusammenhang stehen, wie vorher anhand des Modells von Affolter und des eigenen Modells der Teilleistungen ausgeführt. Die Graphik macht bildhaft sichtbar, dass eine enge Vernetzung zwischen diesen Erfassungsebenen besteht (Der daran interessierte Leser findet die detaillierten statistischen Kennwerte in der Fußnote[21]).

---

20 Da die Prüfung auf Normalverteilung keine Normalverteilung der Fehlerwerte in den Subtests des TLS ergab, wurde eine Spearman-Rho-Korrelation gerechnet, für die die Voraussetzungen erfüllt sind. Die Auswertung wurde mittels SPSS 17.0 vorgenommen.

21 Signifikante negative Korrelationen ergaben sich zwischen den Fehlerwerten in der taktilkinästhetischen Wahrnehmung mit dem T-Wert für den Subtest Synonyme Finden (r = -,336; p = .019), dem T-Wert im Subtest Kodieren und Assoziieren – Kodiermenge (r = -,502, p = .000), dem T-Wert im Subtest Kodieren und Assoziieren – Assoziationen (r = -,455, p = .001). Zwischen dem Fehlerwert in der Körperschemawahrnehmung und dem T-Wert im Sozialen Erfassen und Sachlichen Reflektieren ergab sich ebenfalls eine signifikante negative Korrelation von mittlerem Zusammenhang (r = -,350, p =. 017). Der Fehlerwert in der visuellen Differenzierung von Bildern korreliert mit dem T-Wert im Subtest Synonyme Finden (r = -,299, p =. 041) und dem T-Wert in der Kodiermenge im Subtest Kodieren und Assoziieren (r = -,341, p = .019). Der Fehlerwert in der auditiven Differenzierung korreliert mit dem T-Wert für die Kodiermenge im Subtest Kodieren und Assoziieren (r = - 0,386, p = .009). Der Fehlerwert in der visuellen Gedächtnisleistung für

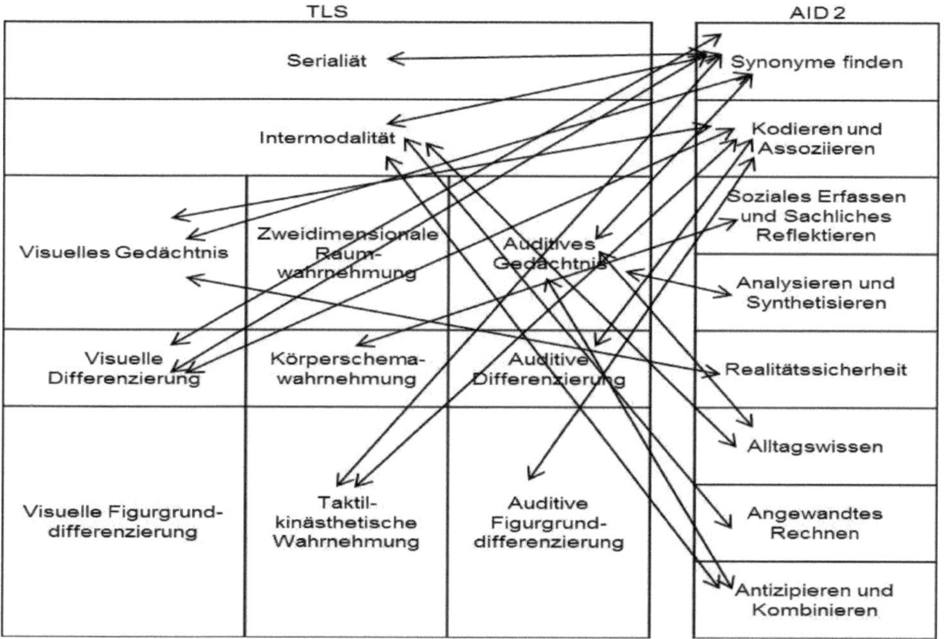

Abbildung 9: Zusammenhänge zwischen IQ-Werten und Teilleistungen in einer Stichprobe von ADHS-diagnostizierten Kindern

Bilder korreliert ($r = -0,438$, $p = .002$) mit dem T-Wert in der Realitätssicherheit. Der Fehlerwert im visuellen Gedächtnis für Bilder korreliert ebenfalls mit dem T-Wert im Subtest Kodieren und Assoziieren – Assoziationen ($r = -0,292$, $p = .044$). Der Fehlerwert für das visuelle Gedächtnis für geometrische Figuren korreliert mit dem T-Wert im Subtest Synonyme Finden ($r = -0,302$, $p = .037$). Ein moderater bis großer Zusammenhang ergibt sich zwischen dem Fehlerwert in der visuellen Serialität ($r = -0,446$, $p =, 002$), dem Fehlerwert in der auditiven Serialität ($r = -0,377$, $p = .008$) und dem T-Wert Subtest Synonyme Finden, der Gesamtfehlerwert in der Serialität zeigt einen hohen Zusammenhang ($r = -0,511$, $p =.000$) mit dem T-Wert Subtest Synonyme Finden. Der Gesamtfehlerwert in der auditiven Figur-Grund-Differenzierung korreliert mit dem T-Wert der Kodiermenge im Subtest Kodieren und Assoziieren ($r = 0,316$, $p = .037$). Der Gesamtfehlerwert in der Intermodalität – auditiv-visuell korreliert mit dem T-Wert im Alltagswissen ($r = -0,416$, $p =.004$), mit dem T-Wert im Subtest Angewandtes Rechnen ($r = -0,396$, $p =.007$) mit dem T-Wert im Subtest Synonyme Finden ($r = -0,417$, $p =.004$), mit dem T-Wert im Subtest Antizipieren und Kombinieren – figural ($r = -0,414$, $p =.005$). Der Gesamtfehlerwert im auditiven Gedächtnis korreliert mit dem T-Wert im Alltagswissen ($r = -,352$, $p =.028$) mit dem T-Wert im Subtest Synonyme Finden ($r = -0,448$, $p =.004$), mit dem T-Wert im Subtest Antizipieren und Kombinieren – figural ($r = -0,578$, $p =.000$) und dem T-Wert im Subtest Analysieren und Synthetisieren - abstrakt ($r = -0,372$, $p =.023$).

Einige der statistisch feststellbaren Zusammenhänge seien hier in ihrer inhaltlich-logischen Schlüssigkeit ausgeführt:

Der Fehlerwert in der visuellen Gedächtnisleistung für Bilder korreliert negativ mit dem Ergebnis in der Realitätssicherheit. Dieser Zusammenhang ist schlüssig nachvollziehbar: Die Aufgabenstellung im Subtest Realitätssicherheit verlangt vom Kind, dass es erkennt, welches Detail in einem Bild fehlt. Diese Bilder sind Abbildungen von Alltagsobjekten, von denen anzunehmen ist, dass sie dem Kind vertraut sind, wie zum Beispiel ein Autobus: Diesem Autobus fehlt die Einstiegstür für den Fahrer. Erkennt das Kind, dass die Einstiegstür fehlt, hat es die Aufgabe richtig gelöst. Verfügt das Kind über ein gutes visuelles Gedächtnis, so hat es das Bild eines Autobusses gespeichert und wird erkennen, welches Detail fehlt. Mangelt es ihm an der Fähigkeit zur visuellen Speicherung, so wird es diese Aufgabe nicht lösen können. Der Fehlerwert im visuellen Gedächtnis für Bilder korreliert ebenfalls negativ mit dem Wert im Subtest Kodieren und Assoziieren: In diesem Subtest des AID 2 muss das Kind nach Vorlage konkreten Bildern geometrische Zeichen zuordnen. Gemessen wird die Anzahl der richtigen Lösungen innerhalb einer vorgegebenen Zeit. Auch dieser Zusammenhang ist evident: Je rascher sich das Kind die Kombinationen von Symbolen und konkreten Bildern merken kann, also je besser sein visuelles Gedächtnis ist, umso mehr Zeichen-Bild-Kombinationen wird es in der vorgegebenen Zeit schaffen, da es umso weniger oft die Kombinationen nachschauen muss, je besser es sich diese gemerkt hat.

Der Fehlerwert in der auditiven Differenzierung korreliert ebenfalls negativ mit dem T-Wert für die Kodiermenge im Subtest Kodieren und Assoziieren. Dies ist eine überraschende Korrelation: Die auditive Differenzierung, also die Fähigkeit, Unterschiede in vorgesprochenen sinnfreien Silbenpaaren wahrzunehmen, korreliert offensichtlich negativ mit dem T-Wert für die Kodiermenge im Subtest Kodieren und Assoziieren. Dazu ist anzumerken, dass der Fehlerwert in der visuellen Differenzierung und auditiven Differenzierung eine geringe bis moderate signifikante positive Korrelation ($r = 0,258$ bei $p = .004$) aufweist, somit also die Fähigkeit zur Differenzierung im Visuellen und im Auditiven miteinander korreliert. Da die Aufgabenstellungen des Subtests Kodieren und Assoziieren visuelle Differenzierungsleistungen verlangen, Differenzierungsfähigkeit aber offensichtlich auch zwischen den Modalitäten miteinander korreliert, ist diese Korrelation schlüssig.

Der Fehlerwert für das visuelle Gedächtnis für geometrische Figuren korreliert negativ mit dem Wert im Subtest Synonyme Finden. Dieser Zusammenhang ist auf den ersten Blick überraschend, da der Subtest Synonyme Finden verbale Fähigkeiten, der Subtest visuelles Gedächtnis – Figuren die visuelle Merkfähigkeit erfasst. Dennoch ist eine gemeinsame Ebene zwischen diesen beiden Subtests in der Tatsache gegeben, dass sie abstrakte Denkfähigkeiten ansprechen: Um Synonyme zu finden, muss die Bedeutung des Wortes erfasst und abstrahiert sein, damit sie einem anderen Wort richtig zugeordnet werden kann. Also muss ein gewisses Maß an Abstraktionsleistung vorliegen. Das visuelle Gedächtnis für Figuren wiederum erfordert ebenfalls das Merken von abstrakten Inhalten. Das Gemeinsame dieser beiden Subtests ist also in der Fähigkeit zur Abstraktion zu vermuten, was wiederum an Piagets Entwicklungsstufen des kindlichen Denkens erinnert.

Damit ist empirisch belegt, dass zwischen den Ergebnissen im Intelligenztest und dem Funktionsniveau der Teilleistungen ein systematischer Zusammenhang besteht.

9.4 Quantitative und qualitative Intraindividualität im Funktionsniveau der partiellen Prozesse der Informationsverarbeitung: Diagnostik von Teilleistungen

In der psychologischen Diagnostik kommen Testverfahren zum Einsatz, die entweder eine nomothetische, also normorientierte Diagnostik verfolgen, oder eine idiographische, die Ganzheitlichkeit des Menschen fokussierend, wie die projektiven Testverfahren. Nomothetische Verfahren erscheinen prima vista als besonders geeignet für die Leistungsdiagnostik in experimenteller Form, da sie leicht zu konstruieren und zu normieren sind und so die Hauptgütekriterien psychologischer Tests gut überprüft werden können. Aber schon hinsichtlich des Gütekriteriums der Objektivität ist festzuhalten, dass deren Verständnis über den zahlenmäßig fassbaren Testwert hinaus zu gehen hat:

„Unter Objektivität eines Tests ist zu verstehen, dass die mit ihm gewonnenen Ergebnisse unabhängig vom Untersucher sind [...]. Dabei geht es selbstverständlich nicht nur um die numerischen Ergebnisse, also den konkreten Testwert, sondern auch um die Objektivität der Interpretation des Testwerts." (Kubinger, 2009, S. 38f.)

Dass Leistungstests das Objektivitätskriterium die Verrechnungssicherheit einfach erfüllen können, ist nahe liegend. Die Interpretationseindeutigkeit hingegen ist bereits wiederum ein Element der Diagnostik, das auf die professionelle Kompetenz des Untersuchenden verweist; besonders aber tut dies das Kriterium der Testleiterunabhängigkeit. Gerade die psychologische Diagnostik von Kindern und Jugendlichen kommt nicht darum herum, sich vor Augen zu halten, dass die Beziehung, das emotionale Klima in der Untersuchungssituation, die kommunikativen Fähigkeiten des Testleiters auf die Ergebnisse Einfluss nehmen. Damit ist auch bei Leistungstests, wenn sie mit Kindern und Jugendlichen durchgeführt werden, das Ergebnis von räumlichen, zeitlichen und intersubjektiven Gegebenheiten wesentlich mehr beeinflusst als dies bei Erwachsenen der Fall ist. So weist Kubinger beispielsweise im Zusammenhang mit der Diagnostik des Lerntyps auf ein weiteres Element der Einflussnahme auf die Testergebnisse hin, das die Interdependenz der Leistungsdiagnostik mit Persönlichkeitseigenschaften deutlich macht: „Zum Beispiel ist der Lerntyp des Anstrengungsvermeiders nicht zwingend auf ein Fähigkeitsdefizit zurück zu führen, sondern vielmehr Ausdruck einer Persönlichkeitseigenschaft" (Kubinger ebd., S. 203). Die Objektivität der Leistungsdiagnostik hat damit immer auch einen fiktiven Anteil, der allerdings unvermeidbar ist. Die größte Annäherung an die Objektivität erreicht die Untersuchung dann, wenn sich der Untersuchende der subjektiven Aspekte bewusst ist, diese reflektiert und in die Interpretation kritisch integriert, also der quantitativen Ebene der normorientierten, nomothetischen

Diagnostik die qualitative Ebene der Beobachtung hinzufügt. Diesen Faktor der Subjektivität, wie er auch in nomothetischen Verfahren gegeben ist, adäquat zu handhaben, obliegt der professionellen Kompetenz des Untersuchers. Und dies gelingt ihm nur dann, wenn er nicht der Fiktion der Objektivität erliegt, sondern auch auf den subjektiven Anteil aufmerksam ist. Denn abgesehen von den intersubjektiven Gegebenheiten in der Untersuchungssituation bietet auch jedes nomothetische Verfahren, sofern es nicht computergestützt vorgegeben wird, ein reiches Repertoire an qualitativen Informationen aus der direkten Beobachtung des Kindes und Jugendlichen. Deren Vernetzung mit den gewonnenen Messwerten in Form von Zahlen, also die Beachtung von Quantität und Qualität, bereichert dann innerhalb der nomothetischen Diagnostik die Aussagekraft eines psychometrischen Verfahrens.

Die Testinterpretation bei der Diagnostik von Kindern und Jugendlichen hat also zu berücksichtigen:

– Die hohe Beeinflussbarkeit des Kindes durch Umfeldbedingungen, Tageszeit, Qualität des Kontakts zum Untersuchenden sowie die Bedeutung, die das Kind dem Testergebnis gibt.

– Die qualitative Analyse im beobachtbaren Verhalten, wie die Arbeitstugenden, die Problemlösestrategien.

– In der Interpretation der Testergebnisse den Entwicklungsaspekt in seiner Mehrdimensionalität.

Verarmt die psychologische Leistungsdiagnostik bei Kindern und Jugendlichen um den Entwicklungsaspekt in seiner mehrdimensionalen Bezogenheit, dann läuft sie Gefahr, über die Deskription von Einzelaspekten der Persönlichkeit nicht hinauszukommen, diesen aber eine überdimensionierte Bedeutung für das aktuelle So-Sein des Kindes und für eine Prognostik seiner zukünftigen Entwicklung beizumessen. Dann wird sie zum Zerrspiegel.

Die im vorigen Kapitel dargestellte Systematik der informationsverarbeitenden Prozesse mit einem Leistungstest zu erfassen, ist nahe liegend. Dabei ist in der Konstruktion eines solchen Testverfahrens darauf zu achten, dass die Aufgabenstellungen tatsächlich möglichst Einzelfunktionen ansprechen. In der Interpretation der Testwerte bleibt es aber unerlässlich, sich der Tatsache gegenwärtig zu sein, dass diese informationsverarbeitenden Funktionen nie isoliert ablaufen können, sondern an jeglicher Aufgabenstellung auch andere als die geprüfte Funktion beteiligt sind, da Aufmerksamkeit, Wahrnehmung und Gedächtnis ja für jede Form von Aufgabenstellung notwendig sind. Eine größtmögliche Isolierung der Einzelfunktionen ist dann gegeben, wenn die Interferenzen der Einzelfunktion mit den anderen Teilleistungen sowohl beobachtet als auch in quantitativen Bezug der Ergebnisse der einzelnen Subtests untereinander gesetzt werden.

Diese Bedingungen erfüllt das „Verfahren zur Erfassung von Teilleistungsschwächen (Sindelar, 2002 [1986]), das in Kongruenz mit dem Modell zur Systematik der Teilleistungen konstruiert ist (vgl. Abbildung 10 mit Abbildung 7).

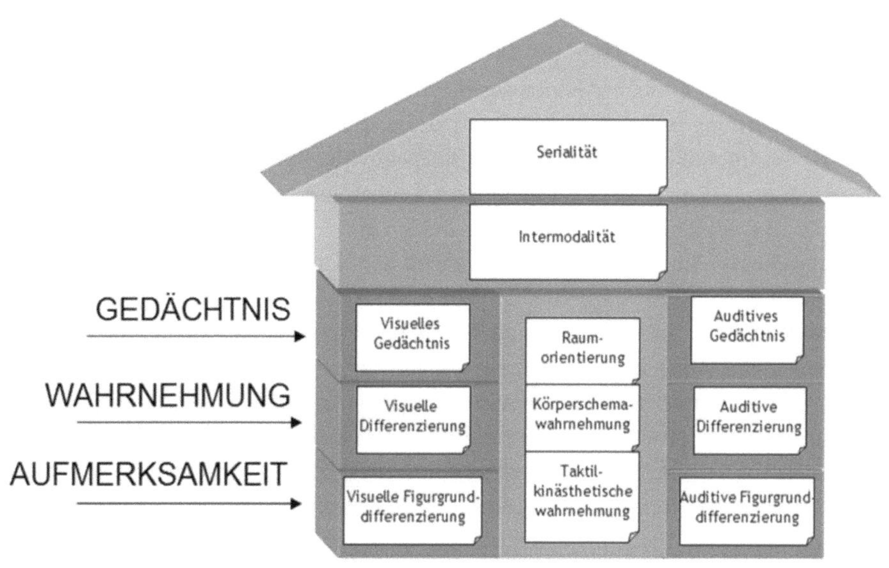

Abbildung 10: Die theoretische Konstruktion des Verfahrens zur Erfassung von Teilleistungsschwächen

Das Verfahren zur Erfassung von Teilleistungsschwächen (TLS) wurde erstmals 1986 publiziert und hat seitdem geringfügige Modifikationen erfahren. Die ursprüngliche Itemkonstruktion basiert auf einer Untersuchung an 100 Wiener Schulkindern der zweiten Schulstufe (Bruschek (Sindelar), 1976). Ziel dieses Verfahrens ist, die Teilleistungen, also die basalen Funktionen der Informationsverarbeitung eines Kindes detailliert zu erfassen, um darauf aufbauend einen individualisierten, spezifischen Trainingsplan zu erstellen. Das TLS ist ein Papier-Bleistift-Verfahren für Kinder ab der Mitte der ersten Schulstufe, wobei theoretisch keine Altersgrenze nach oben besteht. Es wird als Individualverfahren vorgegeben, was situationsabhängiges Eingehen auf die Testperson und den Einsatz von besonderen Materialien, wie z.B. Stoffelementen zum Erfassen der taktil-kinästhetischen Wahrnehmung ermöglicht. Gerade im Kinder- und Jugendbereich scheint situationsabhängiges Eingehen auf die Testperson eine notwendige Voraussetzung. So meinen Kubinger und Wurst, dass im Gegensatz zur Situation in der Schule dem Kind bzw. dem Jugendlichen in der Testsituation Zeit, Zuwendung und optimale Entfaltungsmöglichkeiten geboten werden können, das Kind soll motiviert werden, ohne dass Prüfungsdruck erzeugt wird (Kubinger & Wurst, 2000). Die Interaktion mit Kindern sei je nach erreichter Sozialisation anders zu führen – so fehle es zum Beispiel im Klein- und Vorschulalter an objektivem Aufgabenbewusstsein, d.h. das Verhalten bei Leistungsanforderungen hänge stark von emotionalen Bezügen ab (Kubinger, 2009).

Das primäre Ziel des Verfahrens ist es, die „Teilleistungen, also die basalen Funktionen der Informationsverarbeitung, eines Kindes detailliert zu erfassen, um darauf aufbauend einen individualisierten, spezifischen Trainingsplan für das teilleistungsschwache Kind zu erstellen" (Sindelar, 2002 [1986], S. 5). Dabei wird von einer interindividuellen Auswertung nach Altersnormen für jede einzelne Teilleistung abgesehen: Die jeweilige Leistung in einem Subtest wird zu Leistungen in anderen Subtests in Relation gesetzt, um intraindividuelle (und nicht interindividuelle) Schwächen zu identifizieren. Das Verfahren zeigt also auf, in welchen Teilbereichen der Informationsverarbeitung partielle Entwicklungsrückstände des Kindes im Vergleich zu seinem persönlichen Leistungsdurchschnitt und nicht im Vergleich zur Norm einer Bezugsgruppe festzustellen sind (ebd., S. 6).

Das Verfahren zur Erfassung von Teilleistungsschwächen besteht aus insgesamt 24 Untertests. Die Auswertung geschieht anhand von Fehlerscores, die auf dem Niveau von Z-Werten intraindividuell zueinander in Bezug gesetzt werden. Beim TLS handelt es sich um einen Niveau- oder Powertest, d.h., es wird Leistung ohne eine zeitliche Beschränkung erfasst. Dadurch wird gewährleistet, dass es zu keiner Vermischung der speed- und power-Komponente kommt, was differentialdiagnostisch von Bedeutung ist, um aufgrund eines Testergebnisses einen eindeutigen Schluss auf die Fähigkeitsdimension zu ziehen.

Die testtheoretische Prüfung und Standardisierung des Verfahrens zur Erfassung von Teilleistungsschwächen sichert den nomothetischen Anteil dieses diagnostischen Instruments. Was eine Auswertung des Verfahrens anhand von Fehlerwerten (oder auch Scores der richtigen Antworten) allerdings nicht leisten kann, aber von wesentlicher diagnostischer Relevanz ist und in der Folge den Aufbau des Trainings mitgestaltet, sind qualitative Beobachtungen, die Aufschluss über Kompensationsstrategien geben. Kompensationsstrategien können den Fehlerwert minimieren bzw. den Score der richtigen Antworten maximieren, bewirken jedoch keineswegs, dass die untersuchte Person diese Kompensationsstrategien unter der zusätzlichen Belastung der realen Situation verlässlich einsetzen kann und daher die Teilleistungsschwäche effizient ausgleichen kann. So kann etwa das Heraushören von Phonemen aus einem Wort durch das Nachsprechen des Wortes oder durch das Visualisieren des Schriftbildes zum Wort unterstützt werden. Dadurch wird der Fehlerwert verringert, obwohl das Kind in dieser Teilleistung eine Schwäche hat, die seine Entwicklung beeinträchtigt. Allerdings ist diese Kompensationsstrategie nicht in jeder beliebigen Situation erfolgreich (wie zum Beispiel beim Erlernen einer Fremdsprache) und auch nicht stressresistent. Daher ist die quantitative Auswertung des Verfahrens der Weg, der zwar den Kriterien der Testtheorie genügt, nicht jedoch dem Anspruch einer ganzheitlichen Diagnostik, wie es eben die Beobachtung von Kompensationsstrategien tut, die die zahlenmäßig erfassten Werte besser erscheinen lassen als das tatsächliche Leistungsniveau in bestimmten Teilleistungen ist. Eine Vernachlässigung der qualitativen Aspekte kann daher zu einer falsch negativen Diagnose führen.

10 Entwicklungsforschung auf gemeinsamem Weg: Ein integratives Modell der kindlichen Entwicklung

Um der mehrdimensionalen Komplexität der kindlichen Entwicklung gerecht zu werden, ist es also erforderlich, die somatische, kognitive, emotionale und soziale Entwicklung aufeinander zu beziehen, dabei entwicklungsphasenspezifisch zu vernetzen. Daraus ergibt sich ein integratives Entwicklungsmodell, das folgend expliziert wird:

Werden nun die Ebenen der kindlichen Entwicklung als Achsen zu einander in Beziehung gesetzt, so wird die gegenseitige Einflussnahme und Wechselwirkung nachvollziehbar und sowohl psychodiagnostisch als auch psychotherapeutisch relevant, eine lebensgeschichtliche Zuordnung erlaubend, die vor allem im Zusammenhang der Entwicklungspsychopathologie bedeutsam ist:

„Darüber hinaus erlangte in der Ausgestaltung des Theoriehintergrundes, vor dem ‚Psychopathologien‘ diagnostizierbar diskutiert wurden und werden, die Bedachtnahme auf den Zeitpunkt, an dem eine „Störung“ ihren Ausgang nahm, hervorragende Bedeutung. Am deutlichsten wurde das in dem breit angelegten Diskurs, der in mehreren Phasen seiner Entwicklung im letzten Jahrhundert entstand bzw. ausgebaut wurde und nach wie vor in vollem Gange ist und der insbesondere auf die Technikdiskussion einen nachhaltigen Einfluss genommen hat: der Diskurs um die sogenannten ‚Frühstörungen‘“ (Stephenson, 2011, S. 101f.).

In der Metapher des Baumes, die bereits im Zusammenhang mit dem integrativen Modell der kognitiven Entwicklung verwendet wurde (siehe Kapitel 9.1) ergibt sich ein Baum, der mit Emotion, Kognition und Sozialisation, die miteinander verwachsen sind, im Boden der somatischen Entwicklung wurzelt und in seinem Wachstum, seiner Entfaltung und Entwicklung individuell von seiner Umwelt beeinflusst wird (siehe Abbildung 11: Der Baum der Entwicklung).

Die „Verwachsenheit“ in der Begrifflichkeit von Emotion, Kognition und Sozialisation ausgedrückt bedeutet: Emotionale Bindung ist die Voraussetzung für soziale Beziehungen, die mithilfe der kognitiven Funktionen ausdifferenziert werden. Da Gefühle immer im Bezugsrahmen der menschlichen Begegnungen entstehen, ist jeder Entwicklungstheorie der Persönlichkeit die Vernetzung von Emotion und Sozialisation implizit.

„Alle vier Bereiche weisen untereinander vielfältige Verbindungen auf: Bindung ist durch die in ihr enthaltene essentielle gegenseitige Bezogenheit und Verwiesenheit die Basis, auf der Interaktionen als Realisierungen von Intersubjektivität bedeutsam und relevant werden und gemeinsam mit der „Verständnishilfe“ der Mentalisierung Wahrnehmungs- und Handlungsstrukturen entstehen lassen, die an ausbalancierten Beziehungsformen ausgerichtet sind und einen dafür notwendigen regulierenden Rahmen für aufkommende Affekte bieten.“ (Stephenson, 2011, S. 109)

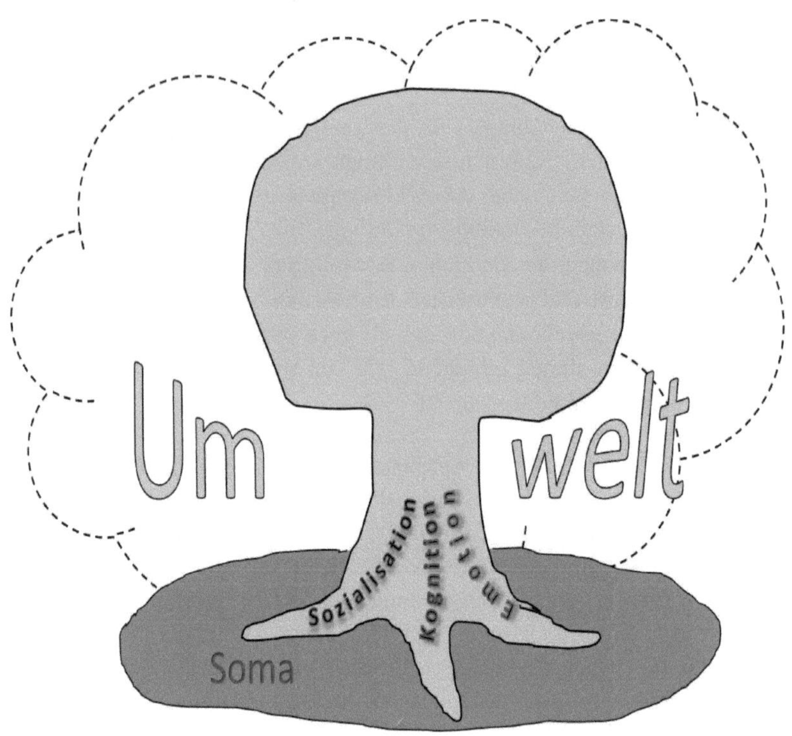

Abbildung 11: Der Baum der Entwicklung

Die Voraussetzung für die Aktivitäten dieser Vernetzungen liegt in der Somatik, im gegebenen thematischen Zusammenhang also der neuronalen Struktur des Gehirns, die im Zuge der Evolution für die Verdichtung von Emotion, Kognition und Sozialisation nutzbar wurde:

> „Da die Mentalisierung ein zentraler Aspekt des menschlichen Funktionierens in Sozialzusammenhängen ist, können wir folgern, daß die Evolution besonderen Wert auf die Entwicklung mentaler Strukturen gelegt hat, mit deren Hilfe interpersonales Handeln interpretiert werden kann." (Fonagy, Gergely, Jurist & Target, 2008 [2002], S. 13)

So wie auf neuronaler Ebene die synaptischen Verbindungen durch Reifung bereit gestellt werden, aber zur Entwicklung ihrer Funktionalität der Aktivierung durch ein entsprechend förderliches Umfeld bedürfen, so ist diese Bereitstellung auch in der Entwicklung der informationsverarbeitenden Prozesse vorstellbar – ist sie ja nichts anderes als die Projektion der neuronalen Gegebenheiten in eine verbale und bildhafte Nomenklatur einer kognitiven Entwicklungspsychologie. Dabei sind, in der jeweiligen wie in allen folgenden Lebensphasen, auch die einzelnen basalen kognitiven Prozesse nie als isoliert ablaufende Funktionen zu verstehen, sondern immer als eingebunden in ein Gesamtgeschehen der Informationsverarbeitung (vgl. Kapitel 8). Und zugleich erfahren sie in unterschiedlichen Entwicklungsstadien unterschiedlich intensive Ausdifferenzierungen in Quantität und Qualität ihres Vermögens, der Vorstellung der „prägsamen Phasen" vergleichbar (Spiel & Spiel, 1987). Jede nachfolgende Entwicklungsphase baut auf der vorhergehenden auf, das bereits Entfaltete nutzend. Zugleich kommt in jeder Entwicklungsphase der Kognition bestimmten Fertigkeiten und Fähigkeiten, in jeder Entwicklungsphase der Emotionalität und Sozialisation bestimmten Erlebnis- und Beziehungswelten phasenspezifische Priorität zu.

Die emotionale und soziale Entwicklung des Kindes ist ein Weg der Entfaltung von der Lust-Unlust-Polarität zur affektiven Differenziertheit und Ich-Entwicklung, von der Einheit zur Vielheit der Vielfalt der intersubjektiven Bezüge, deren Grundkonzept in den frühesten Erfahrungen geformt wird. Soziale Entwicklung beginnt mit einer verschmolzenen emotionalen Beziehung zwischen dem Kind und der Mutter (oder einer anderen primären Bezugsperson), die von der Einheit von Zweien zur Zweiheit von zwei verbundenen Einzelnen wächst: Die sichere Bindung zwischen dem Kleinkind und dessen primärer Bezugsperson löst die Symbiose zur Dyade, die die Grundlage für die Fähigkeit ist, stabile und intime soziale Beziehungen im Erwachsenenalter aufrechtzuerhalten. So sind emotionale und soziale Entwicklung a priori ineinander verschränkt:

> „Nach der ursprünglichen pränatalen Einheit von Mutter und Embryo erfolgen die gravierende Trennung und körperliche Abgrenzung bei der Geburt, der zwar sofort die Entstehung der engen dyadischen Bindung folgt, die dann jedoch nicht nur durch den beginnenden Individuationsprozess via Separation, sondern auch durch die frühere Triangulierung (durch das Auftauchen des Vaters und der Geschwister) zunächst gelockert wird. In der nächsten Phase geht es weiter mit der Entwicklung einer noch einmal erweiterten Identität, die ihrerseits jetzt in die regelrechte Triadebeziehung der ödipalen Phase und überhaupt in die Familienidentität mündet. Mit der Einschulung beginnen die partielle Trennung von der Familie und die Bildung einer Gruppenidentität in der Schule, später in verschiedenen anderen Gruppierungen bis zu der Gesamtheit der Nation, der Religionsgemeinschaft, der großen kontinentalen Zusammenführungen bis hin zu der (gleichsam psychosozialen) Globalisierung. Der Übergang von einer Stufe in die nächste geht meistens nicht komplikationslos vor sich" (Mentzos, 2010 [2009], S. 263).

Die Zusammenschau der kognitiven, emotionalen und sozialen Entwicklung, auf einer Achse der Lebensalter aufgetragen, stellt sich daher folgendermaßen dar: Auf der Achse der kognitiven Entwicklung werden die informationsverarbeitenden Prozesse, wie im Modell in Abbildung 7: „Das Sindelar-Modell": Systematik der basalen Prozesse der Informationsverarbeitung (Sindelar, 1994, 2008, S. 120) dargestellt, in ihrem Aufbau abgebildet. Dieser Systematik werden auf der Achse der emotionalen Entwicklung die psychosexuellen Phasen nach Anna Freud in ihrer Abfolge der Oralität, Analität, Ödipalität, Latenz zur Seite gestellt. Auf der Ebene der Sozialisation ist die Entwicklung der Beziehungsstrukturen, ausgehend von der symbiotischen Beziehung über die Dyade zur Triade in die Gemeinschaft (der Gruppe) aufgetragen. Dieses Netzwerk der Achsen, auf das Entwicklungsalter als Zeitlinie bezogen, ergibt ein Gesamtmodell der kindlichen

Entwicklung (die Zeitlinie stellt in diesem Modell eine Hypothese einer normativen Entwicklung dar, beim allgemein entwicklungsverzögerten Kind bleibt die Gesamtsystematik erhalten, lediglich sind die Zeiteinheiten zu verlängern). Daraus ergibt sich ein integratives Entwicklungsmodell:

	EMOTION	KOGNITION	SOZIALISATION
Schulkind ab 6. Lebensjahr	LATENZ	SERIALITÄT INTERMODALITÄT	GEMEINSCHAFT
4. und 5. Lebensjahr	Selbstwert ÖDIPALITÄT	visuelles und auditives GEDÄCHTNIS	Du-Kontakt TRIADE
2. und 3. Lebensjahr	Aggressionsentwicklung ANALITÄT	visuelle und auditive Differenzierung Körperschema WAHRNEHMUNG	DYADE
1. Lebensjahr	Urvertrauen ORALITÄT	visuelle auditive Figurgrunddifferenzierung Taktil-Kinästhetik AUFMERKSAMKEIT	SYMBIOSE

Abbildung 12: Ein integratives Modell der kindlichen Entwicklung

Dabei ist festzuhalten, dass diese Zuordnungen natürlich keinesfalls so zu verstehen sind, dass sie jeweils nur und ausschließlich in diesem Lebensalter stattfinden, im Gegenteil bleibt natürlich auf jeder nächsthöheren Stufe das vorher Erworbene weiter verfügbar und wird auch angewendet, nicht nur im Kindesalter, sondern natürlich über die gesamte Lebensspanne. So ist das Kind, das in den ersten drei Lebensjahren eine sichere Bindung zu einer Bezugsperson etablieren konnte, natürlich auch noch im späteren Alter imstande, eine solche Bindung einzugehen und lässt nicht die Fähigkeit zur Gemeinschaft an die Stelle der sicheren Bindung zu zweit treten. Dies gilt natürlich genau so auch für die psychosexuellen Phasen: Das Erleben von oraler Lust und deren Befriedigung weicht nicht der Genitalität, sondern wird im gelingenden Entwicklungsverlauf in diese integriert, wie schon in der frühen Psychoanalyse in der Vorstellung der Integration von Partialtrieben der Libido in das Triebleben des Erwachsenen beschrieben. Und genau so ist in der kognitiven Entwicklung undenkbar, dass das Kind die in bestimmten Lebensphasen besonders aktiven Prozesse der Kognitionsentwicklung wieder verliert, also keine visuellen und auditiven Figur-Grund-Differenzierungsleistungen und taktil-kinästhetischen Wahrnehmungsleistungen mehr trifft, sobald es sich besonders

82

der visuellen und auditiven Differenzierung und der Körperschemawahrnehmung zuwendet – vielmehr sind auch hier die basaleren Funktionen jeweils die Voraussetzung für die Entwicklung nächsthöherer Leistungen. Es ist vielmehr so zu verstehen, dass in allen drei Entwicklungsbereichen, die getrennt zu betrachten immer einen artifiziellen Aspekt einbringt, das eigen ist, was vorher bereits formuliert wurde: Nur wenn die vorhergehende Leistung entsprechend gelingt, so ist das Erreichen und Bewältigen der nächsthöheren Entwicklungsstufe überhaupt möglich (Resch, Parzer & Brunner, 1999). Dieses Paradigma ist noch folgend zu erweitern: Die vorhergehenden bewältigten Entwicklungsaufgaben müssen in die nächsthöhere integriert werden, damit diese nächste überhaupt getroffen werden kann. Am einfachsten ist dies am Modell der Entwicklung der Informationsverarbeitung darzustellen: Nur wenn das Kind auditive Wahrnehmungsinhalte mithilfe seiner auditiven Figur-Grund-Differenzierung isolieren kann, kann es im nächsten Schritt auch ähnliche, gleiche und unähnliche auditive Muster unterscheiden (dasselbe gilt natürlich auch für visuelle Wahrnehmungsinhalte). Und nur wenn es ein gewisses Maß an Bewegungs- und Berührungserfahrung gemacht hat, kann es den eigenen Körper als eben eigenen erkennen und sich an diesem zu orientieren lernen, also ein Körperschema entwickeln, das auch für jedwede motorische Leistung in Integration mit taktil-kinästhetischer Wahrnehmung erforderlich ist: Nur wenn das Kind seine Hand als seine eigene erkennt und die Muskelspannungen in dieser wahrnimmt, kann es mit dieser eigenen Hand etwas bewusst und absichtlich ergreifen. Dies ist selbstverständlich über das gesamte Modell der Entwicklung der Informationsverarbeitung weiter zu führen: Nur wenn das Kind Wahrnehmungselemente mittels seiner auditiven Figur-Grund-Differenzierung aus dem Gesamt der gleichzeitig eintreffenden Informationen isolieren konnte, diese mithilfe seiner Differenzierung als Funktion der Wahrnehmung präzisieren konnte, kann es sich diese auch entsprechend merken, also im Gedächtnis abspeichern, dann in der Intermodalität die Sinnesgebiete übergreifend verbinden und letztlich mithilfe seiner Serialität in ihrer Reihenfolge wahrnehmen. Und nur so ist es auch zu Antizipationsleistungen, die ja das Verständnis von Abfolgen voraussetzen, und diese wiederum sind Voraussetzung der Exekutivfunktionen, die eine Handlungsplanung erforderlich machen. Zu beachten ist dabei aber natürlich auch, dass ab der Verfügbarkeit von verarbeiteten Informationen bereits auf dem Niveau der Figur-Grund-Differenzierung die Entwicklung diese nicht „aufspart", bis die gesamte Entwicklung bis hin zur Serialität abgeschlossen ist und erst dann die vernetzende Arbeit beginnt, sondern alle Funktionen, die Verarbeitung im Interesse der Verfügbarkeit bedeuten, bereits in einen sehr frühen Stadium der kindlichen Entwicklung aktiv sind (So dreht zum Beispiel der Säugling, sobald er dazu von seiner Bewegung imstande ist, den Kopf nach einer Schallquelle oder zum Gesicht der Bezugsperson, was also einer ersten intermodalen, also vernetzten Vorgangsweise entspricht, deren einer Teil rezipierend (Figur-Grund-Differenzierung), deren anderer Teil aktiv (Bewegung des Kopfes) ist. Dennoch lassen sich auf den verschiedenen Altersstufen „Hochblüten" der Entwicklung von Einzelfunktionen festmachen, die dann jeweils wieder das Funktionsniveau des Gesamtsystems erhöhen – unter dieser Prämisse ist das in den weiteren Unterkapiteln jeweils Ausgeführte zu lesen. Zur Verdeutlichung sollen die graphischen Darstellungen des integrativen Entwicklungsmodells jeweils mit der Betonung der zugeordneten Entwicklungsphase dienen.

Die „Beweglichkeit" und Dynamik der kindlichen Entwicklung lässt sich allerdings graphisch nur bedingt darstellen. Theoretische Modelle zum Menschen weisen immer ein höheres Maß an statischem Charakter auf als der Komplexität des menschlichen Lebens gerecht werden kann. Dennoch ist der Erkenntnisgewinn in der Abfolge von Deduktion und Induktion immer noch nicht obsolet, solange sich nicht ganz andere Wege der Forschung als zielführender erweisen.

10.1 Das erste Lebensjahr aus der Sicht des integrativen Entwicklungsmodells

Die erste kognitive Entwicklungsaufgabe, die sich dem Säugling nach seiner Geburt stellt, ist die der Figur-Grund-Differenzierung und Fokussierung der Aufmerksamkeit im visuellen und auditiven Reizumfeld, die Erweiterung der Vigilanz zur aktiven Reizverarbeitung. Im visuellen Bereich geht es nun darum, aus dem Gesamt des visuellen Bildes einzelne Elemente isolieren zu können. Dabei bevorzugen bereits Neugeborene das menschliche Gesicht (Seiffge-Krenke, 2009). Der optimalen Sehschärfe des Säuglings in einem Augenabstand von 30 cm wird der Erwachsene intuitiv gerecht, indem er, wenn er mit dem Säugling Kontakt aufnimmt, sein Gesicht auf diese Entfernung an ihn heranbringt. Damit wird dem Säugling möglich, die Gesichtskonturen und die Schemata des menschlichen Gesichts zu erkennen, was er, wie seit den Forschungen von René Spitz (1972) bekannt, mit einem Lächeln beantwortet, wenn die Ansicht der Achsen von Augen, Mund und Nase durch die Kopfbewegung des Erwachsenen Verkürzung und Verlängerung erfährt. Der Säugling ist also damit im Alter von etwa drei bis sechs Wochen offensichtlich fähig, Elemente aus der Gesamtinformation der visuellen Reize zu isolieren, erste Figur-Grund-Differenzierungsleistungen sind ihm möglich, entwickelt durch die Interaktion mit seinen Bezugspersonen, die ihm das notwendige Reizangebot liefern. Im auditiven Bereich ist die zunehmende Fähigkeit zur Figur-Grund-Differenzierung daran zu beobachten, dass sich der Säugling Schallquellen zuwendet und dabei die Stimme der Mutter bevorzugt, ja sogar die vertraute Sprache, selbst wenn sie nicht von der Mutter gesprochen wird, seine Aufmerksamkeit mehr anzieht als eine ihm bis dahin unbekannte Sprache. Dies belegt nicht nur die Entwicklung der Aufmerksamkeit und Figur-Grund-Differenzierung, sondern auch, dass er bereits zu ersten Differenzierungsleistungen imstande ist, also das System der Informationsverarbeitung vernetzt arbeitet.

Die am meisten entwickelte Wahrnehmungsquelle dieses Lebensalters ist die Wahrnehmung von Berührung. Taktile Reize, die der Säugling durch Gestreicheltwerden, Berührung bei der Pflege, beim Füttern, beim Getragenwerden erfährt, sensibilisieren und differenzieren seine taktile Wahrnehmung – und befriedigen sein Zärtlichkeitsbedürfnis (Affolter, 2006 [1991]; Adler, 1908d). In diesem Lebensalter kommt es also zu einer intensiven Ausdifferenzierung der Figur-Grund-Differenzierungsfähigkeit und der taktilen Wahrnehmung.

Parallel dazu wird in der emotionalen Entwicklung die orale Befriedigung zur primären Lustquelle. Im Interesse des Überlebens sinnvoll, ist die sensibelste taktile Zone

der Mundbereich und die Nahrungsaufnahme Beseitigung von Unlust. Die Nahrungsaufnahme und der Mundbereich, der dabei taktil stimuliert wird, die Schluckbewegun-
gen als reflektorische motorische Abläufe werden mit dem Erlebnis der Unlustbeseiti-
gung verknüpft. Und daher sind Figur-Grunddifferenzierung und taktil-kinästhetische
Wahrnehmung in diesem Lebensalter mit der Oralität in Vernetzung.

Die Beziehungsstruktur des Säuglings ist zu Anfang eine symbiotische, seine emotionale Welt die einer „Intersubjektivität ohne Subjekt" (Gallese, 2006), die sich zur
dyadischen Beziehung weiterentwickelt, ein Prozess, der der Figur-Grund-
Differenzierung vergleichbar ist: Aus dem „Grund" der Symbiose steigt das eigene und
das andere Subjekt auf und wird im Verschlingen der Oralität wieder aufgehoben, wobei nur Anderes verschlungen werden kann, nicht Eigenes, das Andere durch Verschlingen zum einverleibten Eigenen wird, und Unlust zur Lust. Wenn Erikson das
Urvertrauen als Funktionsmodus der oralen Phase beschreibt, so kommt ihm das Ver-
dienst zu, libidinöse Phasen mit Bindungsmustern und damit mit der Beziehungsentwicklung vernetzt zu haben (Erikson, 1968).

Die kognitive Entwicklung in der zweiten Hälfte des ersten Lebensjahres steht im
Dienste der Differenzierung im Visuellen und Auditiven, also der Weiterentwicklung
der Wahrnehmung: Das in der zweiten Hälfte des ersten Lebensjahres auftretende
„Fremdeln" bei unvertrauten Gesichtern ist Ausdruck des Fortschritts der visuellen
Differenzierungsleistung: Das Kind ist nun im Stande, vertraute Gesichter von fremden
Gesichtern zu unterscheiden (wobei es aus dem Informationsgehalt der Berührung und
des Geruchssinns bereits viel früher fremdelt: Unbekannte Personen werden, wenn sie
das Kind in die Arme nehmen, über ihren Geruch, aber auch über die Art, wie sie das
Kind halten und berühren, von vertrauten Personen unterschieden, unbekannte Stimmen
und Sprachen erregen in weit geringerem Maße die Aufmerksamkeit des Kindes als
bekannte). Die Entwicklung der auditiven kindlichen Wahrnehmung erlebt eine Hochblüte, dessen beobachtbares Resultat das Lallen reduplizierter Silben ist, die dann im
kanonischen Lallen immer differenzierter werden, um schlussendlich in den ersten Wor-
ten zu münden. Zugleich gewinnt das Kind durch seine größere Mobilität, wie zum
Beispiel durch seine Fähigkeit, mit seinen Händen nun auch die eigene Körpermitte zu
erreichen bzw. zu überkreuzen, oder dann aufrecht zu sitzen und zu krabbeln, die Koordination der Körperhälften und damit einen beachtlichen Zuwachs an Differenziertheit
in der Körperschemawahrnehmung. Die so um die Vertikale erweiterte Dimension des
Raumes, die es nun selbst „bedienen" kann, bietet Zusatzinformationen für die visuelle
und auditive Wahrnehmung. Die Möglichkeit, mit der eigenen Hand den eigenen Fuß zu
ergreifen, lässt für das Kind die Grenzen des eigenen Körpers spürbar und fühlbar werden, die Körperteile werden als zusammengehörig und eigen wahrgenommen und erlebt. Mit Ende des ersten Lebensjahres und Beginn des zweiten Lebensjahres, wenn das
Kind den aufrechten Gang beherrscht, wird die Raumorientierung auf das Niveau der
Wahrnehmung des eigenen Körpers im Raum erweitert, womit auch die bereits vorhan-
dene Fähigkeit zur Figur-Grund-Differenzierung in ihrem Ergebnis mithilfe motorischer
Aktivitäten überprüft werden kann: Das Kind kann nun auf das Gesehene zukrabbeln
bzw. darauf zugehen und das Ergebnis seiner Leistung der informationsverarbeitenden

Prozesse der visuellen und auditiven Figur-Grund-Differenzierung tastend überprüfen. Damit beginnt sich die Intermodalität, also die Verknüpfung zwischen Reizen unterschiedlicher Sinnesmodalitäten, zu entfalten.

Parallel dazu findet auch in der Sozialisationsentwicklung der Schritt zum Eigenen statt: Das Kind beginnt sich aus der Symbiose zu lösen und empfindet sich als eigenständig von der Mutter. Die Verschmolzenheit der Symbiose wird zum Ich und Du der Dyade. Die gemeinsame Gefühlswelt wird um den Aspekt der Resonanz erweitert, die nun eine emotionale Bewegung zwischen Ich und Du bedeutet, vom Kind als innerhalb und außerhalb seiner selbst geschehend erlebt, die Intersubjektivität wird zum Austausch zwischen zwei Subjekten.

Das Lusterleben der Oralität gewinnt durch die erweiterten motorischen Möglichkeiten eine neue Dimension: Das Kind kann nun, in einem ersten Erwachen der Aggression, zugreifen und zupacken, um zu verschlingen, und setzt seine orale Sensibilität zugleich zur Informationsverarbeitung ein, indem es das, was es explorieren will, in den Mund steckt, über den es die am meisten ausdifferenzierten und daher verlässlichsten Informationen erhält – Kinder in diesem Lebensalter stecken auch Klangspiele in den Mund, auch wenn die taktile Information keinen weiteren Aufschluss über Klang„gestalten" bieten kann.

Schulkind

	EMOTION	KOGNITION	SOZIALISATION
ab 6. Lebensjahr	LATENZ	SERIALITÄT INTERMODALITÄT	GEMEINSCHAFT
4. und 5. Lebensjahr	Selbstwert ÖDIPALITÄT	visuelles und auditives GEDÄCHTNIS	Du-Kontakt TRIADE
2. und 3. Lebensjahr	Aggressionsentwicklung ANALITÄT	visuelle und auditive Differenzierung Körperschema WAHRNEHMUNG	DYADE
1. Lebensjahr	*Urvertrauen* *ORALITÄT*	*visuelle auditive* *Figurgrunddifferenzierung* *Taktil-Kinästhetik* *AUFMERKSAMKEIT*	*SYMBIOSE*

Abbildung 13: Die Entwicklungsaufgaben des ersten Lebensjahres

10.2 Das zweite und dritte Lebensjahr aus der Sicht des integrativen Entwicklungsmodells

In dieser Entwicklungsstufe lässt die Beobachtung des Kindes bereits die ersten Vernetzungen zwischen im ersten Lebensjahr erbrachten Entwicklungsleistungen und deren Integration in höhere Differenzierungen erkennen, und zwar in allen drei Bereichen (siehe weiter unten). Offensichtlich folgt Entwicklung dem Konzept, bereits Erworbenes umgehend umzusetzen und somit für die Anwendung verfügbar zu machen. So ist das Kleinkind zum Beispiel bereits imstande, erste Wörter zu sprechen und bald auch erste syntaktisch einfache Sätze zu produzieren, also eine seriale Facette einzubringen. Da ein Wort jedenfalls die Lautgestalt zu einem Bild ist, dies eine intermodale Leistung darstellt, sind die basalen Prozesse der Informationsverarbeitung, wie sie im Modell von Affolter (Abbildung 5: Modell zur Entwicklung der Wahrnehmung, adaptiert nach F. Affolter, S. 62) dargestellt sind, auf allen Ebenen in Vernetzung aktiv. Dennoch dominieren in dieser Entwicklungsphase jeweils die für eben diese spezifischen Aufgaben: Im Bereich der kognitiven Entwicklung kommt es zu einer verstärkten Ausdifferenzierung der visuellen und auditiven Wahrnehmung, die erst durch die Leistungen der Figur-Grund-Differenzierung und Aufmerksamkeit möglich ist. Die Sprachentwicklung hat im zweiten und dritten Lebensjahr einen „explosiven“ Charakter mit einer großen individuellen Variationsbreite. Um einen entsprechenden Wortschatz entwickeln zu können, ist es nun erforderlich, Phonemgestalten klarer voneinander differenzieren zu können – der Wortschatz des Kleinkindes mit seinen phonematischen Fehlern (wie zum Beispiel „Lototive“ statt „Lokomotive“) zeigt die noch nicht ausreichend gelingende auditive Differenzierung, ebenso wie die Fehlerkennungen von visuellen Gestalten (wie zum Beispiel die Verwechslung eines kleinen Balles mit einem Apfel). Die Erweiterung des kindlichen Wortschatzes und Sprachverständnisses bedarf selbstverständlich einer weiteren Ausdifferenzierung der Wahrnehmung im Visuellen und Auditiven, aber natürlich auch einer erweiterten Kompetenz der Artikulationsmotorik. Damit einher geht die Entwicklung der Motorik im Zusammenspiel von Körperschemawahrnehmung mit der durch die Bewegungserfahrung ermöglichten Orientierung im Raum.

Im zweiten Lebensjahr ist die dyadische Beziehung zur Mutter – im Falle einer sicheren Bindung – so weit etabliert, dass das Kind bereits eine Objektkonstanz entwickeln kann: Die Existenz der Mutter ist für das Kind auch dann gegeben, wenn es die Mutter über eine kurze Zeitspanne nicht unmittelbar wahrnehmen, also spüren, sehen und hören kann. Zugleich hat die physiologische Angst dieses Lebensalters, die Trennungsangst, zur Voraussetzung, dass das Kind sich in Zweisamkeit mit der Mutter erlebt, denn nur der Andere kann von dem Einen getrennt werden, nicht der Eine von dem Einen. Das Kind bleibt über eine kurze Zeitspanne beruhigt, wenn es die Stimme der Mutter oder einer anderen vertrauten Bezugsperson hört, diese aber nicht sehen kann – der Beleg für die mittlerweile fortgeschrittene Fähigkeit zur Intermodalität, da das Kind offensichtlich ein inneres Bild der Mutter, das aus visuellen, taktilen und auditiven Inhalten vernetzt ist, entwickelt hat: Es kann aus der Stimme der Bezugsperson die Präsenz dieser Person schließen, also auch die damit verknüpften Inhalte aus anderen

Wahrnehmungsbereichen aktivieren. Dazu muss es Gedächtnisleistungen im Auditiven (Klang der Stimme der Mutter) und im Visuellen (Aussehen der Mutter) getroffen haben, denn intermodale Verknüpfung nur dann möglich ist, wenn zu verknüpfendes Reizmaterial verfügbar ist. Und nur unter der Bedingung der entsprechend entfalteten Intermodalität, die wiederum modale Merkfähigkeit, Differenzierung und Figur-Grund-Differenzierung zur Voraussetzung hat, werden die gelallten sinnfreien Silben zu sinnhaften Wörtern, Bildhaftes in Lautgestalten abbildend. Schon allein an diesem Beispiel wird deutlich, dass eine Entwicklung der Emotionalität und Sozialisierung ohne entsprechende kognitive Kompetenzen in der Informationsverarbeitung nicht möglich ist, und sich andererseits diese nur in einem ein intersubjektives Geschehen, in Interaktion mit Bezugspersonen und sozialem Umfeld entwickeln können, da ohne entsprechendes Reizangebot eine Verarbeitung dieser Reize ja nicht möglich ist. Dieses Faktum ist allerdings eigentlich bereits bekannt, seit der Staufenkaiser Friedrich II im 13. Jahrhundert zur Erforschung der „Ursprache" des Menschen in Wiederholung des von Herodot berichteten Experiments des ägyptischen Pharaos Psammetichos Neugeborene in guter körperlicher Pflege, aber ohne soziale Kontakte aufziehen ließ. Dies offenbarte ihm allerdings nicht das Geheimnis der Ursprache offenbarte, sondern bewies die existentielle Angewiesenheit des Kindes auf emotionale Bedürfnisbefriedigung: Die Kinder verstarben (Köller, 2006).

Im Bereich der psychosexuellen Phasen wird das Spektrum der Libido um die Analität, die jetzt in den Fokus gerät, erweitert. Zugleich ist es das Lebensalter, in dem die Aggressionsentwicklung eine Hochblüte erfährt: Im Trotzalter erlebt das Kind sowohl seine eigene Macht, aber auch deren Grenzen in seiner eigenen Ohnmacht, wenn es seinen überflutenden Affekten ausgeliefert ist. Der gelungene Abschluss der analen Phase ist die Entwicklung des Ich-Bewusstseins, das dem Kind das erste Erleben der eigenen Identität beschert, ausgedrückt auch in der Sprachentwicklung, deren Wortschatz um das Wort: „Ich" bereichert wird, vorher schon beobachtbar daran, dass sich das Kind im Spiegel erkennt

Analität hat zugleich im Erleben der Körpergefühle einen serialen Aspekt: Das Kind spürt die Gefühle des Stuhldranges bzw. des Harndrangs und erlebt, dass dieses Körpergefühl die Produktion von Stuhl bzw. Harn zur Folge hat, dass also eine „Serie" zwischen dem Körpergefühl und dem Sichtbaren besteht, die es dann zunehmend mehr im Zuge des Erlernens der Stuhl- und Harnkontrolle selbst steuern kann. Serialität als die Fähigkeit, Reihenfolgen wahrzunehmen, zu speichern und wiederzugeben, gewinnt nun „Anwendungscharakter" in der Antizipationsfähigkeit. Jede Antizipationsleistung erfordert, dass die Abfolge von Ereignissen wahrnehmbar geworden ist, der Zusammenhang der einzelnen Ereignisse für das Kind hergestellt ist, um dann aktiv von ihm hergestellt werden zu können.

Wie alle anderen informationsverarbeitenden Funktionen ist diese natürlich auch ansatzweise bereits in jüngerem Alter vorhanden, zum Beispiel daran beobachtbar, wenn das Kind beim Anblick der vertrauten Bezugsperson dieser die Arme entgegenstreckt, in der Erwartung, dann hochgenommen und getragen zu werden; wenn es beim Anblick der Flasche bzw. des Löffels den Mund aufmacht, in der Erwartung der Nahrung. Allerdings hat diese seriale Integrationsleistung zunächst passiven Charakter: Das Kind erfährt den Zusammenhang zwischen dem Unlustgefühl, seinem eigenen Ausdruck dieser Unlust durch Weinen und Schreien und der darauf folgenden Behebung des Zustandes der Unlust durch die Bezugsperson: es wird gefüttert, es wird gewickelt, es wird hochgenommen und herumgetragen. Im Rahmen seiner Möglichkeiten gestaltet der kompetente Säugling (Dornes, 1993, 2000) diese Abläufe mit, löst durch seine Äußerungen Reaktionen bei seinen Bezugspersonen aus und beantwortet diese.

Im Laufe des zweiten und dritten Lebensjahres gewinnt die Serialität gestaltenden Charakter, das Wahrnehmen und Behalten von Serien wird um den Aspekt der Finalität erweitert, die das Kind zuerst durch seine Mobilität aktiv umsetzen kann, später dann durch die Erlebniswelt des Körpergefühls des Stuhl- und Harndrangs und dessen Folgen neue Möglichkeiten, den nächsten Schritt, die nächste Handlung gestalten kann, sobald ihm die neuronale Ausstattung, die es dafür braucht, zur Verfügung steht. Genau zu dieser Zeit wandelt sich auch die sprachliche Produktion des Kindes vom Ein-Wort-Satz zum Mehr-Wort-Satz, der Bedeutungsgehalt des Gedanken wird in eine Serie von Wörtern nach syntaktischen Gesetzmäßigkeiten übersetzt.

Auf der Ebene der Sozialisation beginnt nun die Erweiterung der Beziehungsstruktur auf die Frühstufe der Triade, eine zweite vertraute Bezugsperson wird in das Beziehungsgefüge aufgenommen, was eine seriale Komponente der Sozialisation bedeutsam macht: Mit zwei Personen in Kontakt zu treten bedeutet immer, diesen die Aufmerksamkeit in zeitlicher Abfolge zuzuwenden und ebenso in zeitlicher Abfolge von der einen und der anderen Person kontaktiert zu werden: Eltern sprechen niemals gleichzeitig mit ihrem zweijährigen Kind. Selbst wenn beide gleichzeitig das Kind im Arm halten, also auf der taktil-kinästhetischen Ebene durch die gleichzeitige Berührung durch beide Elternteile diese Gleichzeitigkeit gegeben ist, kann das Kind immer nur mit einem nach dem anderen direkten Blickkontakt aufnehmen, ebenso wie es nur einem nach dem anderen zuhören kann. Kinder im Alter von zwei bis drei Jahren sprechen auch niemals zwei gleichzeitig anwesende Personen gleichzeitig an: Kinder in diesem Alter sprechen nicht zu den „Eltern“, sondern zu Papa und Mama. So wie der Überbegriff „Eltern“ für Vater und Mutter dem sprachlichem Verständnis dieses Lebensalters noch nicht zugänglich ist, da er eine erste Form der Kategorisierung (vgl. Piaget) darstellt, so ist auch das Handeln des Kindes in diesem Alter ein Nacheinander, also ein seriales Ereignis, in dem die Erweiterung der Serialität in der Folge die Antizipationsfähigkeit schult. All dies steht auch im Dienste des altersentsprechenden Autonomiestrebens.

Voraussetzung für diese bereits recht facettenreichen Fertigkeiten und Fähigkeiten ist allerdings, dass das Reizmaterial, sei es jetzt die Lautgestalt der Wörter, die Bildgestalt der Gesichter und Gegenstände und die „Fühlgestalt“ der Körpergefühle feiner differenzierter werden kann als es im ersten Lebensjahr gelingt. Einfach nachzuvollziehen ist eben dieses am Beispiel der Stuhl- und Harnkontrolle: Während das Kind im ersten Lebensjahr diffuse Körpergefühle, wie Hunger oder Stuhldrang, als unlustvoll erlebt und dies durch Weinen ausdrückt, lernt das Kind im zweiten und dritten Lebensjahr, diese Gefühle Körperregionen zuzuordnen und gewinnt nun die Möglichkeit, diese zu beeinflussen, eben zum Beispiel durch willkürliche Kontraktionen der Bauchmuskeln oder durch willkürliche Beeinflussung der Sphinkterspannung. Die Tatsache, dass Kinder erst dann sauber werden können, wenn sie imstande sind, Stiegen im Treppenschritt hinaufzugehen, belegt wiederum den Zusammenhang zwischen Körperschemawahrnehmung, Motorik, Differenzierungsleistungen und der Analität und auch der triadischen Beziehung im Sinne von Triangulierung.

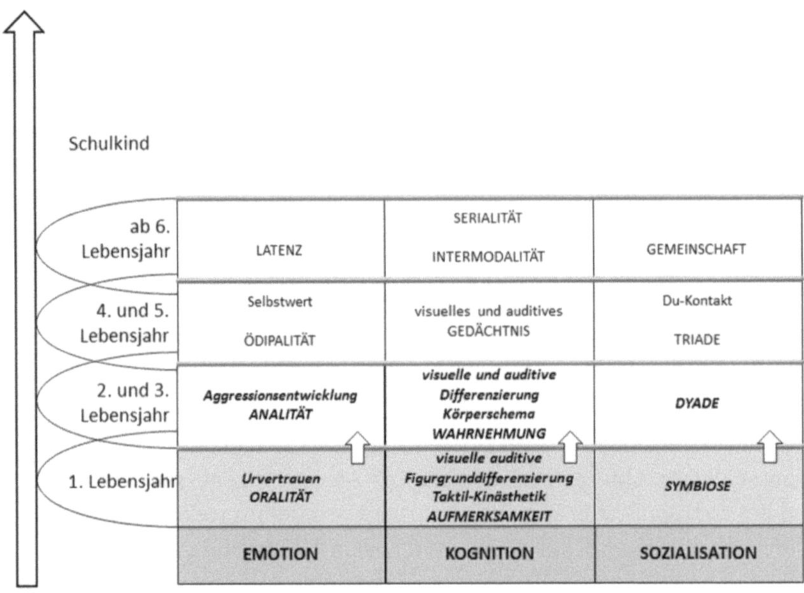

Abbildung 14: Die Entwicklungsaufgaben des zweiten und dritten Lebensjahres

10.3 Das vierte und fünfte Lebensjahr aus der Sicht des integrativen Entwicklungsmodells

Die vorher beschriebene Fähigkeit zur vermehrten Serialität und damit auch Antizipationsleistung wächst Hand in Hand mit dem ersten Schritt des Kindes in die Gemeinschaft, die nun für das drei- bis vierjährige Kind als Beziehungsraum verfügbar wird. Kinder vor dem Alter von etwa drei- bis dreieinhalb Jahren sind mit Gleichaltrigen in kurzfristigem, explorativen kommunikativen Kontakt, spielen aber nicht oder nur sehr kurz interaktiv, sondern eher nebeneinander. Auch wenn Kinder schon im Babyalter Gleichaltrige in der Häufigkeit der Kontaktaufnahme gegenüber der Mutter bevorzugen (Seiffge-Krenke, 2009, S. 123), sind sie noch nicht in ein gemeinsames Spiel integriert. Erst etwa im vierten Lebensjahr gestalten Kinder ihr Spiel als ein gemeinsames Handeln, das auf gemeinsame Ziele, wie zum Beispiel das gemeinsame Bauen, Schaukeln usw. ausgerichtet ist. Dem Kind steht mittlerweile im intersubjektiven Geschehen, das sich in diesem Alter als „sekundäre Intersubjektivität" darstellt, die dann zur „tertiären

90

Intersubjektivität" (Stephenson, 2011, S. 134) des Wir in der Gruppe weiter wachsen wird, die Sprache als Kommunikationsform zur Verfügung. Diese bietet dem Beziehungsgeschehen einen deutlichen Zuwachs an Mentalisierungsmöglichkeit, ohne dass die Mentalisierungsfähigkeit abgekoppelt von den vorangegangenen Beziehungserfahrungen verstanden werden darf, da „[…] die Qualität der Mentalisierung mit der Qualität der frühen Objektbeziehungen zusammenhängt" (Fonagy, Gergely, Jurist & Target, 2008 [2002], S. 105) – womit übrigens auch Fonagy et al. auf die wechselseitige Bedingtheit von emotionalem und kognitivem Entwicklungsgeschehen hinweisen.

Der erste Schritt des Kindes in die Gemeinschaft ist zuerst einmal die Anwendung der Fähigkeit zur dyadischen und triadischen Beziehung auf Menschen außerhalb der Familie, nämlich auf die Kindergartenpädagogin bzw. den Kindergartenpädagogen und jeweils einzelne Kinder aus der Kindergruppe, auf die das Kind nun generalisiert, was es aus den Beziehungserfahrungen mit seinen ersten Bezugspersonen mitbringt: Das Kind begibt sich in einen vielfältigen Du-Kontakt mit unterschiedlichen Personen außerhalb der Familie, aus dem es dann weiter in den Gruppenkontakt wachsen wird. Auch wenn der individualpsychologische Begriff des „Gemeinschaftsgefühls" die Gruppe assoziieren lässt, so meint er doch bereits auch die Gemeinschaft mit dem Anderen, mit dem „Du", das weder Mutter noch Vater noch anderes enges Familienmitglied ist, sondern Teil des sozialen Umfeldes.

Charakteristisch für die Interaktionen zwischen Kindern im Kindergartenalter ist die Kommunikation, die sich auf Objekte und mit ihnen verbundenen gemeinsame Ziele das Handelns richtet: Kinder in diesem Lebensalter spielen gemeinsam und zielgerichtet, sind also in ihren Handlungsintentionalitäten vereint – in einer „social manipulation and cooperative communication", wie Tomasello es bezeichnet, die sie bereits in den Jahren davor mit ihren Bezugspersonen verwendet haben: „[…] even prelinguistic human infants communicate cooperatively, and often with the sole motivation to share experiences and information with others" (Tomasello & Carpenter, 2007, S. 122).

Im Spektrum der informationsverarbeitenden Funktionen braucht die Fähigkeit zum Du-Kontakt intermodale Kompetenz, für die die Merkfähigkeit im Visuellen, Auditiven und Motorischen Voraussetzung ist: Um Wahrnehmungsinhalte miteinander vernetzen zu können, müssen solche zur Verfügung stehen. Und so erlebt die Merkfähigkeitsleitung im vierten und fünften Lebensjahr eine Hochblüte: Explosionsartig entwickelt sich der aktive und passive Wortschatz des Kindes, die Behaltensleistung von visuellen und auditiven Inhalten erfährt einen rapiden Zuwachs (den jeder Erwachsene, der mit einem Kind in diesem Alter das Merkspiel „memory" spielt, erfährt, wenn er sich immer wieder unbeabsichtigt in der Verliererposition wieder findet).

Nochmals sei auf das hingewiesen, was schon vorher in diesem Kapitel betont wurde: Natürlich sind auch in diesem Lebensalter die einzelnen Basisfunktionen der Informationsverarbeitung nicht als abgekoppelt voneinander zu verstehen, nicht als erstmals in diesem Alter aktiviert, sondern immer im Verbund der Kognition. Die Zuordnung einzelner Funktionen zu einem bestimmten Lebensalter ist vielmehr als eine Phase der Hochblüte dieser Funktionen, quasi im Sinne einer Schwerpunktsetzung im Entwicklungsgeschehen, gemeint, was, will man hier das individualpsychologische Konzept der

Finalität assoziieren, die Voraussetzungen für die nächsthöhere kognitive Funktionalität zu schaffen hat.

Dieser besondere Entwicklungsschub der Merkfähigkeit und des Gedächtnisses geht einher mit der Phase der Ödipalität. Der Eintritt in die ödipale Phase setzt voraus, dass das Kind bereits ein Ich entwickelt hat, das es nun genderspezifisch versteht. Die Zuwendung vom eigenen zum anderen Geschlecht ist nur dann möglich, wenn diese Form des Anders-Seins vom Kind realisiert wird, das Kind also seine eigene Geschlechtsidentität erkennt und diese als unterschiedlich vom anderen Geschlecht wahrnimmt. Damit ist das Lebensalter von etwa vier bis fünf Jahren die Lebenszeit, der im Sozialen die Zuwendung zum Du-Kontakt zu Bezugspersonen außerhalb des engsten Umfeldes, im Emotionalen die ödipale Beziehungskonstellation zwischen Kind und Eltern und im Kognitiven die verlässliche Speicherung und Abrufbarkeit von Inhalten als notwendige Voraussetzung für die intermodale Kodierung gemeinsam sind.

Die kognitive Entwicklung in diesem Lebensalter ist also durch den rapiden Anstieg in der Merkfähigkeit und der Fähigkeit, die Inhalte zwischen Sinnesgebieten zu vernetzen, gekennzeichnet. Nur mithilfe dieser Fertigkeiten kann das Kind die in diesem Alter häufigen Rollenspiele als soziales Kompetenztraining auch tatsächlich ausführen: Um eine andere Person darstellen zu können, in ihren Facetten der Persönlichkeit und der Tätigkeiten, die dieser Person zugeordnet sind, ist ein hohes Maß an Fähigkeiten, Detailinformationen verschiedener Sinnesgebiete zu vernetzen, erforderlich. Auch hierin spiegelt sich wiederum die Interaktivität von kognitiver, emotionaler und sozialer Entwicklung: Nur wenn in ausreichendem Maße Gedächtnisleistungen verfügbar sind, diese ausreichend vernetzt werden können, also intermodal verarbeitet werden können, kann das Kind dieses soziale Probehandeln, das die Übernahme von sozialen Perspektiven vorbereitet, auch tatsächlich handelnd umsetzen. Und nur wenn ihm dazu die entsprechenden Anregungen und Erfahrungsmöglichkeiten vom Umfeld geboten werden, ist wiederum dieser nächste Schwerpunkt in der kognitiven Entwicklung im Gedächtnis und folgend der Intermodalität möglich.

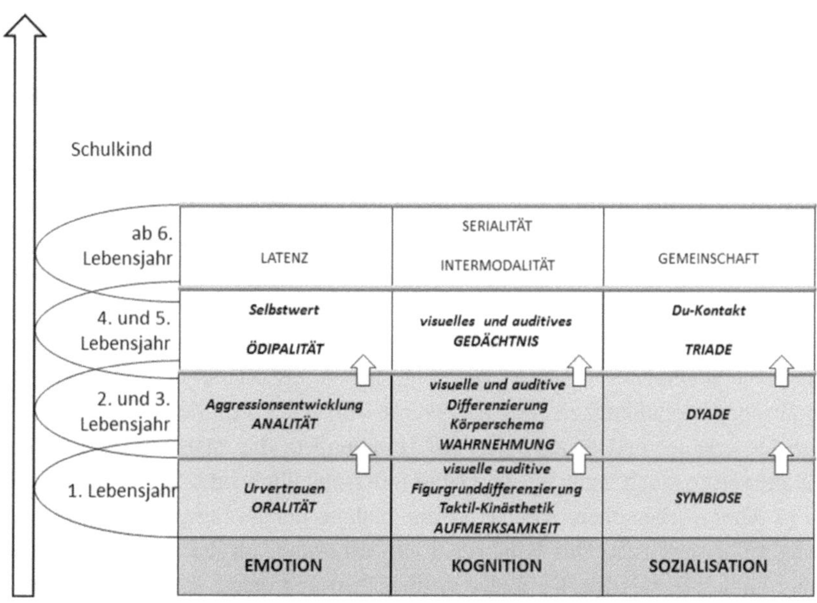

Abbildung 15: Die Entwicklungsaufgaben des vierten und fünften Lebensjahres

10.4 Das sechste Lebensjahr aus der Sicht des integrativen Entwicklungsmodells

Im Vorschulalter, quasi in Vorbereitung der Phase des konkret-operatorischen Denkens im Sinne Piagets, erleben vor allem die intermodalen und serialen Leistungen eine Hochblüte in ihrer Entfaltung, Gedächtnisleistungen nehmen in Quantität und Differenziertheit deutlich zu, die seriale Integration des Gemerkten macht diese Merkinhalte nun durch ihre Verknüpfung zur Weiterverwendung verfügbar. Kinder in diesem Alter verfügen zumeist noch immer über ein dem Gedächtnis der Erwachsenen bei weitem überlegenes visuelles Gedächtnis. Noch sind visuelles und auditives Gedächtnis in gleichem Ausmaß beansprucht. Mit zunehmendem Alter wird das auditive Gedächtnis, das eine höhere Kapazität zur serialen Verknüpfung mittels Verbalisation und damit auch zur Erweiterung der Antizipationsfähigkeit bietet, der bevorzugte Modus der Speicherung. Im Vorschulalter perfektioniert das Kind dieses Zusammenspiel der Einzelfunktionen mit konkretem und dann mit figuralem Material. Dies gelingt dann, wenn die Intermodalität, also die Fähigkeit, Wahrnehmungsinhalte aus verschiedenen Sinnesgebieten miteinander zu verknüpfen, und die Serialität, die zur Integration von Reihenfolgen und zusammenhängenden Abläufen befähigt und darauf aufbauend auch dazu, selbst Reihenfolgen zu gestalten, entsprechende Weiterentwicklung erfahren. Informationsverarbeitung als die Basis höherer Denkprozesse erlaubt zugleich immer auch eine Reduktion von Information zu kognitiven Schemata, zu Wahrnehmungsstereotypien, die notwendig sind zur Orientierung im Kognitiven, genauso wie sie im Emotionalen und im Sozialen intrinsisches Sicherheitsgefühl ermöglichen. Mit dem Überschreiten des Stadiums des anschaulichen Denkens, das die „augenblickliche" Situation im wörtlichen Sinn meint, in das konkret-operatorische Denken im Sinne Piagets wird das Kind zur Kategorisierung fähig.

Dies hat nicht nur Auswirkungen auf die kognitive Verarbeitungsleistung und damit auf die Entwicklung des Denkens (vgl. Piaget), sondern ist auch bedeutsam in der sozialen Entwicklung im Kontext der Gemeinschaft, der nun um soziale Interaktionsregeln, wie zum Beispiel die moralische Urteilsfähigkeit (Kohlberg, 1996), erweitert wird. Moralische Urteile folgen Ordnungskriterien und brauchen Kategorisierungen, um Generalisierungen setzen zu können. Während das moralische Urteil des Kleinkindes einem einfachen moralischen Realismus entspricht, der unmittelbar an einer ablehnenden Reaktion der Bezugspersonen Handlungen als verboten erkennt, während er Handlungen, die keine ablehnende Reaktion zur Folge haben, als erlaubt einstuft, wandelt sich die moralische Urteilsfähigkeit des Kindes im Vorschulalter: Gleichheiten im Ungleichen werden erkannt und generalisiert auf Handlungen, die eine prinzipielle Gemeinsamkeit aufweisen, auch wenn sie im Detail unterschiedlich sind. Somit kann das Kind in diesem Alter vorhersehen, welche Stellungnahme der Bezugspersonen zur eigenen Handlung zu erwarten ist. Das Kind weiß nun oft vorab, ob die Bezugspersonen eine Handlung gutheißen werden, kann also vorhersehen und damit eine Entscheidung treffen, ob es diese Handlung trotz des Risikos der Ablehnung der Handlung durch die Bezugsperson tätigen wird oder unterlassen wird. Diese soziale Perspektivenübernahme bereichert die Intersubjektivität, die nun verstärkt auf die Interaktionspartner der Gemeinschaft bezogen wird, Damit wird das Kind aber zugleich auch imstande, Vorurteile anzunehmen, indem es die Informationen entsprechend der Vorgabe des jeweiligen Vorurteils reduziert und auch nicht in der Realität erlebte Aspekte hinzufügt, um sie Kategorien anzupassen und diese emotional und sozial zu bewerten (Sindelar, 2007).

Die Differenzierung der Gemeinschaftsfähigkeit ist eine der zentralen Aufgabe des Kindes im Vorschulalter. In der Familie erworbene Vorbilder des Kontaktverhaltens sowie Konfliktlösungsstrategien werden in die Gemeinschaft übertragen, Bindungsmuster werden in der Gemeinschaft angewendet. Das Kind erkennt nun auch die eigene Familie als Einheit innerhalb einer größeren Einheit des sozialen Umfeldes, differenziert Unterschiede und Gemeinsamkeiten zwischen der eigenen Familie und anderen Familien, wozu es das Instrumentarium der Informationsverarbeitung braucht. Dass Gemeinschaftsgefühl, deren eine Dimension die soziale Kompetenz ist, ohne kognitive Funktionen nicht auskommt, ist eine implizit vielerorts markierte, wenngleich kaum explizierte Tatsache: So spricht Stephenson von „Wahrnehmungs- und Handlungskompetenzen im Aufbau des Gemeinschaftsgefühls" (Stephenson, 2011, S. 136). In realitätsnahen Rollenspielen, wie zum Beispiel im Nachahmen von Berufen oder im Nachspielen von Alltagserlebnissen, übt das Kind das Erkennen von sozialen Regeln. Die Gemeinschaft der Kinder dieses Alters kann nun auch gemeinsame Ziele verfolgen, an gemeinsamen Aufgaben im Spiel arbeiten, wie zum Beispiel gemeinsam etwas zu bauen, wozu es auch die inzwischen bereicherte Sprache braucht und verwendet. Diese soziale Fertigkeit der Kooperation innerhalb der Gemeinschaft zu gemeinsamen Zielen ist mit Schuleintritt gefordert, denn in der Schule wird vom Kind erwartet, mit anderen Kindern gemeinsam arbeiten zu können, Konflikte mit Freunden und Freundinnen durchzustehen und konstruktiv lösen zu können und so Freundschaften zu halten und zu vertiefen. Anna Freud formulierte die sozialen Entwicklungsaufgaben des Kindes im Vorschulalter quasi retrospektiv, indem sie anlässlich eines Vortrages in Wien 1979, also ein Jahr vor der Eröffnung des unter psychoanalytischer Supervision arbeitenden Anna-Freud-Kindergartens, festhielt, was das Kind an sozialen Kompetenzen in die Schule mitbringen muss:

„Glaubt den Volksschullehrerinnen nicht, dass die Kinder nichts können müssten, wenn sie in die Schule kommen. Das mag für das Lesen, Schreiben und Rechnen gelten, aber ist es denn nichts, ruhig im Sesselkreis sitzen zu können, nicht neben, sondern miteinander spielen zu lernen, seine Toilettebedürfnisse ankündigen zu können und die Grob- und Feinmotorik ebenso wie die Unterrichtssprache kindhaft entwickelt zu bekommen?!" (Anna Freud 1979, nach Friedrich, 2008, S. 62)

Auch die aktuelle Entwicklungsforschung nimmt Bezug auf soziale Fähigkeiten und Fertigkeiten im Zusammenspiel und wechselseitiger Bedingtheit zu kognitiven Fähigkeiten. Experimentell belegt dies die Forschergruppe um Michael Tomasello, auch in Vergleichsstudien von Kleinkindern und Schimpansen zu „joint attention" und „shared intentionality", die Kooperation und Kollaboration als Meilensteine des kultivierten Lebens ausweisen:

„The emergence of these skills and motives for shared intentionality during human evolution did not create totally new cognitive skills. Rather, what it did was to take existing skills of, for example, gaze following, manipulative communication, group action, and social learning, and transform them into their collectively based counterparts of joint attention, cooperative communication, collaborative action, and instructed learning – cornerstones of cultural living. Shared intentionality is a small psychological difference that made a huge difference in human evolution in the way that humans conduct their lives" (Tomasello & Carpenter, 2007, S. 124).

Tomasello und Carpenter, die sich experimentell vergleichend der Besonderheit der zwischenmenschlichen Bezogenheit nähern, fokussieren mit der Kooperation und Kollaboration auf zwei Begrifflichkeiten, die auch Stephenson im Zusammenhang mit dem Gemeinschaftsgefühl als Kompetenzbündel nennt, zusammen mit Koordination und Kokonstruktion (Stephenson, 2011, S. 136), wobei die beiden letzteren von Tomasello und Carpenter zwar nicht so benannt werden, aber auch bei ihnen inhaltlich auffindbar sind.

In der psychosexuellen Entwicklung schließt das Kind in diesem Alter die ödipale Phase ab. Über-Ich-Strukturen sind etabliert, Ich und Über-Ich erreichen zunehmend die Kontrolle über triebhafte Impulse: Das Kind kommt in die Phase der Latenz. In dieser Entwicklungsphase erscheint kein neues Triebziel, ohne dass Triebziele an Bedeutung verlieren (Schuster & Springer-Kremser, 1997 [1991]), jedoch wird nun, ermöglicht durch die fortgeschrittenen kognitiven Kompetenzen, die Sublimierung möglich. Leistungen zu erbringen und damit das Selbstwirksamkeitskonzept konstruktiv zu erweitern wird nun emotional attraktiv. Die Beziehung zur Leistungssituation, die Einstellung zur eigenen Leistungsfähigkeit und die diesbezügliche Position in der Gruppe werden nun etabliert, die Schule als Arbeitswelt des Kindes nimmt wesentlichen Raum im Leben des Kindes ein. Erikson benennt für diese, in seinem Entwicklungsmodell vierten, Entwicklungsphase den „Werksinn" als lustgenerierend:

> „Mit Herannahen der Latenzperiode vergißt bzw. sublimiert das normal entwickelte Kind seinen Drang, die anderen Menschen seiner Umwelt durch direkten Kontakt zu erobern oder jetzt und auf der Stelle Papa oder Mama zu werden; statt dessen lernt es, sich Anerkennung zu verschaffen, indem es etwas leistet." (Erikson, 2005 [1957], S. 253)

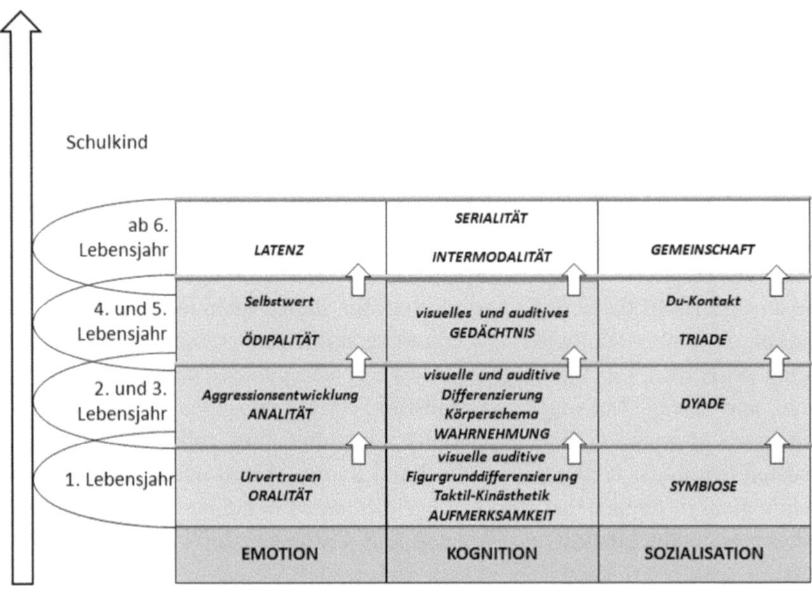

Abbildung 16: Die Entwicklungsaufgaben des sechsten Lebensjahres

10.5 Die Spirale des Netzwerks der kindlichen Entwicklung: Der Weg nach oben

Mit diesem ersten Zyklus der basalen Entwicklung von Emotion, Sozialisation und Kognition ist die Grundlage für ein Fortschreiten in nächsthöhere Entwicklungsstufen geschaffen, die quasi Anwendungen dieser Kompetenzen darstellen, wobei jede Anwendung wiederum die Kompetenz verändert und verfeinert. Mahler, Pine und Bergman formulieren diese Gesetzmäßigkeit anlässlich der Beschreibung des kindlichen Individuationsprozesses:

„Wie jeder intrapsychische Prozeß durchdringt auch dieser [Anm.: der Loslösungs-
und Individuationsprozess] den gesamten Lebenszyklus. Er hört niemals auf, bleibt
immer tätig; in den neuen Phasen des Lebenszyklus sind neue Abkömmlinge der
frühesten Prozesse noch immer am Wirken" (Mahler, Pine & Bergman, 1984,
S. 13)

Dieser Ablauf der Entwicklung basaler kognitiver Prozesse der Informationsverarbeitung wiederholt sich nun auf jeweils höheren Funktionsniveaus. Das Erlernen der Kulturtechniken des Lesen, Schreibens und Rechnens, das das Kind in den nächsten Jahren
erwartet, erfordert die intermodale Verknüpfung und seriale Integration aller modalen
partiellen Prozesse der Informationsverarbeitung, um sie im abstrakten Anwendungsni-
veau der Buchstaben und Zahlen einsetzen zu können. Vorausgesetzt, die Basisfunktionen (vgl. Abbildung 8: Zusammenhang zwischen Informationsverarbeitung und höheren
kognitiven Funktionen) sind harmonisch und ausreichend entwickelt, gelingt dem Kind
der Einsatz dieser „Werkzeuge" im Schulunterricht. Exemplarisch sei dies am Schreiben dargestellt: Mithilfe seiner auditiven Figur-Grund-Differenzierung isoliert das Kind
die Stimme der Lehrpersonen aus dem Gesamt der gleichzeitig eintreffenden Geräusche
innerhalb der Schulklasse, gliedert Phoneme aus der Klanggestalt eines Wortes. Mittels
seiner auditiven Differenzierungsfähigkeit unterscheidet es diese Phoneme von anderen,
ähnlich klingenden Phonemen, speichert Phoneme in seinem auditiven Gedächtnis als
sinnfreie Einheiten, gliedert mittels seiner visuellen Figur-Grund-Differenzierung einzelne Buchstabengestalten aus dem Verbund des geschriebenen Wortes, setzt seine
visuelle Differenzierungsfähigkeit ein, um einzelne Buchstabengestalten von anderen,
optisch ähnlichen Buchstabengestalten zu unterscheiden, speichert diese als Figuren im
visuellen Gedächtnis und verknüpft sie intermodal mit der dazugehörigen Klanggestalt.
Es setzt seine feinmotorischen Fähigkeiten zur visuomotorischen Koordinationsleistung
ein, die in Feinabstimmung beim Schreiben notwendig ist, ohne darauf angewiesen zu
sein, dass diese visuomotorische Tätigkeit eine konkrete bildhafte Gestalt erzeugt, sondern integriert dieses abstrakte Gebilde mit anderen derselben Kategorie in eine Serie,
die ein ganzes geschriebenes Wort ergibt. Dieselbe Aufschlüsselung der Gesamtleistung
in Teilleistungen ließe sich ebenso am Lesen und am Rechnen treffen.
Diese „Werkzeuge" der Informationsverarbeitung benützt das Kind aber auch im intersubjektiven Kommunikationsgeschehen mit seinen Freunden und Freundinnen, seinen Klassenkollegen und Klassenkolleginnen und mit der Lehrkraft, wenn es mittels
seiner auditiven und visuellen Figur-Grund-Differenzierung Stimme und Gesicht des
jeweiligen Kommunikationspartners aus dem Gesamtreizbild isoliert, um den übermit-
telten Botschaften folgen zu können, mithilfe der visuellen Differenzierung die Mimik,
mithilfe der auditiven Differenzierung die Stimmmodulation und Intonation wahrnehmen kann, um sie intermodal verbindend mit Bedeutungsgehalt zu erfüllen, da es bereits
Schemata abgespeichert hat, die diesen Vorgang ermöglichen, um dann auf der Basis
serialer Verknüpfungen Handlungsabläufe zu erkennen, selbst zu gestalten und die
Konsequenzen des eigenen und des anderen Handeln zu antizipieren, also auch Spielre-
geln des Handelns und der Interaktionen zu verstehen, diese zu internalisieren und mit-
zugestalten. Affektregulierung und Mentalisierung bedürfen kognitiver Mechanismen,

um stattfinden zu können, die Übernahme sozialer Perspektiven verweist bereits im Terminus „Perspektive" auf ein räumliches Verständnis im metaphorischen Sinn. Die emotionale und soziale Kompetenz sind somit in das Netzwerk der Kognition integriert. Die frühkindlich erworbenen und geprägten Bindungsmuster bleiben aber natürlich verfügbar und werden auf den erweiterten Kreis der Bezugspersonen angewendet: So geht das Kind im Schulalter dyadische Bindungen mit dem „besten Freund", der „besten Freundin" , manchmal auch mit der Lehrkraft ein, wobei diese Beziehungen durchaus auch symbiotische Elemente enthalten können. Es rivalisiert in einer dem ödipalen Konflikt vergleichbaren Form in triadischen Beziehungen und findet seinen Platz im Beziehungsgefüge der Gemeinschaft, dabei manchmal, zumeist anlassbezogen, durchaus wieder in eine egozentrierte Position zurückkehrend, aber nicht in dieser verharrend. Alle diese Entwicklungsaufgaben kann das Kind immer nur im Zusammenspiel seiner kognitiven, emotionalen und sozialen Kompetenzen lösen.

11 Entwicklungspsychopathologie: Das verletzte Kind

11.1 Psychotherapie und Entwicklungspsychopathologie, die Integratoren in der Entwicklungsforschung

Die Vernetzung der verschiedenen Bereiche der kindlichen Entwicklung zu fokussieren und einzufordern überlässt die Entwicklungspsychologie anderen, benachbarten Disziplinen, wie der Entwicklungspsychopathologie in der Kinder- und Jugendpsychiatrie (Resch, Parzer & Brunner, 1999) und der Psychotherapie (Seiffge-Krenke, 2009). Gerade in der Entwicklungspsychopathologie wird deutlich, in welch enger Wechselwirkung die normative und die pathologische Entwicklung stehen: Der jeweilige Entwicklungsstand nimmt Einfluss auf die Symptomgestaltung, vice versa beeinflussen psychopathologische Symptome die normale Entwicklung. Symptome psychischer Störungen bei Kindern und Jugendlichen sind in ihrer Phänomenologie durch den aktuellen Entwicklungsstand des Kindes gestaltet. Daher sind psychopathologische Phänomene entwicklungsphasen- und lebensalterspezifisch zu verstehen, was bedeutet, dass dasselbe Symptom in einem Lebensalter der normativen Entwicklung entspricht, in einem anderen Lebensalter Ausdruck einer Psychopathologie ist. So sind einerseits Verhaltens- und Ausdrucksweisen des Kindes und Jugendlichen normativ oder pathologisch, je nachdem, wie alt bzw. wie weit entwickelt das Kind ist, andererseits muss das Kind bereits bestimmte Entwicklungsaufgaben erfüllt haben, um überhaupt bestimmte Symptome entwickeln zu können. So ist zum Beispiel der Fantasiefreund des drei- bis vierjährigen Kindes keine Halluzination, sondern ein Phänomen im Rahmen der normalen kindlichen Entwicklung, da eine Störung des Realitätsbezugs erst dann diagnostizierbar ist, wenn das Kind zwischen subjektiver und mit anderen Menschen teilbarer Realität unterscheiden kann. Dasselbe Symptom ist dagegen bei einem Jugendlichen als Halluzination zu diagnostizieren. Physiologische Ängste, wie zum Beispiel das Fremdeln, die Dunkelangst oder die Trennungsangst werden zu pathologischen Ängsten, wenn sie nach dem Lebensalter auftreten, in dem sie normativ zu erwarten sind und eigentlich einen Entwicklungsfortschritt begleiten und dokumentieren, wie die verbesserte visuelle Wahrnehmung im Fremdeln und in der Dunkelangst oder die etablierte Bindung in der Trennungsangst. Eine Zusammenschau von Entwicklungspsychologie und Psychotherapie ist jedoch weiterhin eher eine Ausnahmeposition (Seiffge-Krenke, 2009).

Aktuell essentiell beteiligt an der Integration der Entwicklungsebenen ist die Neurobiologie, indem sie zunehmend neurobiologische Forschungsergebnisse auf die Phänomenologie der kindlichen Entwicklung zu projizieren bemüht ist und daraus Konsequenzen für Erziehung, schulische Pädagogik und auch die Behandlung psychischer Störungen ableitet (zum Beispiel: Spitzer, 2002; Roth, Spitzer & Caspary, 2006; Hüther, 2007; Hüther & Nitsch, 2008).

Die Zuwendung zu einer ganzheitlichen Perspektive der kindlichen Entwicklung liegt damit offensichtlich den Wissenschaften nahe, die der Somatik zugeordnet sind oder in ihr wurzeln, wie eben der Neurobiologie, der Kinder- und Jugendpsychiatrie als medizinischer Fachdisziplin, und der tiefenpsychologisch orientierten Psychotherapie, die in ihren Anfängen in der Psychoanalyse und Individualpsychologie aus der Medizin entstand und primär auf die Krankenbehandlung ausgerichtet war.

Gerade die Kinder- und Jugendpsychiatrie versteht sich grundsätzlich nicht nur als Wissenschaft, sondern ist immer therapieorientiert (Resch, Parzer & Brunner, 1999). Daher verbindet die Entwicklungspsychopathologie entwicklungspsychologische, neuropsychologische und psychobiologische Erkenntnisse, psychodynamische Theorien und psychiatrische Epidemiologie in Diagnostik und Behandlung. So stellte bereits Reinhard Lempp, Kinderpsychiater der ersten Stunde, in den sechziger Jahren des vorigen Jahrhunderts im Begriff der „sekundären Neurotisierung" die Einflussnahme der kognitiven Entwicklung auf die emotionale und soziale Entwicklung des Kindes dar (Lempp, 1978 [1964]): Darunter versteht Lempp all die beeinträchtigenden Auswirkungen, die eine Störung der kognitiven Entwicklung, die sich in Teilleistungsstörungen niederschlägt, auf die emotionale Entwicklung des Kindes hat. Seine Erklärung eines umschriebenen Teils im Spektrum der kindlichen Verhaltensstörungen als Reaktion auf Leistungsstörungen wird allerdings im Anwendungsfeld der Kinder- und Jugendlichenpsychotherapie und der Pädagogik bis heute nur wenig wahrgenommen, obwohl in der Entwicklungspsychopathologie genau diese vernetzte und damit eigentlich interdisziplinäre Sichtweise der kindlichen Entwicklung in ihrem Kontinuum von der normativen bis zur devianten Entwicklung grundständig ist.

11.2 Zur Prävalenz psychischer Störungen im Kindesalter

Psychische Störungen im Kindes- und Jugendalter weisen sowohl eine gesundheitspolitische als auch aufgrund der durch psychische Störungen bedingten Arbeitsausfälle wirtschaftspolitische Relevanz auf, da sie persistierenden Charakter ins Erwachsenenalter haben, wenn sie unbehandelt bleiben: „There is mounting evidence that many, if not most, lifetime psychiatric disorders will first appear in childhood or adolescence" (Costello, Egger & Angold, 2005, S. 972).

Zur Prävalenz psychischer Störungen bei Kindern und Jugendlichen berichtet Steinhausen: „Internationale epidemiologische Studien haben ergeben, dass bei einem Prävalenz-Zeitraum von bis zu einem Jahr jedes fünfte Kind bzw. jeder fünfte Jugendliche unter einer behandlungsbedürftigen psychischen Störung leidet" (Steinhausen, 2006, S. 30). Dabei werden zwei Altersgipfel festgestellt: Der erste findet sich in der Altersgruppe der Sechs- bis Zehnjährigen (damit aus der Sicht der psychosexuellen Entwicklung in der Phase der Latenz), der zweite in der Altersgruppe der vulnerablen Phase der Pubertät und Adoleszenz, also der Dreizehn- bis Sechzehnjährigen. Dies ließe die Spekulation zu, dass die Jahre bis zum Schuleintritt und in etwa das Jahr vor der Pubertät Lebenszeiten sind, in denen eine geringere Vulnerabilität für die Entwicklung psychischer Störungen besteht – eine Interpretation, die allerdings das Gewordensein des aktuellen Entwicklungsstandes aus der Biographie ignoriert. Denn psychische Störungen sind schließlich nicht als ein Ereignis des Augenblicks, sondern immer als das Resultat einer multifaktoriellen Vorgeschichte zu verstehen, die als eine Dekompensation durch die Überlastung der Resilienzfaktoren, die Belastungen ausgleichen zustande kommen. Das

Phänomen der beiden Altersgipfel gibt zur Überlegung Anlass, inwieweit eine Überforderung des adaptiven Potentials durch die Herausforderung der Schule einerseits, durch die Labilisierung im Zuge des Wandlungsprozesses der Pubertät die Symptommanifestationen triggert, also die Kumulation der vorhergegangenen Belastungen „das Fass zum Überlaufen" bringt.

Bezüglich der Geschlechterverteilung stellt Steinhausen im Kindesalter ein Verhältnis von Buben zu Mädchen von 2 : 1 fest, im Jugendalter findet sich eine Gleichverteilung der Geschlechter (Steinhausen, ebd.), darin übereinstimmend mit Ihle und Esser, die durchgehend über höhere Gesamtprävalenzen psychischer Störungen bei Jungen bis zum Alter von dreizehn Jahren berichten, wogegen im Zuge der Adoleszenz eine Angleichung der Raten erfolgt (Ihle & Esser, 2002). Zugleich ist eine charakteristische Zuordnung psychischer Störungen zu den Geschlechtern festzustellen: Bei Mädchen sind emotionale Befindlichkeitsstörungen häufiger, bei Buben dissoziale Störungen. Insgesamt zeigen Buben höhere Raten externalisierender Störungen, während bei Mädchen höhere Raten von Essstörungen und psychosomatischen Störungen berichtet werden. Innerhalb der internalisierenden Störungen differenzieren sich die Geschlechter in der Häufigkeit des Auftretens nach dem Alter: Ab dem späten Jugendalter kommen depressive Störungen doppelt so häufig bei Mädchen vor, im Schulalter häufiger bei Buben (Ihle & Esser, ebd). Übereinstimmend berichten Waddell und Sheperd in einer Review-Studie über die letzten zwanzig Jahre eine Prävalenz psychischer Störungen im Kindes- und Jugendalter von etwa fünfzehn Prozent, dabei als die häufigsten Störungen Angststörungen, gefolgt von Verhaltensstörungen, Aufmerksamkeits-Hyperaktivitätsstörungen und depressiven Störungen (Waddell & Shepherd, 2002). Mit einer durchschnittlichen Prävalenz von 10,4 Prozent stehen Angststörungen an erster Stelle der Häufigkeit, gefolgt von dissozialen Störungen mit 7,5 Prozent, wobei dissoziale Störungen die ungünstigsten Verläufe aufweisen. Die häufigsten Komorbiditäten finden sich zwischen dissozialen Störungen und hyperkinetischen Störungen sowie zwischen Angststörungen und depressiven Störungen (Ihle & Esser, 2002).

Die Klassifikation psychischer Störungen nach DSM oder ICD ist grundsätzlich symptomdeskriptiv, selbstverständlich aber sind die hier angeführten Diagnosen und deren häufige Komorbiditäten nicht als unabhängig „nebeneinander" auftretend zu verstehen, sondern erlauben auf der Basis entwicklungstheoretischer Konzepte sehr wohl eine Zuordnung von Gemeinsamkeiten und Zusammenhängen. Ausgehend vom vorher dargestellten integrativen Entwicklungsmodell sind diese interaktionellen Zusammenhänge durchaus aufschlüsselbar, ohne dadurch in theoretische Konflikte zwischen den Menschenbildern und Theoremen der psychotherapeutischen Methoden zu geraten. Dies wird im Kapitel 12 sowohl in theoretischer Metaanalyse als auch in empirischen Belegen ausgeführt. Am Beispiel der Lernstörungen soll zuerst einmal das Risiko einer deskriptiven Diagnostik, die bei der Klassifikation endet, für eine adäquate Behandlung dargestellt werden:

11.3 Die Fiktion der isolierten Störung am Beispiel der Lernstörungen Legasthenie und Dyskalkulie[22]

Unter den Lernstörungen boomt seit Jahrzehnten rezidivierend eine Diagnose, die immer wieder heftige Kontroversen auslöst: Legasthenie, wobei diese Diagnose derzeit sowohl im Anstieg der Prävalenz als auch in der kontroversen professionellen Diskussion von der „neuen Kinderkrankheit" Aufmerksamkeitsdefizit-Hyperaktivitäts-Syndrom (ADHS) übertroffen wird, zu welcher wiederum eine hohe Komorbidität besteht (siehe oben, sowie (Sindelar, 2006).

Eine Flut an wissenschaftlichen, methodisch einer Art „statistischer Hermeneutik" zugetanen Arbeiten zu dieser bekanntesten und am meisten erforschten Lernstörung findet jeweils als einander ausschließend verstandene alternative Kausalitäten, von der genetischen Determinante über den symptomorientierten Zugang, über konkurrierende Theorien und Ergebnisse, welches der informationsverarbeitenden Systeme dieser Kinder nicht adäquat entwickelt sei, bis hin zu psychodynamisch begründeten Erklärungsmodellen. Daraus abgeleitete unterschiedliche Behandlungsmethoden münden nicht nur in einer Methodenvielfalt, sondern vor allem in einem Methodenstreit.

Neben der Szene des Jahrmarktes der Legastheniebehandlung entwickelt sich dazu in der wissenschaftlichen Welt eine „Kultur" des Krebsganges: Aus der Literatur der 60iger Jahre des vorigen Jahrhunderts Vertrautes wird als neue Methode propagiert. So ist in den letzten Jahren ein „Remake" jener Methoden der 70er Jahre des vorigen Jahrhunderts zu beobachten: Wieder wird gereimt und geklatscht, wieder wird das genaue Hinhören auf Phoneme geübt, das heute „phonematische Differenzierung" oder „phonologische Bewusstheit" heißt. Übungsmaterial, marginal anders als das, an dem schon die Kinder der vorigen und vorvorigen Generationen gescheitert sind, stiftet wieder Verwirrung in kleinen Köpfen. Resignative Publikationen (die sich selbst allertdings nicht so verstehen) stützen den Rückschritt im Fortschritt durch die Feststellung, dass nur das Üben des Lesens und Rechtschreibens eben dieses zu vermitteln vermöge (Klicpera, Schabmann & Gasteiger-Klicpera, 2007).

Die wieder entfachte Diskussion zur Unterscheidung zwischen Legasthenie und Lese-Rechtschreib-Störung liefert, wie bisher auch, keine behandlungsrelevanten Ergebnisse – und kann das auch nicht. An Bedeutung gewinnt diese Unterscheidung aber, wenn sie verwendet wird, um Prognosen zu stellen oder daraus abzuleiten, ob die Behandlung öffentlich finanziert wird. Realität ist: Der Begriff: Legasthenie sagt in Wahrheit nicht mehr, als dass das Kind nicht so gut lesen und schreiben lernt, wie aufgrund seiner anderen Fähigkeiten und Fertigkeiten zu erwarten wäre.

Einigkeit besteht darüber, dass komplexe Leistungen, wie das Lesen, Schreiben und Rechnen, auf basaleren Fähigkeiten aufbauen – das Verständnis von Entwicklung als Abfolge von aufeinander aufbauenden Schritten ist nicht nur in der Psychologie und Medizin, sondern theoretisch schon auch in der Pädagogik gültig:

---

22   Dieses Kapitel gibt mit Zustimmung des Verlags teilweise Inhalte aus dem „Kursbuch Psychoedukation" wieder (Sindelar, 2010).

„Das Behalten und Anwenden wichtiger Lerninhalte, zum Beispiel Buchstaben, Phoneme, Zahlbegriff, Grammatikregeln kann dadurch misslingen, dass dem Kind die Voraussetzungen für eine entsprechende Informationsverarbeitung fehlen (fehlende Kenntnisse, Unsicherheit in der Raumlage-Wahrnehmung, geringes Sprach-Bewusstsein, fehlendes Begriffsverständnis usw.)." (Matthes, 2006, S. 24)

Auch findet die Vernetzung zwischen Legasthenie und Informationsverarbeitungsschwächen Nachweis in der Forschung:

„The dyslexic group had significantly higher FD (Anmerkung: FD = frequency discrimination) thresholds than controls in both the 1- and 6-kHz conditions. These findings confirm that children with dyslexia often have poor FD, even when, as in this sample, they have normal language comprehension and expressive vocabulary, and when they are tested using a paradigm that minimises memory demands. However, their perceptual deficit was evident for both the 1- and 6-kHz tones, and so cannot readily be explained in terms of problems in processing temporal fine structure." (Halliday & Bishop, 2006, S. 213)

Überraschenderweise bestehen dennoch bezüglich der Wirksamkeit des Trainings dieser partiellen Entwicklungsdefizite in der Informationsverarbeitung, also den Teilleistungsschwächen, Zweifel:

„Generell dürfte Skepsis in Bezug auf Fördermaßnahmen angebracht sein, die nicht direkt an der Vermittlung von Lese- und Schreibfertigkeiten beziehungsweise am Üben des Lesens und Schreibens ansetzen, sondern andere Teilleistungsfunktionen fördern wollen, die dem Lesen und Schreiben zu Grunde liegen sollen." (Klicpera, Schabmann & Gasteiger-Klicpera, 2007, S. 273)

Diese Aussage, die von mehreren Autoren und auch in Berichten zur Evaluierung von Behandlungsmethoden der Legasthenie vertreten wird (Suchodoletz, 2006), verwundert, da sie generalisiert, ohne die notwendige kritische Differenzierung vorzunehmen: Die Formulierung „andere Teilleistungsfunktionen" setzt Lesen und Schreiben mit Teilleistungsfunktion gleich, die Tatsache, dass Lesen und Schreiben jedenfalls komplexe Leistungen sind, die das entsprechende Zusammenspiel von Teilleistungsfunktionen erfordern (siehe 8.2), ignorierend. Außerdem lassen Stellungnahmen dieses Inhalts das wesentliche Element vermissen, nämlich die kritische Prüfung der genannten Förderungen von Teilleistungsfunktionen in Struktur, Inhalt und vor allem Passung mit einer Diagnostik des individuellen Entwicklungsprofils der einzelnen Teilleistungen eines Kindes. Jedenfalls aber ist diesen Aussagen insofern zuzustimmen, dass Fördermaßnahmen, die im „Gießkannenprinzip" Teilleistungen fördern, ohne vorab diagnostisch abgeklärt zu haben, welche spezifische Teilleistungen des Kindes tatsächlich einer Förderungen bedürfen, skeptisch zu betrachten sind, so wie etwa in einer medizinischen Behandlung eine Einheitsmedikation für alle körperlichen Erkrankungen von vornherein als nicht nur ineffizient, sondern als pathogenetisch einzustufen wäre.

Die Diskussion um die Methoden der Legastheniebehandlung verheddert sich immer wieder in einer dem kindlichen Dasein vollkommen unangemessenen Auseinandersetzung, die sich allerdings auf die Behandlung „des legasthenen Kindes" mit dem Ziel der Verbesserung seiner Rechtschreibleistung beschränkt, obwohl vielfach und hier wieder belegt ist, das Lern- und Leistungsstörungen nie abgelöst von Emotion und Sozialisation verstanden werden können. Unter anderen weist Suchodoletz darauf hin, dass es bei der Legastheniebehandlung um weit mehr als um die Behebung von isolierten Rechtschreib-Schwächen geht:

> „Für LRS-Kinder ist als entscheidende Hürde die Schulzeit anzusehen, und die Effektivität einer Betreuung ist daran zu messen, wie gut es gelingt, den Kindern einen begabungsgerechten Schulabschluss zu ermöglichen und über die Schuljahre hinweg negative Folgen für die Persönlichkeitsentwicklung zu verhindern." (Suchodoletz, 2006, S. 297).

Dieser Aussage ist sicherlich nichts entgegenzusetzen, bis auf die Anmerkung, dass die Effektivität einer Betreuung von vornherein darauf ausgerichtet sein muss, dass es eben gelingt, den Kindern einen begabungsgerechten Schulabschluss zu ermöglichen, und zwar nicht nur im Wollen, sondern in der konzeptionellen Gestaltung der Betreuung. Und das ist nur dann möglich, wenn die Fiktion der isolierten Lernstörung verabschiedet wird, was aufgrund der empirischen Belege (wie zum Beispiel aus einer eigenen Studie hervorgeht (siehe Tabelle 1) eigentlich nicht schwer fallen dürfte. Denn:

Kinder, die unter Lernstörungen wie Legasthenie leiden, haben zumeist nicht nur diese eine Sorge des Lesen- und Schreibenlernens. Die Idee, dass eine Lese-Rechtschreib-Störung isoliert von anderen kindlichen (und elterlichen) Nöten in der Entwicklung zu verstehen sei, ist eine Fiktion, die die Tatsache, dass der Mensch in jedem Lebensalter und in jeder Entwicklungsphase ein ganzheitliches Individuum ist, dem auch nur ganzheitlich gerecht zu werden ist, ignoriert. Möglicherweise wird dies induziert durch die Tatsache, dass Lernstörungen eines Kindes zwar häufig der Anlass dafür sind, dass Eltern professionelle Hilfe suchen. Sie sind aber nie das einzige Problem, das das Kind belastet.

Dies belegt eine eigene empirische Studie an 111 Kindern im Alter von sechs bis vierzehn Jahren, die wegen Lernschwierigkeiten an Betreuungseinrichtungen für Kinder mit Teilleistungsschwächen vorgestellt wurden (Sindelar, 2010): 91,8 Prozent der Kinder hatten fünf und mehr Gründe, warum sie an der jeweiligen Einrichtung Behandlung in Anspruch nahmen, aber kein Kind hatte nur einen Grund:

Tabelle 1:   Anzahl der Gründe, warum Kinder mit Lernstörungen vorgestellt werden
(Sindelar, 2010, S. 27ff.)

Anzahl der Vorstellungsgründe		
	Häufigkeit	Prozent
2	2	1,8
4	7	6,3
5	6	5,4
6	14	12,6
7	26	23,4
8	31	27,9
9	25	22,5
Gesamt	111	100,0

Abgesehen von den Lernschwierigkeiten, die der Anlass für die Vorstellung in der jeweiligen Einrichtung waren, wurden in hohem Ausmaß Probleme der seelischen Befindlichkeit der Kinder berichtet:

Tabelle 2:   Die häufigsten Befindlichkeitsstörungen der Kinder mit Lernschwierigkeiten

Befindlichkeitsstörungen der Kinder, die wegen Lernschwierigkeiten vorgestellt wurden	
Kontaktschwierigkeiten	96,4 Prozent
Angst	85,6 Prozent
Selbstwertprobleme, Selbstunsicherheit	73,0 Prozent

Die vorgestellten Kinder brauchen offensichtlich nicht nur beim Erlernen der Kulturtechniken Hilfe, sondern auch in ihrer seelischen Befindlichkeit. Die Tatsache der multiplen Schwierigkeiten der Kinder mit Lernschwierigkeiten lässt vor allem das Verständnis des Begriffes Legastheniebehandlung bzw. Dyskalkuliebehandlung in Frage stellen. Wenn sich die Legastheniebehandlung auf die Förderung der Rechtschreib- und Lesefähigkeiten der Kinder, die Dyskalkuliebehandlung auf die Förderung der Rechenfertigkeiten beschränkt, ist eine geringe Effizienz vorprogrammiert, da die Lernprobleme der betroffenen Kinder nur eines, aber, wie diese Untersuchung zeigt, bei Weitem nicht das einzige Problem der Kinder sind. Eine psychotherapeutisch und entwicklungspsychopathologisch fundierte psychoedukative Unterstützung ist unumgänglich, deren Fehlen lässt die jeweilige Legasthenie- bzw. Dyskalkulie zum Kunstfehler werden.

Dass Kinder, die unter Lernstörungen leiden, nicht nur das Problem der Lernstörung haben, sondern Wechselwirkungen zwischen Störungen der kognitiven Entwicklung mit Störungen der emotionalen und sozialen und auch der somatischen Entwicklung bestehen, ist zwar eine Tatsache, der wohl kaum zu widersprechen ist, die jedoch immer noch in der Diagnostik und in der Behandlung von Kindern mit Lernstörungen außerhalb der Kinder- und Jugendpsychiatrie wenig Anwendung findet, wobei die Behandlung von Lernstörungen a priori kein kinder- und jugendpsychiatrisches Behandlungsfeld ist, sondern der Pädagogik und klinischen Psychologie zuzuordnen ist, wobei vor allem psychoedukative und psychagogische Zugänge, die durchaus multiprofessionell bzw. die einzelnen Professionen übergreifend etabliert werden können, der ganzheitlichen Bedürftigkeit gerecht werden. Gerade psychoedukative Maßnahmen und Interventionen, die das familiäre und erweiterte soziale sowie das schulische Umfeld des Kindes mitberücksichtigend und einbindend die Trainingsmaßnahmen zur Behebung der Lernstörungen begleiten, sind hier jedenfalls unumgänglich.

Die Behandlung von Lernstörungen ist somit einerseits nicht nur einer einzigen Berufsgruppe zugeordnet, aber vor allem ist sie unabdingbar an eine vorhergehende multimodale Diagnostik gebunden und kann keinesfalls auf eine Erhebung des Leistungsniveaus in der jeweiligen Dimension des Lernens beschränkt sein – eine Forderung, die sicherlich Zustimmung findet, aber in der Behandlungsrealität von Lernstörungen weiterhin den Ausnahmestatus hat, in Vernachlässigung der Tatsache, dass Entwicklung integrativ und multifaktoriell geschieht und daher auch Störungen der Entwicklung, auf welcher Entwicklungsebene immer sie sich manifestieren, also auch Lernstörungen, im pathogenetischen Aspekt ebenso multifaktoriell desintegrativ stattfindet. Interessanterweise finden die Zusammenhänge zwischen den Dimensionen der Entwicklung dann sehr wohl wieder Beachtung, wenn die Auswirkung von Symptomen in einem Bereich auf andere Bereiche der Entwicklung im Längsschnitt wahrgenommen werden: So berichten Warnke und Schulte-Körne im Zusammenhang mit der weiteren Entwicklung von Kindern, die unter Legasthenie leiden: „Im Längsschnitt ist das Niveau von Schul- und Berufsausbildung niedriger, als es der Quote der gleich intelligenten Normalbevölkerung entspricht. Die Arbeitslosenrate im Erwachsenenalter ist um das 6-Fache erhöht. Zusätzliche psychische Störungen und eine ungünstige soziale Entwicklung verschlechtern die Prognose" (Warnke & Schulte-Körne, 2008, S. 154).

12 Die Anwendung des integrativen Entwicklungsmodells auf die Entwicklungspsychopathologie

Wird das integrative Entwicklungsmodell, das über Emotion, Kognition, Sozialisation und Soma gespannt und an einer Zeitlinie der Entwicklung festgemacht ist (Abbildung12: Ein integratives Modell der kindlichen Entwicklung), in einen entwicklungspsychopathologischen Bezugsrahmen gesetzt, so ist phasenspezifisch sowohl die ganzheitliche Auswirkung von belastenden Umwelteinflüssen und Ereignissen als Vulnerabilitätsfaktoren, aber auch die Ressource von protektiven Faktoren nachvollziehbar und wird die individuelle Anpassungsfähigkeit eines Kindes als das adaptive Potential aus der Summe von Vulnerabilitätsfaktoren und protektiven Faktoren (Resch, Parzer & Brunner, 1999) sichtbar.

Erfährt das Kind in einem Bereich eine Störung seiner Entwicklung, so ist zu erwarten, dass sich diese Störung auch auf die anderen Bereiche der Entwicklung auswirkt, einem „Domino-Effekt" vergleichbar. Auf der Symptomebene wird jedoch nicht unbedingt der Bereich sichtbar, der die Irritation erfahren hat, sondern die Auswirkungen in einem anderen Bereich, wie zum Beispiel in der Psychosomatik, oder in der psychogenen Lernstörung oder der sekundären Neurotisierung. Dabei schließt die Symptommanifestation auf einer Ebene nicht aus, dass auch andere Bereiche symptombelastet werden. Beispielhaft seien aus der Vielzahl der Möglichkeiten entwicklungspsychopathologischer Symptommanifestationen einige illustrativ dargestellt (Abbildungen 17 bis 20):

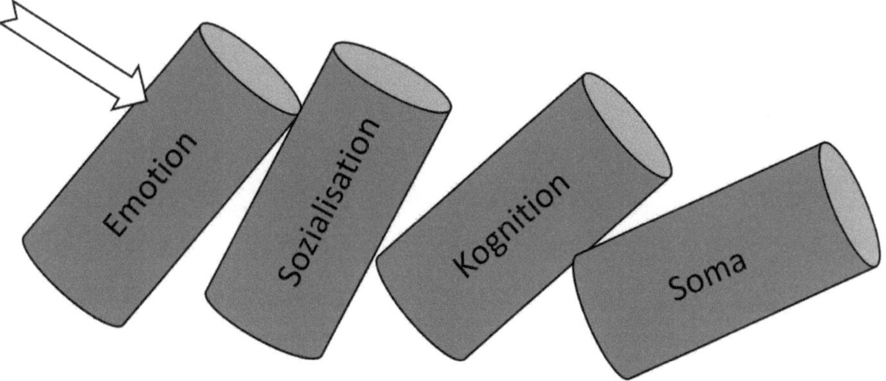

Abbildung 17: Die Beeinträchtigung in einem Entwicklungsbereich – die Symptommanifestation im „Dominoeffekt" in einem anderen Entwicklungsbereich: Beispiel Psychosomatik

Abbildung 18: Die Beeinträchtigung in einem Entwicklungsbereich – die Symptommanifestation im „Dominoeffekt" in einem anderen Entwicklungsbereich:
Beispiel soziogene Lernstörung, zum Beispiel durch Mobbing, Bullying, oder als Resultat einer Belastung durch Migration.

Abbildung 19: Die Beeinträchtigung in einem Entwicklungsbereich – die Symptommanifestation im „Dominoeffekt" in einem anderen Entwicklungsbereich: Beispiel sekundäre Neurotisierung

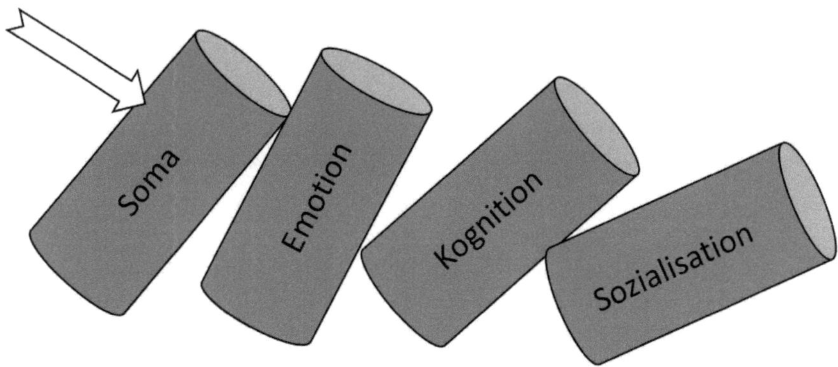

Abbildung 20: Die Beeinträchtigung in einem Entwicklungsbereich – die Symptommanifestation im „Dominoeffekt" in einem anderen Entwicklungsbereich: Beispiel somatopsychische Störung mit einer Symptommanifestation im Sozialverhalten

Werden diese Verknüpfungen der Entwicklungsbereiche nun nach den Entwicklungsphasen differenziert, so sind aus der Sicht des integrativen Modells der Entwicklung den Dimensionen der Kognition, Emotion und Sozialisation inhaltliche Problemkonstellationen zuzuordnen: Entwicklungspsychopathologisch betrachtet, wird die ungelöste Entwicklungsaufgabe in das Negativbild der entsprechenden kognitiven, emotionalen und sozialen Kompetenz verkehrt (Abbildung 21). In der Abbildung sind die der jeweiligen Entwicklungsebene zuzuordnenden Ergebnisse eines Misslingens der Entwicklungsaufgabe im jeweiligen Bereich überblickshaft aufgelistet. Sie werden in den folgenden Kapiteln für jede Entwicklungsebene expliziert und durch eine kasuistische Vignette[23] illustriert.

Dabei ist selbstverständlich immer davon auszugehen, dass psychische Störungen den Charakter von „Zeitbomben" haben: Die Verletzung der Entwicklung wird bei entsprechenden protektiven Faktoren, die vor allem in Ressourcen aus dem sozialen Umfeld gegeben sein können und kompensatorisch wirksam sein können, nicht unmittelbar und auch nicht zwangsläufig zur psychischen Störung führen, sondern erst unter psychischem Stress in späteren Lebensjahren als Symptommanifestation auftreten (siehe Kapitel 10.2), wie auch die kasuistischen Illustration hier abbilden. Gerade das relativ neue Feld der Resilienzforschung versucht zu orten, was die seelische Widerstandsfähigkeit determiniert, die aus manchen seelisch schwer verletzten Kindern psychopathologisch unauffällige Erwachsene werden lässt, während andere unter weit weniger sichtbar dramatischen Bedingungen aufgewachsene Kinder im Kindes-, Jugendlichen- oder Erwachsenenalter unter behandlungsbedürftigen psychischen Störungen leiden (vgl. Frick, 2009; Sindelar, 2011).

---

23 Die Kasuistiken wurden in allen Daten, aus denen auf die Person zu schließen wäre, anonymisiert

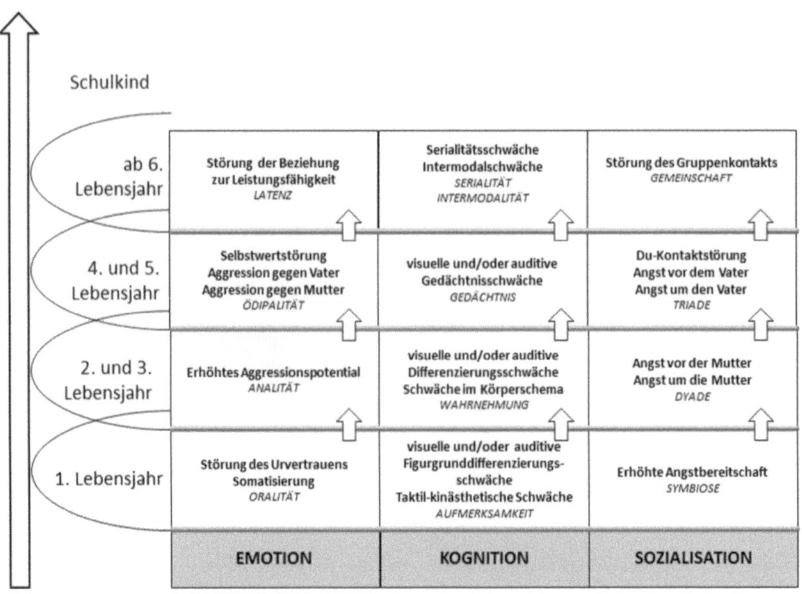

Abbildung 21: Entwicklungspsychopathologie aus der Sicht des Integrativen Entwicklungsmodells

12.1 Die erste entwicklungspsychopathologische Ebene des integrativen Entwicklungsmodells: Störungen im ersten Lebensjahr

Auf der Ebene der Sozialisation, der Entwicklung der Beziehungsstrukturen, führen unbefriedigte symbiotische Bedürfnisse, das unbefriedigte „Zärtlichkeitsbedürfnis des Kindes" (Adler, 1908d) zu tiefen Verlassenheitsgefühlen, dem Gefühl der existentiellen Bedrohung. Das daraus zu erwartende Symptom ist die erhöhte Angstbereitschaft, wenn das Kind die Geborgenheit in der Verschmolzenheit der Symbiose nicht erfahren kann. Aktuelle Forschungen machen somatische Parameter des Einflusses der ersten Beziehungserfahrungen des Kindes fest: Die Cortisolkonzentration im Speichel von Neugeborenen nach Mutter-Kind-Aktionen ist bei Kindern depressiver Mütter niedriger als bei den Kindern nichtdepressiver Mütter (Hauser, Reck, Müller, Resch, Maser-Gluth & Möhler, 2012).

Jedoch nimmt diese Beeinträchtigung der innigen, verschmolzenen, symbiotischen Beziehung nicht nur auf das seelische Wohlbefinden des Kindes, sondern auch auf die kognitive Entwicklung des Kindes Einfluss, wie zum Beispiel in der Situation der postpartal depressiven Mutter, die sich dem Kind nicht ausreichend zuwenden kann. Dann ist dieses Kind durch die mangelnde Aufmerksamkeit der Mutter, durch die Entbehrung des „Glanzes in den Augen der Mutter" (Kohut, 1977) auch der Erfahrung, dass sich das ihm zugewendete Gesicht der Mutter aus dem visuellen Hintergrund abhebt, beraubt: Damit vermisst dieses Kind das Reizangebot, das die erfolgreiche Entwicklung seiner basalen Fähigkeit zur visuellen Figur-Grund-Differenzierung möglich macht.

110

Bemerkenswert in diesem Zusammenhang sind Untersuchungsergebnisse, die aufzeigen, dass depressive Mütter ihrerseits den zufriedenen Gesichtsausdruck ihres Kindes weniger sicher wahrnehmen können als Mütter einer Kontrollgruppe, sie sich aber nicht im Erkennen eines traurigen Gesichtsausdrucks ihrer Kinder unterscheiden (Arteche, et al., 2011). Damit fällt den depressiven Müttern die adäquate Reaktion auf die Mitteilungen ihrer Kinder schwer, was insbesondere die Feinfühligkeit der Mutter und damit die Qualität der Mutter-Kind-Beziehung beeinträchtigt.

Die depressive Mutter wird üblicherweise auch mit dem Kind nicht besonders viel sprechen, ihm nichts vorsingen, da ihre Antriebsarmut dies verhindert. In der Folge stehen dem Kind auch nicht die notwendigen Geräusch- und verbalen Informationen zur Verfügung, die es braucht, um seine auditive Figur-Grund-Differenzierung auszubilden. Genauso wird der Mangel an Reizen durch Berührung, Gestreichelt-Werden, Herumgetragen-Werden nicht nur das Zärtlichkeitsbedürfnis des Kindes unbefriedigt, sondern auch die Entfaltung der Körperschemawahrnehmung und taktil-kinästhetischen Wahrnehmung des Kindes verarmen lassen.

Die Umstände, die eine Irritation der frühestkindlichen Entwicklung der Kognition Emotion und Sozialisation bewirken, können allerdings vielgestaltig sein. So beeinträchtigt etwa eine körperliche Erkrankung des Kindes nicht nur die somatische Entwicklung, sondern auch den oralen Lustgewinn, stört die Befriedigung der oralen Bedürfnisse des Kindes. Damit fehlt dem Kind aber zugleich das Reizangebot der taktil-kinästhetischen Ebene durch die Berührungserfahrung bei der Nahrungsaufnahme, was sich wiederum auf die Entwicklung dieser Fähigkeiten auswirken wird. Eine körperliche Erkrankung im ersten Lebensjahr nimmt aber auch auf die symbiotische Beziehung Einfluss, im schlimmsten Fall durch eine Hospitalisierung, wodurch die symbiotische Beziehung auch dann, wenn dadurch keine Trennung von der Mutter erfolgt, durch notwendige medizinische bzw. ärztliche Interventionen, die für das Kind üblicherweise nicht Lusterlebnisse der Berührung bedeuten, beeinträchtigt wird.

Zugleich bewirkt die emotionale Belastung, die die körperliche Erkrankung eines Säuglings für die Mutter bedeutet, die Angst der Mutter um das Kind, eine emotionale Verunsicherung für den Säugling in seiner Gefühlswelt der „Intersubjektivität ohne Subjekt". Eine Störung in der Phase der Oralität stört die Entwicklung des Urvertrauens, wenn die kindlichen Bedürfnisse dieser Lebenszeit nicht befriedigt werden. Eine Irritation in der Entwicklung des Urvertrauens ist in der Folge zu erwarten. Die unbefriedigte Oralität hält das Kind im generalisierten körperlichen Unbehagen fest, was eine Anfälligkeit für Somatisierungsstörungen zur Folge haben kann, da das Kind die eigene Körperlichkeit als unlustvoll wahrnimmt. Bedrängende, beängstigende Körpergefühle überfluten das Kind und hindern es dadurch an seiner aufmerksamen Zuwendung zur Umwelt, halten es in der Körperlichkeit als Erlebniswelt gefangen, was zur mangelnden Differenzierung von Emotionen, aber auch von Reizen der Außenwelt führt.

Eine kasuistische Illustration: Anna

Anna wird im letzten Schulhalbjahr, also etwa vier Monate vor ihrer Matura, vorgestellt. Vorstellungsgrund ist, dass Anna bereits wenige Wochen nach Beginn dieses Schuljahres einen unerklärlichen Leistungsabfall zeigte, der inzwischen ein Ausmaß angenommen hat, der den erfolgreichen Abschluss der allgemein bildenden höheren Schule ernsthaft in Frage stellt. Der Leistungsabfall ist auf die beiden Unterrichtsfächer Deutsch und Englisch beschränkt, dort aber eklatant: Annas Rechtschreibung ist derart fehlerhaft, dass sie bis zum Zeitpunkt der Vorstellung keine einzige positiv benotete schriftliche Arbeit zustande brachte, wobei ihre schriftlichen Arbeiten von den Lehrkräften inhaltlich wie bisher auch immer als durchaus akzeptabel und teils sogar beachtenswert gut durchdacht beurteilt werden, das Ausmaß der Rechtschreibfehler allerdings eine positive Benotung verunmöglicht. Annas Rechtschreibung war auch in den Schuljahren davor nicht perfekt, aber keineswegs so schwach, dass dadurch ernsthafte Schulkarriereschwierigkeiten entstanden wären – eine psychologische oder sonstige außerschulische Hilfestellung für Anna war bisher nicht erforderlich gewesen. Anna konnte durch besonders aufmerksames mindestens zweimaliges Durchlesen ihrer Arbeiten die meisten Rechtschreibfehler korrigieren, wobei sie sich der Strategie bediente, beim zweiten Durchlesen ihre Texte von hinten nach vorne zu lesen, um so durch die Sinnentleerung des Gelesenen besser auf die Rechtschreibung fokussieren zu können. Diese Strategie blieb aber seit diesem Schuljahr ohne Erfolg: Obwohl Anna begonnen hatte, ihre Arbeiten nun doppelt so oft, also mindestens vier Mal, durchzulesen, übersah sie den Großteil der Fehler. Annas Verunsicherung hinsichtlich ihrer schulischen Leistungsfähigkeit hatte sich im Zuge des Schuljahres so weit gesteigert, dass sie vor schriftlichen Prüfungsarbeiten unter Schlafstörungen und diffusen somatischen Symptomen wie Kopfschmerzen und einem Exanthem an den Armen und Beinen litt, organische Ursachen für die somatischen Beschwerden waren bereits ausgeschlossen worden. Anna hegt mittlerweile große Befürchtungen, die Reifeprüfung nicht zu bestehen bzw. nicht einmal zu dieser zugelassen zu werden, und damit ihre weitere Berufsausbildung nicht beginnen zu können.

Zur familiären und sozialen Situation: Anna ist die einzige Tochter ihrer Mutter, die seit ihrem akademischen Abschluss erfolgreich und engagiert beruflich tätig ist. Anna lebt mit ihrer Mutter alleine, die Eltern haben nie zusammengelebt. Seit ihrem dritten Lebensjahr hat Anna gelegentlichen oberflächlichen Kontakt zu ihrem Vater. Anna lebte aber immer mit ihrer Mutter alleine. Zwei partnerschaftliche Beziehungen der Mutter, die jeweils mehrere Jahre dauerten, hat Anna als bereichernd und unproblematisch in Erinnerung, sie selbst hatte mit den Partnern der Mutter nur oberflächlichen Kontakt. Aktuell lebt die Mutter in einer Partnerschaft mit einem Mann, der aus seiner geschiedenen Ehe Vater von zwei Söhnen ist, die wesentlich älter sind als Anna. Anna hofft für ihre Mutter, dass diese Partnerschaft von Bestand sein wird, da sie selbst den Mann als sehr liebevoll und verlässlich und für ihre Mutter, die zur Ängstlichkeit, vor allem auf Anna bezogen, neigt, beruhigend erlebt. Sie selbst schätzt den Mann vor allem auch wegen seiner herausragenden Allgemeinbildung und seines Interesses an Philosophie und Kunst. Anna ist sozial gut eingebettet in einen stabilen Freundeskreis und hat seit Beginn ihrer Schulzeit eine ganz enge Freundin, die sie als sehr unterstützend erlebt. Aktuell belastet ist sie durch eine Trennung: Ihr Freund, mit dem sie fast ein Jahr zusammen war, verließ sie vor knapp drei Monaten. Trennungsgrund ist aus Annas Sicht einerseits, dass er viel zu wenig Zeit für sie hatte, da er sich neben seinem Studium intensiv seinen sportlichen Interessen widmete, andrerseits habe er sich durch Annas Ansprüche an seine zeitliche Präsenz immer mehr eingeengt gefühlt, außerdem von Anna, deren sportliche Interessen gering sind, verlangt, dass sie sich selbst sportlich engagiere und seinem Hobby mehr Interesse entgegenbringe.

Diagnostische Ergebnisse: Die psychologische Untersuchung ergibt ein überdurchschnittliches Gesamtergebnis im Intelligenztest bei einem dysharmonischen Profil von knapp durchschnittlichen Leistungen bei den Subtests, in denen visuelle Verarbeitungsleistungen und Genauigkeit gefordert sind, gegenüber weit überdurchschnittlichen Ergebnissen in all den Subtests, die sprachliche Kompetenz, Allgemeinwissen und schlussfolgerndes Denken verlangen. Im Profil der basalen informationsverarbeitenden Prozesse (Teilleistungen) fällt eine deutliche visuelle Figur-Grund-Differenzierungs- und Differenzierungsschwäche sowie eine Schwäche der Körperschemawahrnehmung auf, die Anna spontan durch intermodale Kodierungen zu kompensieren versucht, indem sie alles benennt, aber scheitert, wenn das Benennen von Inhalten nicht zur Lösung der gestellten Aufgabe beitragen kann. Als Folge der visuellen Figur-Grund-Differenzierungsschwäche und Differenzierungsschwäche ist auch die Merkfähigkeit für visuelle Inhalte, die nicht intermodal kodierbar sind, reduziert. In den projektiven Tests und Persönlichkeitstests zeigt sich ein schwaches Urvertrauen und daraus hervorgehend eine ausgeprägte Zukunftsangst, Somatisierungstendenzen und eine generalisierte Angstbereitschaft sowie Angst um die Mutter. Die Angst um die Mutter ist Anna auch bewusst und wird von ihr und der Mutter als irrational abgelehnt, genau wie Anna die ängstliche Haltung der Mutter ihr gegenüber als bei weitem übertrieben und für sie ärgerlich ablehnt, auch wenn sie die Beziehung zwischen ihr und ihrer Mutter als grundsätzlich harmonisch und konfliktarm beschreibt

Werden diese Ergebnisse auf das integrative Entwicklungsmodell projiziert, so fällt die Passung der diagnostischen Ergebnisse mit der zweiten Hälfte der ersten und der ersten Hälfte der zweiten Entwicklungsebene auf (Die diagnostischen Ergebnisse aus Annas Untersuchung sind in der Graphik durch Fettschreibung gekennzeichnet und im Interesse der Übersichtlichkeit alle anderen Problementwicklungen gelöscht):

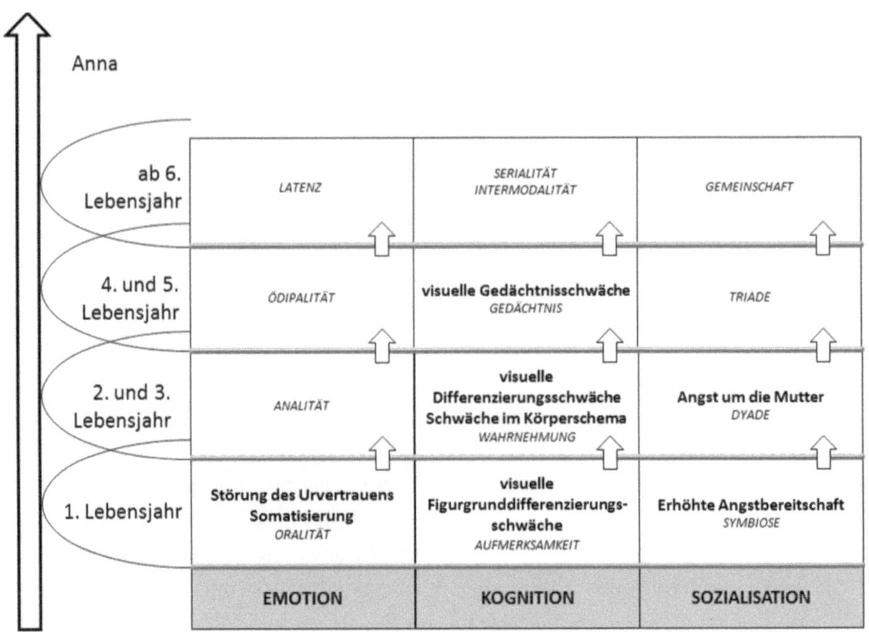

Abbildung 22: Annas Untersuchungsergebnisse, abgebildet im Integrativen Entwicklungsmodell

Ein durch die Untersuchungsergebnisse, die im integrativen Entwicklungsmodell auf eine Belastung im ersten Lebensjahr hinweisen, motiviertes gezieltes Nachfragen bei der Mutter in der Befundbesprechung (im Beisein Annas) über die Lebenssituation während der Schwangerschaft der Mutter und das erste und zweite Lebensjahr lässt diesen Ergebnissen biographische Details zuordnen: Annas Vater war zum Zeitpunkt, als die Mutter mit Anna schwanger wurde, verheiratet und beendete die Beziehung zur Mutter abrupt, als sie ihn über ihre Schwangerschaft informierte. Die Mutter war daher, ganz abgesehen von der seelischen Belastung, auch vor wirtschaftliche Probleme gestellt, da sie wusste, dass das Karenzgeld nur sehr knapp für den Lebensunterhalt für sie und das Kind ausreichen würde. Dennoch wollte die Mutter auf alle Fälle in Annas erstem Lebensjahr Karenz in Anspruch nehmen, war aber durch die Sorge um die finanzielle Zukunft in ständiger Angst. Finanzielle Unterstützung vom Kindesvater wollte sie von ihm nicht behördlich einfordern, und freiwillig kam der Kindesvater den Alimentationszahlungen nicht nach. Im Nachhinein beschreibt die Mutter diese Zeit als eine „Achterbahn" der Gefühle, in der die Freude über und an Anna massiven Zukunftsängsten gegenüber stand und sie mehrmals am Tag für sie selbst überraschend in Tränen ausgebrochen sei. Unterstützung erfuhr sie von ihrer eigenen Mutter, wobei die Beziehung zwischen ihr und ihrer Mutter immer schon konfliktreich war, die sehr wertkonservative Mutter der Mutter ihr weiterhin, auch nach Annas Geburt, Vorwürfe machte, dass sie sich überhaupt „auf einen verheirateten Mann eingelassen hätte", aber dennoch Anna liebevoll zugewendet war. Anna verbrachte ihre ersten Monate mit der Mutter und regelmäßigem Kontakt zur Großmutter, ansonsten hatte die Mutter kaum soziale Kontakte. Die Mutter erinnert, dass sie Anna als besonders waches und aufmerksames Baby erlebt hatte und immer Sorge hatte, Anna könnte durch ihre häufigen Tränen belastet werden, weswegen sie sich oft Schwierigkeiten gehabt hätte, Anna direkt in die Augen zu schauen. Sie habe sie aber sehr viel getragen und ihr viel vorgesungen. Als Anna sieben Monate alt war, bekam die Mutter einen Anruf von ihrer Arbeitsstelle mit der Bitte, ehestmöglich aus der Karenz zurückzukommen. Die finanzielle Situation der Mutter ließ sie die Entscheidung treffen, ihre Arbeit sofort wieder aufzunehmen, knüpfte daran aber die Bedingung, dass sie Anna zur Arbeit mitnehmen dürfe. Anna verbrachte daher die Tage mit der Mutter an deren Arbeitsstelle und wurde dort von vielen Mitarbeiterinnen an der Arbeitsstelle mitbetreut, da sich die Mutter aufgrund ihrer leitenden beruflichen Position während des Tages nur wenig mit Anna beschäftigen konnte. Die mitbetreuenden Kolleginnen der Mutter verfügten alle über entsprechende Kompetenz im Umgang mit Säuglingen und Kleinstkindern und waren, so erinnert es die Mutter, um Anna sehr bemüht. Diese Betreuungssituation wurde beibehalten, bis Anna 15 Monate alt war, danach wurde sie tagsüber in einer naheliegenden Kinderkrippe versorgt, in der sie sich eng an eine Betreuerin gebunden habe.

In Bezug gesetzt mit den diagnostischen Ergebnissen schlüsselt diese Information über Annas Biographie Zusammenhänge auf: Annas Mutter war während der Schwangerschaft und in den ersten Lebensmonaten Annas durch existentielle Ängste und das Erlebnis, vom Kindesvater abrupt verlassen zu werden, massiv belastet und selbst in einem Wechselbad der ambivalenten Gefühle, sodass sie ihrem Kind nicht die Sicherheit und Geborgenheit ihrer emotionalen Verfügbarkeit bieten konnte. Dies erklärt die Störung des Urvertrauens und die erhöhte Angstbereitschaft Annas. Die Bemühungen der Mutter, ihre Traurigkeit und ihr Weinen vor Anna zu verbergen, hatte die Frequenz des Blickkontaktes zwischen Mutter und Kind eingeschränkt, woraus ein Zusammenhang zur visuellen Figur-Grund-Differenzierungsschwäche herzustellen ist: Anna hatte durch die eingeschränkte Blickkontaktfrequenz mit der Mutter ein reduziertes visuelles Reizangebot, womit ihr die Stimulation zur Entwicklung der Figur-Grund-Differenzierung fehlte. Die abrupte Erhöhung der Anzahl der Bezugspersonen ab dem achten Lebensmonat, also ab dem Alter, in dem Kinder beginnen, ihre visuelle Differenzierungsfähigkeit so weiterzuentwickeln, dass sie bekannte und fremde Gesichter unterscheiden können, hatte Anna in ihrer visuellen Differenzierungsfähigkeit, der in Folge der mangelhaft entwickelten Figur-Grund-Differenzierungsschwäche das Fundament fehlte, überfordert. Die Betreuung Annas an der Arbeitsstätte der Mutter bot ihr zwar viel an Zuwendung seitens vieler Betreuungspersonen, aber aufgrund der räumlichen Gegebenheiten wenig Gelegenheit zu motorischen Aktivitäten wie zum Beispiel Krabbeln und damit zur Körperschemaerfahrung, was die Entwicklung ihrer Körperschemawahrnehmung beeinträchtigte.

Anna konnte diese Defizite in der frühen emotionalen, sozialen und kognitiven Entwicklung offensichtlich gut kompensieren. Die zusätzliche Belastung der bevorstehenden Reifeprüfung und der Trennung von ihrem Freund überfordern aber ihr adaptives Potential, sodass aktuell eine Symptomatik auf der Leistungsebene manifest wird.

Aus diesen diagnostischen Tiefeninformationen sind Konsequenzen für das Behandlungskonzept abzuleiten: Im kognitiven Bereich braucht Anna einerseits ein gezieltes Training der visuellen Figur-Grund-Differenzierung, Differenzierung und im Falle einer fehlenden spontanen Generalisierung dieser auch im visuellen Gedächtnis sowie in der Körperschemawahrnehmung, andrerseits Strategien zum kompensatorischen Einsatz ihrer gut entwickelten informationsverarbeitenden Funktionen, begleitet von psychoedukativer Unterstützung zur Entspannung ihrer Verunsicherung in ihrer Beziehung zur Leistungssituation. Eine ausschließlich psychotherapeutische Behandlung wäre allerdings nicht imstande, die Defizite im Bereich der Informationsverarbeitung auszugleichen. Annas Motivation für eine psychotherapeutische Behandlung wird von ihr spontan mit dem Ziel formuliert und reflektiert, in einer nächsten Beziehung weniger besitzergreifend und „klammernd" sein zu können, nicht dauernd Angst haben zu müssen, den Partner zu verlieren, sondern auf seine Verlässlichkeit vertrauen zu können, womit sie selbst das Streben nach einer dyadischen Beziehungsstabilität erkennt.

12.2 Die zweite entwicklungspsychopathologische Ebene des integrativen Entwicklungsmodells: Störungen im zweiten und dritten Lebensjahr

Wird das Kind im zweiten und dritten Lebensjahr in seiner Entwicklung gestört, so wird es im kognitiven Bereich statt der Differenzierungsfähigkeit in der visuellen und auditiven Wahrnehmung eine visuelle oder auditive Differenzierungsschwäche, statt der Bildung der Körperschemawahrnehmung eine Beeinträchtigung des Körperschemas und in der Folge der Raumorientierung entwickeln. Damit wird sein Profil der informationsverarbeitenden Prozesse dysharmonisch, Kompensationsmechanismen der Schwächen werden spontan entwickelt, die aber immer einen erhöhten Energieaufwand bei geringerem Gesamtfunktionsniveau und gesteigerte Vulnerabilität der kognitiven Funktionen zur Folge haben.

Auf der Ebene der emotionalen Entwicklung wird die psychosexuelle Phase der Analität, also die Phase, in der die Aggressionsentwicklung des Kindes eine schubhafte Entwicklung erfährt, die das Trotzalter einleitet, in ihrer Pathologie einem erhöhten Aggressionspotential, das einer Affektregulierung nicht adäquat zugänglich ist, entsprechen. Die Fixierung der psychosexuellen Energie auf die Analität durch ein hohes Maß an emotionalen Konflikten wird dann später im Leben unter psychischem Stress dazu führen, dass die Libido auf diese Fixierung regrediert, sodass die damit assoziierten infantilen Wünsche beherrschend werden: „Das Problem besteht darin, daß diese Wünsche in der frühen Kindheit normal sind; ein Erwachsener aber oder sogar ein älteres Kind würde durch starke ödipale, anale oder orale Wünsche beträchtlich verwirrt und müßte sie infolgedessen abzuwehren versuchen" (Fonagy & Target, 2007, S. 68).

Auf der Ebene der Sozialisation ist das Kind mittlerweile zur Intersubjektivität mit der primären Bezugsperson, also zumeist der Mutter, fortgeschritten, in der Übergangsphase von Symbiose zur Dyade wird eine Störung der Sozialisationsentwicklung in einer pathologischen Angst um die Mutter resultieren. Ist die dyadische Entwicklung erreicht, so nimmt das Kind die Mutter als eigenständige Person war, die bei einer nicht gelingenden Beziehung zwischen Mutter und Kind zu einer Bezugsperson wird, die Angst auslöst. Dieser Phase entspricht also in der Pathologie die Angst um die Mutter und die Angst vor der Mutter (sofern in dieser Zeit die Mutter die primäre Bezugsperson des Kindes ist, ansonsten eben um die oder vor der Person, die diese Beziehungsposition im Leben des Kindes einnimmt).

Weiterhin ist natürlich davon auszugehen, dass diese Entwicklungspathologien nicht zum Zeitpunkt ihres Entstehens zur Symptommanifestation führen, sondern durch Ressourcen solange kompensiert werden können, bis zusätzlicher psychischer Stress das adaptive Potential des Kindes oder auch des Jugendlichen oder Erwachsenen überfordert, was dann in einer psychischen Störung, die das „Kleid" des aktuellen Lebensalters als „Verkleidung" trägt.

Eine kasuistische Illustration: Nikolaus

Nikolaus besucht zum Zeitpunkt der Erstvorstellung zum zweiten Mal die erste Klasse der Volksschule mit katastrophalem Schulerfolg. Die Klassenwiederholung wurde ihm aufgrund mehrerer klinisch-psychologischer Befunde und eines schulpsychologischen sowie eines kinderpsychiatrischen Gutachtens gestattet. Grund der Klassenwiederholung waren massive Schwierigkeiten im Erlernen der Buchstaben und des Lesens, weswegen Nikolaus bereits umfangreiche sonderpädagogische Förderung erhalten hatte und auch bereits außerschulische Unterstützung in Form zweier methodisch unterschiedlich ausgerichteter Legastheniebehandlungen in Anspruch genommen hatte. Dennoch ist Nikolaus auch in diesem Schuljahr nicht imstande, die erforderliche Buchstabenkenntnis zu erlangen und das Lesen zumindest ansatzweise zu erlernen. Die Eltern berichten außerdem, dass sowohl ihnen als auch der Lehrerin in seinem ersten Schuljahr erst zu Beginn der zweiten Schuljahreshälfte aufgefallen war, dass Nikolaus nicht lesen konnte, sondern er die Texte aus seinen Schulbüchern, die er vorlesen sollte, aus dem Gedächtnis „aufsagte". Seit Beginn dieses Schuljahres ist das Zusammenleben mit Nikolaus schwierig: Er gerät sehr häufig in aggressive Auseinandersetzungen mit seinem um zweieinhalb Jahre jüngeren Bruder, wobei er den Bruder von Anfang an abgelehnt hätte. Auch in der Schule häufen sich die Streitereien mit den anderen Kindern. Außerdem sei er sehr pingelig geworden im Umgang mit seinen Spielsachen, besonders seine Spielzeugautos müssen präzise in einer von ihm vorgegebenen Ordnung aufgestellt sein, jeder kleinste Eingriff in diese Ordnung, wie zum Beispiel beim Saubermachen des Kinderzimmers, führt zu Affektdurchbrüchen, bei denen er kaum zu beruhigen sei. Dazu kommt auch ein von den Eltern als medizinisches Problem eingestuftes Stuhlverhalten, meistens über mehrere Tage, für das medizinische Untersuchungen aber keine somatischen Ursachen ergaben.

Die psychologischen Voruntersuchungen ergaben übereinstimmend eine gut durchschnittliche Gesamtintelligenz, wobei im Intelligenzprofil von Nikolaus die Ergebnisse in einem Subtest, bei dem das Kind vor die Aufgabe gestellt wird, fehlende Details in Bildern zu erkennen, sowie in einem weiteren Subtest, in dem er von einer Vorlage aus Würfel nachbauen soll, am unteren Durchschnittrand liegen, während Nikolaus in den Subtests, die Allgemeinwissen und soziales Verständnis erfordern, deutlich überdurchschnittliche Werte erreicht. Schwächen zeigten sich in einem als Aufmerksamkeitstest benannten Verfahren, bei dem Nikolaus zur Aufgabe hatte, aus einer Reihe von ähnlich aussehenden Zeichen bestimmte Zeichen herauszusuchen. Ergebnisse von projektiven Untersuchungen liegen nicht vor.

Die aktuelle klinisch-psychologische Untersuchung verzichtet auf eine weitere Intelligenztestung, da daraus keine behandlungsrelevanten Informationen zu erwarten sind. Im Profil der informationsverarbeitenden Funktionen lassen sich ausgeprägte Teilleistungsschwächen in der visuellen und auditiven Differenzierung sowie in der Raumorientierung auf dem Niveau der Körperschemawahrnehmung sowie in der zweidimensionalen Raumwahrnehmung feststellen, beeinträchtigt ist auch die intermodale Kodierungsfähigkeit, wobei in dieser Querschnittuntersuchung nicht feststellbar ist, ob die intermodale Kodierungsfähigkeit infolge der Differenzierungsschwächen besteht oder ebenfalls eine isolierte Teilleistungsschwäche darstellt. In den projektiven Testverfahren kommen ein deutlich erhöhtes Aggressionspotential sowie eine durch Angst und Aggression belastete Beziehung zu beiden Eltern, eine ausgeprägte Geschwisterrivalität, eine Beeinträchtigung des Selbstwerts, der Beziehung zur Leistungsfähigkeit, der Du- und Gruppenkontaktfähigkeit und Zwangstendenzen zur Darstellung. Bei Zeichentests assoziiert Nikolaus häufig anale Inhalte, die er in einer wortschatzreichen Fäkalsprache kommentiert.

Werden diese Ergebnisse auf das integrative Entwicklungsmodell projiziert, so fällt die Passung der diagnostischen Ergebnisse mit dem zweiten und dritten Lebensjahr, also der zweiten Entwicklungsebene auf, wobei auch die darauf aufbauenden Entwicklungsaufgaben nicht befriedigend gelöst erscheinen. (Die diagnostischen Ergebnisse aus Nikolaus' Untersuchung sind in der Graphik durch Fettschreibung gekennzeichnet und im Interesse der Übersichtlichkeit alle anderen Problementwicklungen gelöscht – Abbildung 23)

Die im Integrativen Entwicklungsmodell eingetragenen Ergebnisse der psychologischen Untersuchung sind zum Teil auch aus dem Bericht der Eltern offensichtlich geworden: Die Störung des Gruppenkontakts und des Du-Kontakts, das erhöhte Aggressionspotential lassen sich in den häufigen aggressiven Konflikten mit dem Bruder und in der Klassengemeinschaft beobachten, die anale Fixierung aus dem Stuhlverhalten und der Fäkalsprache, die Selbstwertstörung und Störung der Beziehung zur Leistungsfähigkeit ließe sich aus dem Schulversagen schließen. Der Beobachtung nicht zugänglich sind die angst- und aggressionsbesetzte Beziehung zu beiden Eltern sowie die partiellen Entwicklungsdefizite in der Informationsverarbeitung (kognitive Ebene).

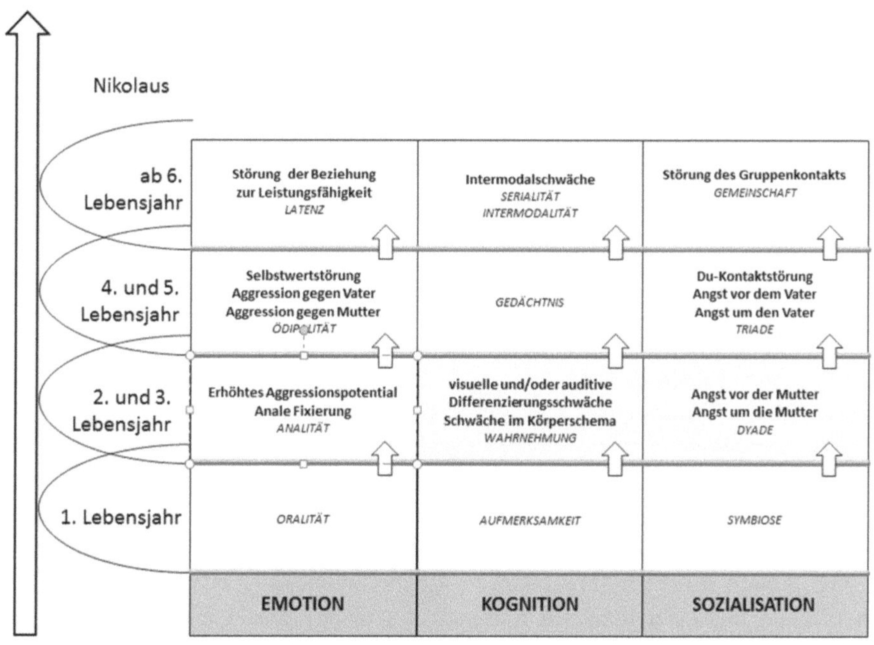

Abbildung 23: Nikolaus' Untersuchungsergebnisse, abgebildet im Integrativen Entwicklungsmodell

Die gezielte Exploration der Eltern hinsichtlich der Lebensereignisse im zweiten und dritten Lebensjahr bringt folgende erklärende Informationen: Die Schwangerschaft mit Nikolaus' Bruder, der geboren wurde, als Nikolaus zweieinhalb Jahre alt war, war eine Problemschwangerschaft, die Mutter musste im siebenten Schwangerschaftsmonat in stationäre Behandlung. Das Kind – Nikolaus' jüngerer Bruder – wurde fünf Wochen vor dem errechneten Geburtstermin durch Notsectio geboren, die Mutter und das Kind waren weitere drei Wochen gemeinsam, das Kind weitere zwei Wochen hospitalisiert, wobei die Mutter in diesen zwei Wochen tagsüber im Krankenhaus bei ihrem Kind verbrachte. In dieser Zeit unterstützte die Schwester der Mutter den Vater bei Nikolaus' Betreuung, Nikolaus wurde außerdem ab dem Spitalsaufenthalt der Mutter vormittags in einem Kindergarten betreut. Dem damals etwas über zweijährigen Nikolaus wurde seitens des Vaters und der Schwester der Mutter erklärt, dass die Mutter bald wiederkommen würde. Die Eltern kamen damals überein, dass Nikolaus die Mutter im Krankenhaus nicht besuchen sollte, weil sie befürchteten, er könne durch den Anblick der Infusionsbehandlung erschreckt werden, die Mutter habe aber mehrmals in der Woche mit Nikolaus telefoniert, der Vater habe Nikolaus während der Telefonate immer ein Foto der Mutter gezeigt. Nikolaus sei vor dem Spitalsaufenthalt der Mutter bereits so gut wie sauber gewesen, habe dann wieder eingenässt und eingekotet und sei dann mit dreieinhalb Jahren sauber gewesen. Diese Informationen erzählen die Eltern erst auf gezieltes Nachfragen anlässlich der Besprechung der Untersuchungsergebnisse – im Erstgespräch wurde nur vom Rückfall in der Sauberkeit anlässlich der Geburt des Bruders, nicht aber von den dramatischen Umständen der Schwangerschaft, der Geburt und der Wochen danach berichtet. Befragt nach der weiteren Entwicklung der beiden Kinder berichten die Eltern, dass sie im ersten Lebensjahr des Bruders sehr besorgt um dessen körperliches Gedeihen gewesen seien und Nikolaus oft in Fremdbetreuung bei der Schwester der Mutter und den mütterlichen Großeltern gewesen sei, was vor allem den Vater sehr störte, da er den Eindruck hatte, dass Nikolaus dort sehr verwöhnt worden sei, was er dann zu Hause durch eine besonders konsequente Erziehungshaltung auszugleichen versuchte (womit er Strafen bei Fehlverhalten durch Liebesentzug und Ignorieren des Kindes meint, wie sich herausstellt). Dies habe allerdings auch zu häufigen Konflikten mit seiner Frau geführt, die wiederum seine konsequente Erziehungshaltung zu untergraben versuchte.

Somit hatte Nikolaus auch nach der emotionalen Belastung durch die abrupte Trennung von der Mutter aufgrund ihres Spitalsaufenthaltes und die damit verbundene Angst seiner Betreuungspersonen um die Mutter und das ungeborene Kind keine Situation, die seine emotionale Sicherheit wieder herstellen konnte und damit kein ausreichendes Maß an protektiven Faktoren zum Ausgleich der Belastung.

Das Wissen um die Einflussfaktoren, die die Entwicklung des Buben beeinträchtigten und die Basis der aktuellen Symptomatik bilden, macht einen Behandlungsplan möglich, der den Bedürfnissen von Nikolaus gerecht wird: Die Lernstörung, die laut den Untersuchungsergebnissen auf partiellen Entwicklungsdefiziten basiert (siehe diagnostische Ergebnisse und Abbildung 23: Nikolaus' Untersuchungsergebnisse, abgebildet im Integrativen Entwicklungsmodell), wird durch ein auf die Untersuchungsergebnisse abgestimmtes Trainingsprogramm behandelt. In dieses Trainingsprogramm wird der Vater intensiv miteingebunden, um ihm durch psychoedukative Unterstützung bei der Durchführung des Trainings mit seinem älteren Sohn die Gelegenheit zu geben, dem Kind hilfreich und Sicherheit bietend begegnen zu können. Außerdem wird Nikolaus durch eine tiefenpsychologisch orientierte Psychotherapie unterstützt, die ihm die Möglichkeit bietet, die anale Fixierung zu lösen und im emotionalen und sozialen Entwicklungsfeld ein altersentsprechendes Niveau zu erreichen. Regelmäßige Elternarbeit begleitet die Psychotherapie des Buben.

12.3 Die dritte entwicklungspsychopathologische Ebene des integrativen Entwicklungsmodells: Störungen im vierten und fünften Lebensjahr

Im vierten und fünften Lebensjahr entwickelt das Kind seine Ich-Identität. Der psychosexuellen Phase der Ödipalität wohnt die konkurrierende, rivalisierende Aggression gegen den gleichgeschlechtlichen Elternteil inne, die es konstruktiv zu überwinden gilt, um zu einem stabilen Selbstwert zu gelangen, der weder durch gesteigerte Minderwertigkeitsgefühle gegenüber dem gleichgeschlechtlichen Elternteil noch durch dessen Überkompensation im Überlegenheits- und Machtstreben korrumpiert wird. Die Störung in der ödipalen Phase wird durch übertrieben aggressive Gefühle die Beziehung zu Vater und/oder Mutter beeinträchtigen. Kommt es in dieser Phase zu einer Störung der psychosexuellen Entwicklung, so wird dies in einer Selbstwertstörung resultieren, da die Ich-Identität, die aus der Überwindung des Konflikts der Rivalität mit dem gleichzeitig geliebten und als Vorbild, Identifikationsobjekt und Orientierungshilfe gebrauchten Elternteil erwächst. Bleibt dieser Konflikt ungelöst, verliert das Kind die Identifikation und ist festgehalten im Ambivalenzkonflikt, der es ihm unmöglich macht, seine Eigenständigkeit und damit seinen Selbstwert zu stabilisieren.

Die Gedächtnisleistung, die nun einen prioritären Platz in der Entwicklung einnimmt, wird, vielleicht durchaus auch im Zuge der Verdrängung, zur auditiven und/oder visuellen Merkfähigkeitsschwäche ins Negativbild verkehrt, im weiteren in der Intermodalschwäche statt der gestärkten Fähigkeit zur intermodalen Verarbeitung zur kognitiven Entwicklungspsychopathologie verarmen.

Auf der Ebene der Beziehungsstrukturen wird in der Triade der Vater weitere Bezugsperson: „Aus der dyadischen Bezogenheit bewegt sich das Kind nun – sobald der Ödipuskomplex seine Wirkmächtigkeit entfaltet – in Richtung triadischer Objektbezogenheit" (Tyson & Tyson, 2009 [1997], S. 117). Wird die triadische Entwicklung gestört, so ist Angst um den Vater die Folge, im Weiteren, wenn nun auch der Vater in seiner Identität wahrgenommen wird, so wie davor die Mutter in der Dyade, führt die Störung dieser Beziehung zu einer Angst vor dem Vater, der vom Buben als bedrohlicher Rivale, vom Mädchen als übermächtiger Mann wahrgenommen werden kann. Damit ist selbstverständlich gemeint, dass sich diese Ängste nicht genuin im Kind entwickeln, sondern durch den Umgang der Bezugspersonen mit dem Kind gestaltet werden, wobei intrapsychische Dimensionen entwicklungsphasentypische Bereitstellungen bieten.

Auf der Ebene der Sozialisation erweitert das Kind nun seine zwischenmenschliche Kontaktfähigkeit auf andere als die primären familiären Bezugspersonen. Die nicht gelingende Weiterentwicklung der Beziehungsstruktur zur Triade macht die nächste enge Bezugsperson, meistens in der Person des Vaters gegeben, nicht zum nächsten Sicherheit und Geborgenheit vermittelnden Beziehungspartner des Kindes, sondern zum Objekt der Verlustangst oder auch der Bedrohung. Verlustangst und Bedrohungsgefühl in Assoziation mit zwischenmenschlicher Nähe als soziales Interaktions- und Beziehungsmuster wird in der Folge die Fähigkeit zum Du-Kontakt beeinträchtigen, wenn die sichere Beziehung zu „noch jemand anderem als der Mutter" nicht gelungen ist. Eine Kontaktstörung ist die Folge.

An dieser Stelle sei nochmals angemerkt, was für alle Entwicklungsphasen gilt: Gelingende Entwicklung bedeutet natürlich nicht die Abwesenheit jeglicher Angst und Aggression, jedes konflikthaften Erlebens und jedes Affekts. So ist die ambivalente Beziehung zum gleichgeschlechtlichen Elternteil im Spannungsfeld zwischen Nähe und Rivalität der ödipalen Phase zugehörig, auch im Rahmen einer Betrachtungsweise aus der Sicht der Objektbeziehungstheorien. Zur Pathologie werden konflikthafte Emotionen und Beziehungsgeschehen dann, wenn der konflikthafte Anteil die Entwicklung der entsprechenden emotionalen, sozialen und kognitiven Kompetenzen quasi „verschlingt" und an ihre Stelle tritt. So werden auch die gute Mutter und der gute Vater dem Kind zwangsläufig und unausweichlich Enttäuschungen bereiten, die das Kind verwinden kann, ohne Schaden zu nehmen, wenn es in der erfahrungsgenerierten Sicherheit lebt, dass die Bindung zu Mutter und Vater unzerbrechlich ist. Nur wenn das Ausmaß des Konflikts das Ausmaß der sicheren Bindung übertrifft, wird dem Kind die Lösung der jeweiligen Entwicklungsaufgabe misslingen und im Negativbild internalisiert werden.

Eine kasuistische Illustration: Theo

Theo wird von seinen beiden Eltern wegen seines aggressiven Verhaltens vorgestellt. Er besucht zurzeit die erste Klasse der Volksschule. Seine Aggressionen richten sich gegen beide Eltern, er beschimpfe sie bei jeder Kleinigkeit, die nicht nach seinem Wunsch sei, aufs Gröbste, in letzter Zeit habe er auch begonnen, auf Mutter und Vater einzuschlagen und zu treten, wenn ihm ein Wunsch nicht erfüllt wurde. Dabei fällt den Eltern auf, dass Theo offensichtlich von ihnen erwarte, dass sie ihm die Wünsche von den Augen ablesen können, da er auch vollkommen ausraste, wenn ihm ein Wunsch nicht erfüllt wurde, den er gar nicht geäußert hatte. Die Eltern tun ihr Möglichstes, um das aggressive Verhalten Theos zu unterbinden, aber mit den üblichen Erziehungsmaßnahmen wie Strafen oder Entzug der Zuwendung bei Fehlverhalten gescheitert sind, auch Gespräche in ruhigen Phasen seien völlig wirkungslos, obwohl Theo bei diesen Gesprächen immer einsichtig sei und fest verspreche, sein Verhalten zu ändern. Freizeitangebote wie zum Beispiel ein Kampfsport, bei denen Theo sich austoben könne, wovon sie sich Aggressionsabbau erwarteten, zeigten keinen Effekt. Sorgen bereitet den Eltern auch, dass Theo sie vermehrt anlüge: So habe er zum Beispiel vor kurzem erzählt, dass der Mann der Lehrerin bei einem Autounfall gestorben sei, was die Eltern anlässlich ihrer Kondolenzworte an die Lehrerin in eine höchst unangenehme Situation gebracht hätte, als diese nur lachend meinte, dass im Gegenteil ihr Lebensgefährte wohlauf sei und sie im nächsten Sommer zu heiraten beabsichtige. In der Schule gäbe es keine nennenswerten Probleme, weder beim Lernen noch im Verhalten, bis auf kleine Schwierigkeiten im Merken einzelner Buchstaben, die laut Lehrerin aber nicht als gravierend einzuschätzen seien. Über Theos Verhalten berichtet die Lehrerin sogar, dass Theo ihr besonders zugewendet sei. In der Klassengemeinschaft habe er noch keine dicken Freundschaften gebildet, eher etwas schüchtern den anderen Kindern gegenüber; er sei lieber mit der Lehrerin. Die Mutter meint bei dieser Erzählung etwas verlegen, dass sie das Gefühl habe, Theo möge die Lehrerin lieber als sie. Das aggressive Verhalten des Buben habe vor etwa einen dreiviertel Jahr, also einige Wochen vor Schulbeginn, eingesetzt und sich in den letzten drei Monaten derart gesteigert, dass die Eltern sich entschieden, professionelle Hilfe in Anspruch zu nehmen. Die Gedanken der Eltern um die Ursache von Theos Verhaltensschwierigkeiten gehen einerseits von der These aus, dass er als Einzelkind wohl zu wenig gelernt habe, zu verzichten, was von ihnen selbst aber als widersprüchlich zu seiner guten Anpassungsfähigkeit an die Gemeinschaft in der Schule steht. Auch die Idee, Theo sei von ihnen als ihr einziges Kind und beiden Großelternpaaren als ihr bisher einziges Enkelkind sehr verwöhnt worden, beschäftigt die Eltern voller Schuldgefühle, aber auch gegenseitigen Vorwürfen.

Theo war bereits psychologisch untersucht worden anlässlich seiner Einschulung, da sich die Eltern aufgrund seines schwierigen Verhaltens zu Hause unsicher waren, ob er die soziale Reife für den Eintritt in die Volksschule mitbringe. Daher liegt ein Vorbefund mit einem deutlich überdurchschnittlichen Ergebnis im Intelligenztest vor. Genannt wird im Vorbefund außerdem eine Unreife der Impulskontrolle, geraten wird zu Eintritt in die Volksschule und eine klare und konsequente Erziehungshaltung der Eltern.

Die aktuelle Untersuchung ergibt im Bereich der partiellen informationsverarbeitenden Funktionen eine Schwäche in der visuellen Figur-Grund-Differenzierung und in der Folge im visuellen Gedächtnis sowie in der Intermodalität. Im emotionalen Bereich lässt sich ein deutliches Machtstreben, zu verstehen als Kompensation eines schwachen Selbstwerts, aggressive Gefühle gegenüber beiden Eltern mit einer hohen Ambivalenz dem Vater gegenüber und Misstrauen sowie Verlustangst in der Zukunftserwartung als Ausdruck einer Störung des Urvertrauens feststellen.

Die Projektion der Ergebnisse auf das integrative Entwicklungsmodell verweist im Bereich der kognitiven und emotionalen Entwicklung auf das erste Lebensjahr (visuelle Figur-Grund-Differenzierungsschwäche, Störung des Urvertrauens), im Weiteren auf die dritte Entwicklungsebene, also das vierte und fünfte Lebensjahr auf allen drei Achsen der Entwicklung (Die diagnostischen Ergebnisse aus Theos Untersuchung sind in der Graphik durch Fettschreibung gekennzeichnet und im Interesse der Übersichtlichkeit alle anderen Problementwicklungen gelöscht):

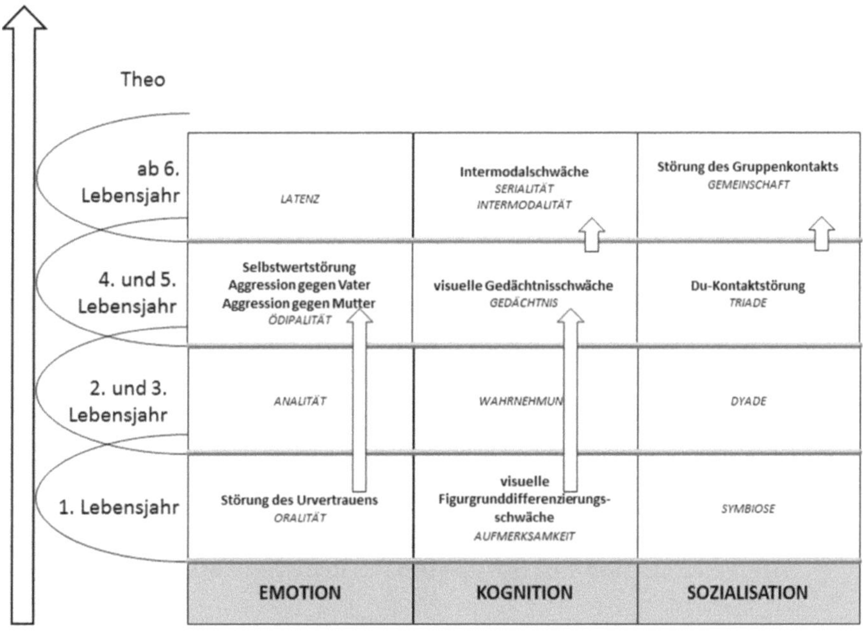

Abbildung 24: Theos Untersuchungsergebnisse, abgebildet im Integrativen Entwicklungsmodell

Das Gespräch mit den Eltern über die Untersuchungsergebnisse kann auf gezieltes Nachfragen die biographischen Inhalte zur Störung des Urvertrauens und zur visuellen Figur-Grund-Differenzierungsschwäche festmachen: Die Mutter litt nach Theos Geburt an einer postpartalen Depression, für die sie sich heute noch schämt und die sie sich weder damals noch heute erklären kann, da sie und ihr Mann sich sehr auf das Kind gefreut hatten, nachdem sie beide mehrere Jahre lang auf die Schwangerschaft gewartet hatten. Sie selbst meint, dass die Depression vielleicht dadurch verursacht gewesen sei, dass Theo aufgrund einer Steißlage per Sectio geboren wurde, was sie um das Erlebnis des Gebärens gebracht hätte. In diesen ersten Lebensmonaten Theos hätten beide Großmütter des Kindes sie sehr unterstützt. Als Belastung für sie sei noch dazugekommen, dass ihre eigene Großmutter, die ihr eine enge Bezugsperson war, verstarb, als Theo knapp drei Monate alt war. Zur Frage nach einer Irritation oder Belastung für die Familie im vierten und fünften Lebensjahr finden beide Eltern keine Antwort. Sie meinen einstimmig, dass nach dieser Krise in den ersten Lebensjahren Theos alles bestens gewesen sei. Die partiellen Schwächen in der Informationsverarbeitung erklären für die Eltern schlüssig, warum Theo einzelne Buchstaben schwerer behalten kann. Auf Anraten, aber gegen den Widerstand der Eltern beginnt Theo nicht mit einem Training, um ihm nicht das Gefühl zu geben, dass er entwicklungsverzögert sei und besonders viel an Behandlung brauche. Theo beginnt aber mit einer psychotherapeutischen Behandlung, die er mit großer Begeisterung aufnimmt, als er informiert wird, dass er dabei alleine mit seiner Therapeutin sein wird und sie nichts von dem, was in seiner Behandlungsstunde geschieht, irgendjemandem erzählen wird. In der Therapie spielt Theo bevorzugt aggressive Rollenspiele, auch mit Handpuppen, in denen er immer als Held eine weibliche Figur rettet, indem er gefährliche Feinde in langwierigen Kämpfen besiegt. Die Eltern beginnen eine begleitende Beratung, die sich als schwierig herausstellt, da sie häufig vereinbarte Elternberatungstermine verschieben, sodass die Frequenz der Elternberatungsgespräche deutlich niedriger ist als ursprünglich vereinbart. Nach vier Monaten der psychotherapeutischen Behandlung Theos kommt die Mutter zum zweiten Elternberatungsgespräch alleine und berichtet aufgelöst, dass Theos Vater ihr vor zwei Tagen eröffnet habe, dass er seit zwei Jahren eine außereheliche Beziehung führe und diese Frau jetzt von ihm schwanger sei. Der Vater wünscht ehestmöglich die Scheidung. Damit ist auch der biographische Inhalt der Belastung im vierten und fünften Lebensjahr aufgeklärt: Theo war etwa vier Jahre alt, als der Vater die außereheliche Beziehung einging. Theos Verhalten der Lehrerin gegenüber mutet damit als handelnde Erzählung in Identifikation mit dem Vater einerseits, als Darstellung eines verschobenen, weil ungelösten ödipalen Konflikts (seine Erzählung, dass der Mann der Lehrerin verstorben sei) andrerseits an.

12.4 Die vierte entwicklungspsychopathologische Ebene des integrativen Entwicklungsmodells: Störungen im sechsten Lebensjahr

Am Ende der ödipalen Phase, auf die Phase der Latenz zugehend, langsam beruhigt aus dem Sturm der libidinösen Phasen als integrierte Persönlichkeit hervorgegangen, hat das Kind nun die Freiheit, sich auch bereits dem sublimierten Lustgewinn in der Leistung zu widmen, dabei die angeborene Leistungsfreude als Schatz im Entwicklungsgepäck. Wird das Kind in dieser seiner Entwicklung gestört, wird es eine Störung in seiner Beziehung zur Leistungssituation entwickeln:

„Die Gefahr dieser Phase liegt darin, daß sich ein Gefühl der Unzulänglichkeit und Minderwertigkeit bilden kann. Wenn das Kind verzweifelt, weil es mit den Werkzeugen und Handfertigkeiten nicht zurechtkommt oder weil es unter seinen Werk-Gefährten keinen eigenen Stand finden kann, so kann es die Hoffnung aufgeben, sich schon mit den Großen zu identifizieren, die sich im gleichen Rahmen der Werkzeugwelt betätigen. Wenn das Kind die Hoffnung auf eine solche ‚werkmäßige' Anlehnung verliert, so wird es auf die isolierte, weniger werkzeugbewußte, familiäre Rivalität der ödipalen Periode zurückfallen" (Erikson, 2005 [1957], S. 254).

In der kognitiven Entwicklung braucht das Kind nun vermehrt Intermodalität und Serialität, um vom anschauungsgebundenen Denken zu einem begrifflichen Denken, das das Erkennen und Verstehen von Abfolgen, Zusammenhängen und Regeln erfordert, um erste Ebenen der Abstraktionsfähigkeit zu erreichen. Dazu vernetzt es Wahrnehmungsinhalte aus unterschiedlichsten Sinnesgebieten. Wird das Kind in dieser Phase in seiner Entwicklung gestört, wird seine Intermodalität und Serialität nicht wachsen, sondern in einer Intermodalitätsschwäche und/oder Serialitätsschwäche münden. Damit wird dem Kind der Erwerb der Kulturtechniken, die das gesamte komplexe System der informationsverarbeitenden Prozesse im modalen, intermodalen und serialen Niveau erfordern und beanspruchen, erschwert..

In der Sozialisationsentwicklung wird die Entwicklungsaufgabe der Hinwendung und Integration in die Gemeinschaft nicht entsprechend gelingen, wenn dem Kind eine Störung der Entwicklung widerfährt. Die Fähigkeit des Kindes zum Gruppenkontakt wird stattdessen beeinträchtigt sein, dissoziale oder soziophobische Symptome werden sichtbar.

Eine kasuistische Illustration: Natascha

Natascha ist Anfang dreißig und kommt wegen Suizidgedanken zur Psychotherapie. Sie berichtet in sehr raschem Redetempo, nachdem sie sich der psychotherapeutischen Verschwiegenheit vergewissert hat, dass sie in ihrer selbständigen beruflichen Tätigkeit, die sie seit zwei Jahren gemeinsam mit einer um gute zehn Jahr älteren Geschäftspartnerin betreibe, zunehmend in Schwierigkeiten komme, da sie nicht termingerecht arbeite, permanent Termine versäume, außerstande sei, sich in ihrer Arbeitswelt zu organisieren und alles auf die lange Bank schiebe, bis es dann zu spät sei. Die kaufmännischen Agenda der Firma, für die sie aufgrund ihrer Ausbildung zuständig ist, betreibe sie mittlerweile derart nachlässig, dass die Existenz der gemeinsamen Firma ernsthaft gefährdet sei, auch weil es ihr schwer falle, die unterschiedlichen Aufgaben zu koordinieren. Ihrer Geschäftspartnerin gegenüber habe sie ihre unberechtigten Geldentnahmen für private Ausgaben für Luxusgüter mithilfe sehr komplizierter Lügengebäude ein Jahr lang verheimlichen können. Vor kurzem aber habe ihre Geschäftspartnerin die Fehlbeträge entdeckt, ihr mit einer Anzeige wegen Unterschlagung gedroht. Jetzt sehe sie keinen anderen Ausweg mehr als den Suizid. Diese Suizidphantasien habe sie ihrem Partner, mit dem sie seit einem knappen halben Jahr eine Beziehung führe, erzählt, der sie daraufhin gedrängt habe, psychotherapeutische Hilfe in Anspruch zu nehmen. Den Anlass für ihre Suizidgedanken habe sie ihm allerdings verschwiegen, da er ein besonders korrekter Mensch sei und sie sicherlich verachten würde, wüsste er um ihre Vergehen. Ihm habe sie erzählt, dass sie wohl eine depressive Veranlagung geerbt hätte, da sich ihre Großmutter mütterlicherseits auch suizidiert habe (was nicht der Realität entsprach). Nun habe sie auch noch zu befürchten, dass er irgendwann einmal ihre Mutter auf den Selbstmord der Großmutter ansprechen könnte und damit auch diese Lüge aufgedeckt würde. Außer ihrem Partner habe sie kaum Freunde, eher oberflächliche Bekannte aus dem Studium und aus dem Arbeitsbereich, die sie aber recht oft auf Veranstaltungen und Einladungen treffe. Dort sei sie dann immer rasch im Mittelpunkt durch ihre Erzählungen von Anekdoten aus ihrem Leben, wobei sie diese etwas „ausschmücke", um den Unterhaltungswert zu erhöhen. Gefragt, ob sie auch gerne die Anekdoten von anderen Leuten höre, meint sie, dass sie da eher rasch gelangweilt sei, weil sie die Geschichten von anderen Leuten nicht besonders interessant finde. Besonders langweilig sei ihr bei gemeinsamen Unternehmungen mit Bekannten. Auf die Frage, wie es ihr mit der Planung von Arbeitsaufgaben während der Schulzeit und des Studiums gegangen sei, erzählt sie, dass sie die Schule mittels einer „Kohorte", wie sie es nennt, von Nachhilfelehrern und infolge der Erpressung seitens ihres Vaters, der ihr im Falle eines Schulabbruchs sämtliche finanziellen Zuwendungen zu streichen drohte, geschafft habe. Im Studium habe sie mehrere Semester verbummelt, bis wiederum ihr Vater ihr durch intensive Lernunterstützung und Hilfestellung beim Schreiben der Abschlussarbeit und den Kauf einer Eigentumswohnung, die sie zwar besichtigen durfte, aber erst nach Studienabschluss beziehen durfte, half, die „Motivation" zum Studienabschluss aufzubringen. Sie meint, dass ihr Vater offensichtlich wüsste, wie mit ihr umzugehen, da er schon bei der Führerscheinprüfung eine ähnliche Taktik angewendet hatte: Er habe ihr ein Auto gekauft, nachdem sie das zweite Mal bei der Prüfung durchgefallen sei, und ihr dieses vor die Tür gestellt. Während des Erzählens fällt Natascha selbst auf, dass sie ihre Mutter nicht erwähnt, was sie damit kommentiert, dass ihre Mutter eine „mondäne" Person sei, die sich aber eher wenig für sie interessiere, seit sie kein Kleinkind mehr sei. Sie dagegen sei immer sehr besorgt um ihre Mutter gewesen und sei es auch heute noch, genauso wie um ihren Vater, vor dem sie aber auch heute noch ziemlichen Respekt habe. Die Sorge um die Eltern käme wohl daher, weil ihre Mutter einen schweren Autounfall aus eigenem Verschulden erlitt, der einen langen Krankenhausaufenthalt und monatelange Rehabilitation notwendig machte, als Natascha etwa zwei Jahre alt war. Und obwohl ihre Mutter sich seither bester Gesundheit erfreue, habe sie immer Sorge um sie.

Damit berichtet Natascha über eine Störung ihrer Beziehung zur Leistungssituation sowie über eine Störung ihrer Planungsfähigkeit, was die Vermutung einer Schwäche in der Serialität und Intermodalität nahelegt. Außerdem ist ihre Fähigkeit zum Gruppenkontakt, zur Integration in die Gemeinschaft, fraglich: Sie scheint keine Beziehung zur Gruppe zu haben, sondern diese als Publikum für Selbstinszenierungen zu verwenden. Die moralische Urteilsfähigkeit erscheint ebenso fraglich: Die Angst vor Strafe ist ihr Motiv für adäquates Verhalten, die Einsicht scheint ihr zu fehlen. Die Angst um die Mutter ist aus dem Bericht über den schweren Unfall der Mutter erklärbar. Nicht erklärbar ist, warum sie diese Belastung nicht verarbeiten konnte.

Werden die berichteten Symptome auf das integrative Entwicklungsmodell projiziert, so richtet dies die Aufmerksamkeit auf die vierte Ebene, also auf das sechste Lebensjahr, in der Graphik durch Fettschreibung gekennzeichnet Wieder sind im Interesse
der Übersichtlichkeit alle anderen Problementwicklungen gelöscht):

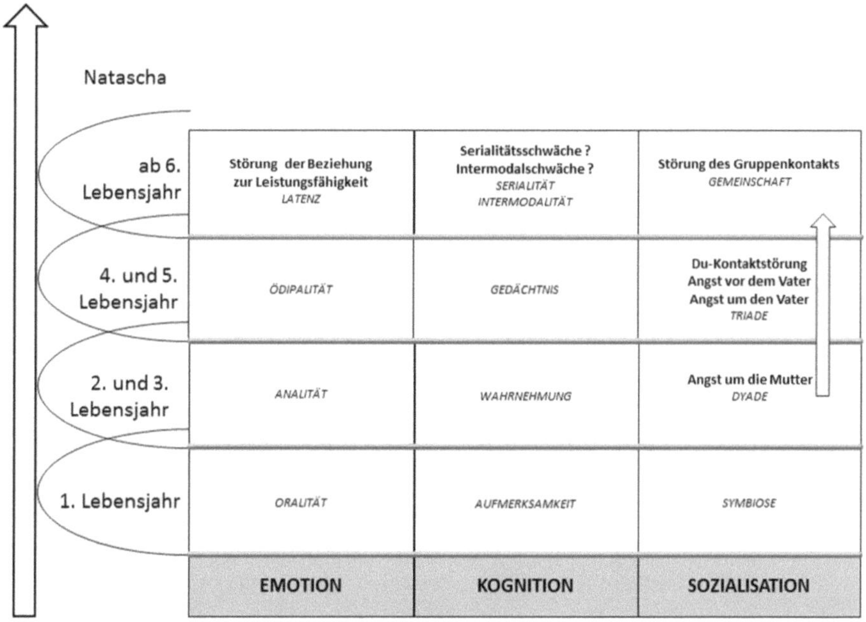

Abbildung 25: Die Ergebnisse aus Nataschas Exploration, abgebildet im Integrativen
Entwicklungsmodell

Da Natascha in der Exploration zwar von Suizidgedanken berichtet, aber keinerlei Zeichen einer präsuizidalen Einengung zeigt, wird die Psychotherapie ohne weitere begleitende Maßnahmen begonnen. Die gezielte Exploration nach eventuellen belastenden
Ereignissen etwa im sechsten Lebensjahr stürzt Natascha zuerst einmal in Verwirrung,
da für sie nicht nachvollziehbar ist, was die Therapeutin zu dieser Frage motiviert. Sie
kann aber sofort berichten, was in ihrem sechsten Lebensjahr geschehen ist: Die Eltern
ließen sich scheiden. Bemerkenswert ist, dass Natascha bis dahin nicht erzählt hatte,
dass beide Eltern in neuen Partnerschaften leben, und zwar beide seit über zwanzig
Jahren mit denselben Partnern. Die nächste Frage, ob sie sich erinnern könne, wie sie
die Scheidung der Eltern erlebt habe, beantwortet sie lachend und erzählt, dass die Eltern ihr die Scheidung aufwändig und trickreich-kunstvoll verheimlicht hätten: Der
Vater hätte sie jeden Morgen geweckt und zur Schule gebracht (Natascha wurde vorzei-
tig eingeschult) und ihr gesagt, dass die Mutter bereits zur Arbeit gegangen sei. Die
Abende hätten sie immer gemeinsam verbracht, ebenso am Wochenende gemeinsame
Ausflüge unternommen. Sie hätte es als Kind auch nicht verwunderlich gefunden, dass
die Mutter auch am Wochenende abends wieder zur Arbeit musste, da die Mutter beruflich selbständig war. Sie habe erst mit zwölf Jahren entdeckt, dass die Eltern geschieden
waren, als sie zufällig dabei war, während ihr Vater ein Formular ausfüllte und dabei

beim Familienstand „geschieden" angekreuzt hatte. Als sie ihn auf den vermeintlichen Fehler aufmerksam machte, sei das „Lügengebäude" (eine wörtliche Formulierung Nataschas, die sie auch im Zusammenhang mit ihren aktuellen Schwierigkeiten verwendet) zusammengebrochen. Sie hätte ab damals beiden Eltern nichts mehr glauben können und sich, so meint sie, vielleicht dann mit Schulschwierigkeiten und Schwierigkeiten im Studium gerächt.

13 Empirische Befunde zum integrativen Modell der Entwicklung

Entsprechend der zu Beginn des Kapitel 5 getroffenen Überlegungen, dass induktiv erstellte Theorien, die immer heuristischen Charakter haben, durch eine empirische Überprüfung der Wirklichkeit näher kommen können, ist in nächster Konsequenz die Prüfung einzufordern, ob dieses integrative Entwicklungsmodell nicht nur mit kasuistischen, sondern auch mit empirischen Daten übereinstimmt. Die Fragestellung der empirischen Untersuchung zum integrativen Modell der Entwicklung ist also, ob psychologische Testergebnisse zu Störungen der Gefühlswelt, der Beziehungsmodi und der Informationsverarbeitung so miteinander korrespondieren, wie es im integrativen Entwicklungsmodell hypothetisch-theoretisch dargestellt wurde, also ob die jeweils diagnostizierten Problemfelder in den drei Bereichen der Emotion, Kognition und Sozialisation jeweils einer Ebene der Entwicklung zuzuordnen sind, so wie sie in Kapitel 10 postuliert wurden.

Die dafür statistisch analysierten Daten wurden nicht zu diesem Zweck der empirischen Prüfung gewonnen, sondern entstammen Datensammlungen, die im Zusammenhang mit anderen Forschungsfragen erhoben wurden. Die Datensammlung geschah also nicht zielgerichtet mit dem Ziel der Falsifizierung oder Verifizierung dieses hypothetischen Modells, sondern unabhängig davon, weswegen ein Bias im Sinne einer A-priori-Verifizierung durch die Art des Daten-Samples ausgeschlossen werden kann. Einen methodischen Zugang in dieser Form formulieren auch Fonagy und Target im Hinblick auf psychoanalytische Theorien:

„Der Vergleich künftiger psychoanalytischer Theorien sollte sich vom auf zählenden Induktionismus distanzieren und den Anschluss an datensammelnde Methoden suchen, wie sie in der modernen Sozialwissenschaft gebräuchlich sind. Solche Daten zu sammeln, ohne die Phänomene unkenntlich zu machen, ist eine wichtige Aufgabe heutiger Analytiker" (Fonagy & Target, 2007, S. 28f.).

Die verwendeten Daten sind psychologische Testdaten im Sinne der T-Daten von Cattell. Life-Daten wurden zwar im Zuge der jeweiligen Forschungsprojekte erhoben, sind aber im vorliegenden Zusammenhang nicht von Belang und wurden daher hier statistisch nicht berücksichtigt.

Die erhobenen und hier im Hinblick auf das integrative Entwicklungsmodell statistisch analysierten Daten stehen in einem entwicklungspsychopathologischen Kontext: Es sind Daten von Kindern, die wegen psychischer Störungen professionelle Hilfestellung in Anspruch nahmen. Erhoben wurden Daten zur somatischen Anamnese, zur sozialen Biographie sowie mittels des Verfahrens zur Erfassung von Teilleistungsschwächen (Sindelar, 2002 [1986]) das Funktionsniveau der basalen Prozesse der Informationsverarbeitung als Parameter der kognitiven Entwicklung sowie mittels Rorschach-Test die Parameter der Gefühlswelt und Beziehungsstrukturen, also der Emotion und Sozialisation. Weitere, in den jeweiligen Forschungsprojekten erfasste Daten aus

Fragebogen werden in die hier referierte statistische Auswertung nicht einbezogen, weil sie keine für die Prüfung des integrativen Entwicklungsmodells relevanten Daten liefern. Denn um das integrative Entwicklungsmodell, das davon ausgeht, dass emotionale, soziale und kognitive Entwicklung interagieren und einander wechselseitig beeinflussen, statistisch zu prüfen, sind Daten erforderlich, die Informationen zum jeweiligen Entwicklungsstand der Kinder bzw. Entwicklungsabweichungen in der kognitiven, emotionalen und sozialen Entwicklung bieten, aber frei sind von Verfälschungen, wie sie in Fremd- und Selbstbeurteilungsverfahren unvermeidbar sind.

13.1 Methodik der Erfassung der Achse der kognitiven Entwicklung

Um die Achse der informationsverarbeitenden Prozesse zu erfassen, ist das Verfahren zur Erfassung von Teilleistungsschwächen geeignet, da es der theoretischen Systematik folgt, wie sie im Kapitel 9 dargestellt wurde, und zum Zweck der Erfassung der Einzelleistungen der Informationsverarbeitung konstruiert wurde. Zur Illustration sei hier das Protokollblatt der quantitativen Werte (Fehlerwerte) abgebildet:

<table>
<tr><td></td><td colspan="2">visuell</td><td colspan="2">auditiv</td></tr>
<tr><td>Ser</td><td colspan="2">max 25</td><td colspan="2">max 25</td></tr>
<tr><td>Intermod</td><td colspan="2">vis-aud:
Bi: -   +   jeweils
Bu: -   +   max -7+21</td><td colspan="2">aud-vis:
Wo: -   +   jeweils
Bu: -   +   max -7+21</td></tr>
<tr><td>Ged</td><td>Bi   max 8
Fi   max 8
Bu   max 8</td><td rowspan="3">Raumorientierung</td><td>2D-Raum
(aus Gldg-Fi):</td><td>Phon   max 4
Wo 1   max 3
Wo 2   max 3
Text: F: H:</td></tr>
<tr><td>Diff</td><td>Bi   max 10
Wo   max 10</td><td>Körperschema:
max 9</td><td>max 10</td></tr>
<tr><td>Gldg / FGdiff</td><td>Fi

Wo</td><td>takt-kin:

max 6</td><td>O   -   +
N   -   +
H   -   +
EU   -   +
je max -12 +12</td></tr>
</table>

Abbildung 26: Protokollblatt der Fehlerwerte aus dem Verfahren zur Erfassung von Teilleistungsschwächen (Sindelar, Verfahren zur Erfassung von Teilleistungsschwächen, 2002 [1986])

Die zur statistischen Analyse herangezogenen diagnostischen Aussagen wurden jeweils dichotom (Teilleistungsschwäche vorhanden – nicht vorhanden) kodiert, entsprechend dem integrativen Modell der kognitiven Entwicklung (siehe Kapitel 9).

13.2 Methodik der Erfassung der Achse der emotionalen und sozialen Entwicklung

Zur empirischen Prüfung des integrativen Entwicklungsmodells für die Erfassung der Achse der Emotionalität und Sozialisation wurde der Rorschach-Test gewählt, da er tiefenpsychologisch basiert durch die Bezugnahme auf psychosexuelle Entwicklungsphasen und auf die Entwicklung der Sozialisation besonders geeignet ist zur psychodiagnostischen Erfassung von emotionaler und sozialer Entwicklung. Die thematische und entwicklungspsychologisch-psychodynamische Zuordnung der Rorschach-Tafeln erlaubt, was ein Fragebogen definitiv nicht kann, nämlich die Diagnose von Bindungs- und Beziehungsmustern ebenso wie die von Angst und Aggression, Selbstwert und Kontaktfähigkeit im Du-Kontakt und im Gruppenkontakt (Levy, Meehan, Auerbach & Blatt, 2005; Weiner, 2003).

Die Rorschach-Protokolle wurden nach Bohm und nach den Anleitungen von Rorschach selbst signiert und verrechnet (Bohm, 1960, 1974, 1990; Rorschach, 1921, 1948, 1994), in die entwicklungspsychologisch-psychodynamisch thematisierende Auswertung die Zuordnungen nach Weiner (2003) einbezogen, jeweils in tiefenpsychologischem Verständnisrahmen.

Die zur statistischen Analyse herangezogenen diagnostischen Aussagen wurden jeweils dichotom (vorhanden – nicht vorhanden) kodiert.

13.3 Exkurs: Das lange Leben des Totgesagten: Der Rorschach-Test

Die hier vorgelegte Arbeit thematisiert nicht die Validität und Realität des Rorschach-Tests, diese ist bereits umfangreichst untersucht, erforscht, dokumentiert und publiziert:

„Therefore, it is the position of the Board of Trustees of the Society for Personality Assessment that the Rorschach possesses documented reliability and validity similar to other generally accepted test instruments used in the assessment of personality and psychopathology and that its responsible use in personality assessment is appropriate and justified." (Society for Personality Assessment, 2005, S. 221)

Dennoch sei hier kurz auf den Rorschach-Test als psychodiagnostisches Instrument eingegangen: Das Rorschach-Formdeute-Verfahren ist wie wohl kein anderes Instrument der psychologischen Diagnostik fortdauernd Objekt professioneller Kontroversen, wie zum Beispiel auch die Stellungnahme des Board of Trustees of the Society for Personality Assessment belegt, dabei klar Stellung nehmend:

„We are concerned that the Rorschach controversy of the past several years has placed clinical and forensic psychologists in a conflicted position, where they have questioned whether they can continue to use the Rorschach in practice. Of even greater concern, some authors have called for a ban or moratorium on the use of the Rorschach and have recommended that psychology departments and organizations discontinue Rorschach training and practice. As a positive development, the current controversy has led to an intense examination of the instrument, which has resulted in more systematic and well-designed research." (Society for Personality Assessment, 2005, S. 219)

Die Besonderheit des Rorschach-Tests liegt darin, dass seine Reliabilität und Validität in großer Abhängigkeit von der Kompetenz des Diagnostikers steht (Weiner, 2005). Wird der Rorschach-Test lege artis ausgewertet und die Antworten den objektiven Regeln folgend signiert, liegt die Verlässlichkeit und Validität bei über .93 (Masling & Bornstein, 2005). Dies zu überprüfen war auch das Anliegen von Arbeiten zur Blindauswertung von Rorschach-Protokollen, besonders bemerkenswert ein Vergleich der Auswertungen von Hermann Rorschach selbst und Blindauswertungen desselben Protokolls, 50 Jahre später:

„Nach diesem Versuch einer Blinddeutung, über 50 Jahre nach Erstattung des Originalprotokolls, dürfen wir feststellen, dass diese Validität durch Fachleute bestätigt worden ist. Wir haben damit das Recht, die Einwände von nicht genügend geschulten Untersuchern als inkompetent und laienhaft zu bezeichnen." (Bohm, Friedemann, Rizzo & Schmidt, 1975, S. 70)

Die individuellen Beiträge des Untersuchers im Sinne von Einflussnahme auf die Interpretation mithilfe der objektiven Auswertungsmethode sind auf ein Minimum eingeschränkt, eigentlich nur insofern vorhanden, dass, wie bei jedem anderen diagnostischen Instrument auch, die Brauchbarkeit der dadurch gewonnenen Informationen von der professionellen Kompetenz des Anwenders abhängig ist. Allerdings ist diese Abhängigkeit der Güte des Tests von der Kompetenz des Anwendenden bzw. der Anwendenden beim Rorschach-Test bedeutend höher als bei nomothetischen Verfahren.

In der psychologischen Diagnostik hatte in der Zeit einer stark naturwissenschaftlichen Orientierung der Psychologie ab etwa den 80er Jahren des vorigen Jahrhunderts das Vertrauen in projektive Testmethoden ab, das Interesse an Selbstbeobachtungsmethoden zugenommen, was zu einem Primat der nomothetischen Verfahren auch in der Persönlichkeitsdiagnostik führte und gelegentlich zu einer Art „Credo" wurde ohne entsprechende wissenschaftliche Würdigung des Umstandes, dass sowohl Selbstbeobachtungsfragebogen als auch projektive Verfahren zur Persönlichkeitsuntersuchung ihre Vorteile und ihre Grenzen haben. Interessanterweise fokussierten die Rorschach-Kritiker zumeist ausschließlich auf die Begrenzungen des Rorschach-Tests, ignorierten dabei aber wesentliche Probleme in den Selbstbeobachtungsfragebögen.

Es ist leicht, die Attraktivität von Selbstbeobachtungsverfahren für die psychologische, insbesondere die störungsspezifische Diagnostik zu verstehen, denn der Zusammenhang zwischen der gestellten Frage und dem erfassten Kriterium ist offensichtlich. Werden depressive Personen befragt, ob sie traurig seien, so verlangt die Interpretation zuerst einmal kaum weitere Annahmen und Interpretationen. Selbstbeobachtung hat außerdem den Vorteil, dass sie weit weniger Zeit vom Testenden verlangt, was die Auswertung und die Interpretation betrifft, als dies projektive Verfahren tun. Die Möglichkeit der computergestützten Auswertung und Interpretation verstärkt diesen Attraktivitätsaspekt. Wenn die Forschung einen Fragebogentest und dessen Ergebnis zur Depression daran validiert, ob der Fragebogen die Anzahl der vom Patienten in der Exploration genannten Symptome wiedergibt, so ist es wohl kaum überraschend, dass signifikante Ergebnisse erreicht werden.

Fragebogen mit hoher Augenscheinvalidität haben zusätzliche Begrenzungen ihrer Aussagekraft: Ihre Fragen sind derart gezielt auf das Kriterium gerichtet, dass ihr Ziel und Zweck leicht entdeckt werden kann und Antworten daher leicht verfälscht werden können:

„Also it is easy to ask respondents directly if they are angry, law abiding, hallucinatory, or friendly, there is no reason to assume that all are willing or able to answer truthfully. Even if most respondents respond honestly, some deliberately lie, some try to answer truthfully but are self-deceived, some will confess to almost anything, some are confused by the question, and some are so unmotivated that they did not bother to read it. There is far more complexity (and ambiguity) in self reports than meets the eye." (Masling & Bornstein, 2005, S. 12)

Diese Problematik der Fragebogentests ist umfangreich dokumentiert. So belegen Autoren, dass Untersuchte falsch-positive Angaben zu ihrer seelischen Gesundheit machen, andere, dass die Selbstbeobachtung von Abhängigkeit wesentlich leichter verfälscht wird in Fragebogentests als es bei Antworten auf zehn Kleckse der Fall sein kann. So belegt eine Untersuchung von Bornstein, dass, obwohl Frauen in Fragebogentests höhere Werte für Abhängigkeit erreichen, sich Frauen und Männer nicht unterscheiden, wenn die Abhängigkeit mittels Rorschach-Test gemessen wird (Bornstein, ebd.).

Die Tatsache, dass Selbstbeobachtungsbogen relativ einfach mittels statistischer Verfahren zu überprüfen sind, verführt, von einer Objektivität des Verfahrens auszugehen, die allerdings in keinster Form garantiert ist. Jedes statistische Prüfverfahren der Qualitätskriterien eines Tests ist in sich natürlich objektiv, jedoch ist das dabei geprüfte Material aufgrund der vorher beschriebenen Implikationen weit weniger objektiv. Täuschung, Simulation und Dissimulation, Verständnisfehler, Antworten in Richtung sozialer Erwünschtheit machen Selbstbeobachtungsbogen nicht zu einem Instrument, das das Persönlichkeitsmerkmal misst, das es zu messen vorgibt, sondern zu Verfahren, die das messen, was der Proband zu diesem Persönlichkeitsmerkmal berichtet.

Neuere Forschungsansätze haben diesen Zugang des „Credo" aber offensichtlich überwunden, das Rorschach-Formdeuteverfahren kommt wieder in unterschiedlichen Feldern zum Einsatz: So nennen zum Beispiel Fonagy und Target einen psychotherapierelevanten diagnostischen Bezug im Zusammenhang mit der Auswertung von Rorschach-Tests, Arbeiten zitierend, die eine Beziehung zwischen den Ergebnissen im

Rorschach-Test und der allgemeinen psychischen Gesundheit, der Fähigkeit sich auf eine Psychotherapie einzulassen, und dem Behandlungsergebnis aufzeigen (Fonagy & Target, 2007, S. 271). Carstairs überprüft die Verlässlichkeit von Rorschach-Kennwerten zur Beurteilung der Erziehungs- und Obsorgefähigkeit mit positivem Ergebnis (Carstairs, 2011). Auch in der störungsspezifischen Psychodiagnostik ist die Überlegenheit in der Verlässlichkeit der Aussage, die das Rorschach-Verfahren gegenüber Fragebogen aufweist, mittlerweile belegt: Exemplarisch für zahlreiche andere sei hier eine Arbeit angeführt, die die Ergebnisse des MMPI 2 und des Rorschach-Tests hinsichtlich der Identifikation von Denkstörungen vergleicht und dabei die Überlegenheit des Rorschach-Tests findet (Dao, Prevatt & Horne, 2007). Damit kann die jahrzehntelang während Diskussion um die wissenschaftliche Seriosität des Rorschach-Verfahrens als abgeschlossen, der wissenschaftlichen Gestrigkeit zugeordnet und ad acta gelegt werden.

13.4 Exkurs: Das Aufmerksamkeitsdefizit-Hyperaktivitäts-Syndrom als differentialdiagnostische Herausforderung

Die Aufmerksamkeitsdefizit-Hyperaktivitäts-Störung (ADHS) zählt heute zu den häufigsten Diagnosen in der Kinder- und Jugendpsychiatrie (vgl. z.B. Wiesegger, et al. 2007). Daher erscheint gerade dieses Syndrom als besonders geeignet, sich mit der Fragestellung der Behandlungsrelevanz diagnostischer Verfahren, also einer Diagnostik, die über die Klassifikation hinausgeht und Angaben zur Ätiologie, zur Behandlungsindikation und zur Prognose liefert, zu befassen, um diesen Diskurs dann in den empirischen Ergebnissen zum Integrativen Entwicklungsmodell weiterzuführen.

Die Prävalenz des Aufmerksamkeitsdefizit-Hyperaktivitäts-Syndroms beschäftigte die Wissenschaft schon lange, bevor dieses Symptombild seinen Namen bekam:

„Bei einem großen Teil des Krankenmaterials der Nervenambulanzen für Kinder besteht die Klage über eine durch die Eltern, aber auch durch die Lehrer bemerkte immer zunehmende Unruhe, die die neurologische Untersuchung und Behandlung des Kindes notwendig macht. In einer städtischen Normalschule konnten wir bei nahezu 10 % der Schüler diese Krankheitsform beobachten, die wir unter dem Namen Hypermotilitätsneurose zusammenfaßten und deren Hauptsymptome motorische Unruhe, Aufmerksamkeitsstörung und Stimmungslabilität sind." (Lederer & Éderer, 1934, S. 300)

Obwohl an verschiedenen Stellen die Leitlinien zur Diagnosestellung von ADHS ausführlich dargestellt sind (zB. American Academy for Child and Adolescent Psychiatry, 2007; Deutsche Gesellschaft für Kinder- und Jugendpsychiatrie und Psychotherapie, 2007), sind die Prävalenzraten von ADHS weltweit heterogen. Eine umfassende Metaregressionsanalyse, die aus 9105 Abstracts von zwischen 1978 und 2005 publizierten wissenschaftlichen Artikeln insgesamt 102 als aufgrund der Datenverfügbarkeit für die Metaregression geeignet herausfiltert, weist eine weltweite Prävalenzrate von 5.29 Prozent aus (jeweils diagnostiziert mit DSM III bzw. IV und ICD 9 bzw 10) bei einer großen Schwankungsbreite der Häufigkeitsangaben zwischen den einzelnen Publikationen, auch innerhalb eines Landes. Dabei zeigt sich eine signifikant höhere Prävalenzrate in Nord-Amerika gegenüber Afrika und dem Mittleren Osten, aber kein signifikanter Unterschied zwischen Nord-Amerika und Europa. Die hohe Variabilität der in den Studien angegebenen Prävalenzraten erklären die Autoren aus methodologischen Unterschieden: „The many methodological differences in the 102 studies assessed may be the most important source of variability in the pooled estimate of ADHD/HD prevalence." (Polanczyk, Silva de Lima, Lessa Horta, Biederman & Rohde, 2007, S. 942). Ähnlich erklärt Steinhausen diese hohe Schwankungsbreite der Häufigkeitsangaben zu ADHS:

> „Mangelnde Operationalisierung der definierten Kriterien, unterschiedliche Falldefinitionen, ungenügende Standardisierung von Messmethoden und verschiedene Klassifikationssysteme haben zu beträchtlichen Schwankungen von Häufigkeitsangaben beigetragen." (Steinhausen, 2006, S. 123)

Damit hat sich die Erwartung, dass durch diagnostische Leitlinien und detaillierte Symptomdeskription in DSM-IV und ICD-10 eine erhöhte Reliabilität und damit Vergleichbarkeit der Diagnostik zu erreichen wäre, zumindest für das Syndrom ADHS offensichtlich nicht erfüllt. Eine symptomdeskriptive Diagnosestellung ermöglicht zwar die Dokumentation von Prävalenzraten innerhalb der klassifikatorischen Systematik, liefert aber nur bedingt behandlungsrelevante Information. Sowohl aus der Perspektive der Forschung als auch der diagnostischen Praktikabilität und Behandlungspraxis erscheint zur Differentialdiagnostik innerhalb des Syndroms ADHS relevant, welche diagnostischen Methoden denn überhaupt behandlungsrelevante Informationen liefern.

„Das Syndrom ADHS spaltet die Fachwelt in zwei ‚Lager': Während ein ‚Lager' von der biologischen Ätiologie überzeugt ist, bevorzugt das andere psychodynamische Erklärungsmodelle" (Sindelar & Ableidinger, 2011, S. 27). Die professionellen Kontroversen zur Konstruktvalidität und Ätiologie von ADHS, die diagnostische und therapeutische Implikationen nach sich ziehen, zusammenfassend, stellt Riedesser zur Diskussion, die Komorbidität von ADHS mit anderen psychischen Störungen so zu begreifen, dass die Symptome von ADHS keine eigene nosologische Entität bilden, sondern als noxenunspezifische Psychopathologie in Komorbidität zu unterschiedlichsten Störungsbildern zu postulieren sind (Riedesser, 2006). Nun ist allerdings die Klassifikation von ADHS nicht mehr als ein erster Schritt der Diagnostik bei ADHS, dem letztlich geringe Relevanz für die Art der Behandlung zukommt, sofern Behandlung nicht lediglich als Symptomreduktion verstanden wird, sondern sich für die Änderung der Bedingungen, die die Symptomatik hervorrufen, zuständig erklärt.

Die Standardisierung von Messmethoden, deren Mangel von Steinhausen (siehe oben) als einer der Gründe für die unterschiedlichen Ergebnisse zur Prävalenz angeführt wird, ist eine der Kernkompetenzen der Psychologie. Zu erwarten wäre, dass der Einsatz psychologisch-diagnostischer Verfahren, die die seit Jahrzehnten etablierten Gütekriterien diagnostischer Messinstrumente erfüllen, einen essentiellen Beitrag zur Reliabilität in der Diagnosestellung leisten könnte. Als Hauptgütekriterien definiert sind die

Objektivität, also die Unabhängigkeit der Ergebnisse von der Person des Untersuchenden, die Reliabilität, also der Grad der Genauigkeit, mit dem ein bestimmtes psychisches Merkmal gemessen wird, und die Validität, also die Eigenschaft des Verfahrens, dass es tatsächlich jenes psychische Merkmal misst, das es angibt zu messen (Kubinger, 2009). Die Diagnosestellung ADHS erfolgt nach den – hier als bekannt vorausgesetzten – Symptomdeskriptionen. Damit ist die Datenquelle für die Erhebung der Symptomatik in Schweregrad und Ausmaß der Belastung die Fremdbeurteilung durch Eltern und, wenn möglich, Pädagoginnen und Pädagogen, bei Jugendlichen natürlich auch die Selbstbeurteilung. Und diese Datenquelle schränkt sowohl Objektivität als auch Reliabilität der Daten bekanntermaßen erheblich ein, da eine Einschätzung des Schwergrads der Symptomatik immer im Hinblick auf das individuelle Maß der Toleranz gegenüber dieser Symptomatik seitens des oder der Einschätzenden geschieht. Und die Toleranz gegenüber unangepasstem Verhalten eines Kindes bewegt sich innerhalb sehr unterschiedlicher Grenzen, wie jeder, der sich mit einem Kind in unterschiedlichen Gesellschaften, die unterschiedliche Definitionen für situationsadäquates Verhalten haben, bewegt, aus Eigenerfahrung kennt. Schon alleine die unterschiedlichen Anforderungen an Selbstdisziplin und Niveau der motorischen Aktivität in verschiedenen Schulen des gleichen Schultyps innerhalb einer Region sind ein bekanntes Phänomen, ebenso die Unterschiede in Leistungsbeurteilungen von Schulkindern zwischen Schulen desselben Schultyps. Genau diese Unterschiede spielen sehr oft eine entscheidende Rolle für die Schulwahl der Eltern für ihr Kind. Die kategoriale Diagnosestellung kann daher nicht anders als individuell unterschiedlich sein, wenn sie auf Fremdbeurteilung durch Beobachtung des kindlichen Verhaltens basiert. Dass die Datenquelle als methodologische Variable für die Schwankungen der Häufigkeitsangaben von Bedeutung ist, weist auch die Metaanalyse von Polanczyk aus:

> „Our metaregression analysis reports, for the first time, the critical role that methodological variables (i.e., impairment criterion, diagnostic criteria, and source of information) play in the large variability of ADHD/HD prevalence estimates in different geographic locations." (Polanczyk, Silva de Lima, Lessa Horta, Biederman & Rohde, 2007, S. 946)

Der Einsatz eines Fremdbeurteilungsverfahrens setzt außerdem die Compliance der Beurteilenden voraus. Gerade die Compliance von Eltern von ADHS-diagnostizierten Kindern wird häufig seitens der behandelnden Stellen als Problem in der Behandlung berichtet, wie zum Beispiel in einer empirischen Studie in 24 europäischen Ländern von über 50 Prozent der mit der Diagnostik und Behandlung von ADHS befassten Einrichtungen berichtet wird (Sindelar, 2000).

Zu berücksichtigen ist weiters, dass jede Erhebung mittels Fragebogen Fehlerquellen birgt, wobei im gegebenen Zusammenhang vor allem die Simulation und Dissimulation, Selbsttäuschung, Erinnerungs- und Gedächtnisfehler, Bagatellisierung, Antwort in Richtung sozialer Erwünschtheit oder auch für den Beurteiler unklare Formulierungen die Verlässlichkeit der Aussage deutlich einschränken können. Dies bildet sich darin ab, dass in Symptomfragebogen zu psychischen Störungen bei Kindern und Jugendlichen nur geringe Übereinstimmungen zwischen den Beurteilern (zum Beispiel zwischen Elternbeurteilung, Beurteilung durch Lehrkräfte und Selbstbeurteilung bei Jugendlichen) festzustellen sind (Döpfner, Görtz-Dorten & Lehmkuhl, 2008). Werden also Fremdbeurteilungsverfahren in die Diagnosestellung miteinbezogen, so ist die Datenquelle und damit die Art der Daten zu berücksichtigen, selbst wenn die Verfahren den oben angeführten Hauptgütekriterien psychologisch-diagnostischer Verfahren aus psychometrischer Sicht genügen. Die klinische Erfahrung lehrt, dass unterschiedliche Motive zu einer bewussten oder auch unbeabsichtigten Wahrnehmungsverzerrung in der Beobachtung der Symptome des Kindes führen können. Dazu zwei Beispiele aus der vorliegenden Stichprobe: Eines der Kinder wurde von seinen Eltern laut FBB-HKS (Döpfner, Görtz-Dorten & Lehmkuhl, 2008) als unauffällig in seinem Verhalten beschrieben. In der mehrstündigen Untersuchung zu mehreren Terminen zeigte der Bub allerdings eine hochgradige Hypermotorik, hohe Ablenkbarkeit, geringe Konzentrationsfähigkeit und Aufmerksamkeit sowie mangelnde Impulskontrolle. Er war seit vier Wochen wegen seiner Hyperaktivität und seiner mangelnden Impulskontrolle vom Schulbesuch suspendiert, eine heftige Kontroverse zwischen Eltern und Lehrkräften war im Gange, die in wechselseitigen Beschuldigungen der erzieherischen bzw. pädagogischen Inkompetenz ablief. Motivation der Eltern, ihr Kind in der Ambulanz vorzustellen, war die Erwartung bzw. Hoffnung, dass durch einen Befund, der die Verhaltensunauffälligkeit ihres Kindes attestieren sollte, die Suspendierung des Kindes aufgehoben und stattdessen die Suspendierung der Lehrkräfte ausgesprochen werden würde. Im Gegensatz dazu wurden drei Kinder von ihren Eltern als extrem auffällig im Sinne des FBB-HKS beschrieben, die allerdings in der (mehrstündigen, zu mehreren Terminen durchgeführten) Untersuchung keinerlei Kernsymptome von ADHS zeigten. Motivation dieser Eltern, ihre Kinder als höchst auffällig in einer ADHS-Kernsymptomatik zu beschreiben, war, dass sie erhofften, dadurch rascher Zugang zu einer kostenfreien psychotherapeutischen Behandlung ihres Kindes (wegen anderer Symptome) zu erhalten (Diese drei Kinder wurden trotz der klinischen Auffälligkeit laut FBB-HKS nicht in die Stichprobe, die hier ausgewertet wird, einbezogen).

Die Subjektivität der Einschätzungen des Verhaltens eines Kindes durch statistische Methodologie ausgleichen zu können, bleibt eine Fiktion: Fremdbeurteilungsverfahren geben wieder, wie die beobachtende Person das Verhalten des Kindes „beurteilt", sie messen also nicht das Verhalten, sondern die Beurteilung dieses Verhaltens durch eine Person, die wiederum dieses Verhalten immer aus dem Blickwinkel der eigenen persönlichen Bezugsnorm einschätzt. Diese Subjektivität als relevante Information aus dem Beziehungsraum des Kindes objektiv zu handhaben, obliegt dem bzw. der Diagnostizierenden und ist zugleich auch abhängig von seiner bzw. ihrer Kompetenz:

„Gerade in der Kinder- und Jugendlichenpsychiatrie und -psychotherapie und in der klinischen Kinder- und Jugendlichenpsychologie ist das hermeneutische Verstehen von Entwicklung in ihrer Ganzheitlichkeit in der Zeit der Präferenz nomothetischer Verfahren in den misskreditierenden Ruf der Unwissenschaftlichkeit geraten.

Selbstverständlich sind testtheoretische Gütekriterien der Normierung und Standardisierung psychodiagnostischer Verfahren als Gegengewicht zur Diagnostiker-Subjektivität unverzichtbar, solcher Art gewonnene Daten sind jedoch in eine ganzheitliche Betrachtungsweise der Vernetzung von somatischer, emotionaler, sozialer und kognitiver Entwicklung einzuordnen." (Sindelar, 2007, S. 26)

Klassifikation, also die Benennung der Störung, ist eine Ebene des psychodiagnostischen Prozesses, der auf der Symptomdeskription aufbaut. Auf dieser Ebene hat die klinisch-psychologische Diagnostik den Beitrag zu leisten, die Objektivität, Validität und Reliabilität der verwendeten Instrumente zu prüfen und so deren Ergebnisse gewichtbar und beurteilbar zu machen. Diagnostische Informationen, die zur Erstellung eines Behandlungsplanes beitragen, sind auf der Ebene der Klassifikation von der klinischen Psychologie nicht zu erwarten, da symptomdeskriptive Daten zwar die Klassifikation im Verständnis von ICD-10 und DSM-IV ermöglichen und somit die Feststellung der Behandlungsbedürftigkeit, aber nicht die Art der Behandlung indizieren können, die jedenfalls mit ätiologischen Erkenntnissen in Beziehung zu setzen ist.

In den aktuellen diagnostischen Leitlinien wird darauf hingewiesen, dass die Symptomatik situationsübergreifend auftreten muss, um die Diagnose ADHS stellen zu können, jedoch die Behandlungsbedürftigkeit nicht daran gebunden ist:

„DSM-IV requires impairment in at least two settings (home, school, or job) to meet criteria for the disorder, but clinical consensus agrees that severe impairment in one setting warrants treatment." (AACAP, 2007, S. 898)

Unterschiedlich wird die Erfordernis des Einsatzes klinisch-psychologischer Testverfahren bei ADHS definiert: In den diagnostischen Leitlinien der American Academy for Child and Adolescent Psychiatry wird der testpsychologischen Untersuchung bei der Diagnostik von ADHS eine untergeordnete Bedeutung eingeräumt:

„Psychological testing of the ADHD patient usually consists of a standardized assessment of intellectual ability (IQ) to determine any contribution of low general cognitive ability to the academic impairment, and academic achievement. Neuropsychological testing, speech-language assessments, and computerized testing of attention or inhibitory control are not required as part of a routine assessment for ADHD, but may be indicated by the findings of the standard psychological assessment." (AACAP, 2007, S. 901)

Damit wird der psychologischen Testdiagnostik die Funktion zugeordnet, eine Intelligenzminderung auszuschließen, der Einsatz weiterer psychologischer Tests nicht als notwendig in der Routinediagnostik erachtet. Anders sieht dies Resch: „Die differentielle Diagnostik der Aufmerksamkeitsstörungen obliegt der Testsituation, sie ist von hoher klinischer Relevanz." (Resch, Parzer & Brunner, 1999, S. 333). Dass der Einsatz testpsychologischer Untersuchungen die diagnostische Sicherheit erhöht und in der alltäglichen Praxis oft unverzichtbar ist, entspricht offenbar eher dem europäischen Zugang zur Fragestellung. In einer Übersichtsarbeit zur medikamentösen Behandlung von ADHS und komorbiden Störungen listet ein Autorenteam auf, welche psychologischen Test zur Überprüfung der Leistung, der Exekutivfunktionen und der Persönlichkeit zum Einsatz kommen, und diese Liste umfasst weit mehr als Verfahren zur Intelligenzdiagnostik (Wiesegger et al., 2007).

Zu erwarten ist, dass die Aufmerksamkeitsstörung als eines der Kernsymptome bei ADHS durch psychometrische Verfahren objektivierbar ist. Festzuhalten ist, dass es nie „einen" Aufmerksamkeitstest geben kann, da Aufmerksamkeit ein Prozess ist, bei dem mehrere Komponenten erfassbar sind (Heubrock & Petermann, 2001). Vigilanz, Daueraufmerksamkeit und Fokussierung der Aufmerksamkeit sind zu unterscheiden und dabei auch der Einfluss anderer Prozesse der Informationsverarbeitung, wie zum Beispiel Wahrnehmung und Gedächtnis in verschiedenen Sinnesmodalitäten, der im verwendeten Überprüfungsmaterial zum Tragen kommen kann, sodass vor allem der Kriteriumsvalidität des jeweiligen Verfahrens kritische Beachtung zu schenken ist: „Diese [Anm.: die Testverfahren] sollten bei deren Anwendung generell hinsichtlich ihrer Normen und ihrer Testgütekriterien einer kritischen Überprüfung unterzogen werden" (Falkensteiner, Heger-Binder, Kartusch, Marold & Swoboda, 2006, S. 425).

Eine Vielzahl von testtheoretisch geprüften psychologischen Testverfahren, die sowohl unterschiedliche Aspekte der Aufmerksamkeit und der Exekutivfunktionen als auch der Emotionalität und Persönlichkeit erfassen, steht zur Verfügung, sodass grundsätzlich eine ebensolche Vielzahl von Einzelsymptomen klinisch-psychologisch überprüfbar wäre. Allerdings würde dies in einer sowohl für das zu untersuchende Kind als auch für den Untersucher beträchtlichen zeitlichen und energetischen Belastung münden (deren Finanzierung durch die Sozialversicherung außerdem höchst fraglich ist). Im gegebenen Zusammenhang erscheinen daher auch die Nebengütekriterien und hier vor allem die Gütekriterien der Nützlichkeit und der Zumutbarkeit beachtenswert (Kubinger, 2009). Wenngleich diese Gütekriterien auf das einzelne psychologisch-diagnostische Verfahren bezogen sind, so erscheint die Erweiterung dieses Verständnisses auf die klinisch-psychologischen Diagnostik von ADHS insgesamt sinnvoll und notwendig (vgl. Kapitel 7.2 Der Smiley-Test: Ein Selbstbeurteilungsverfahren zur Erfassung der Leistungsmotivation von Kindern im Volksschulalter). Aufwändige Intelligenzuntersuchungen zur Ausschlussdiagnostik einer Intelligenzminderung erfüllen die Gütekriterien der Zumutbarkeit und der Nützlichkeit daher nicht, da eine Intelligenzminderung im einem Ausmaß, das für die Diagnostik relevant wäre, üblicherweise aus der Beobachtung des Kindes bereits zu vermuten ist und daher nur bei diesen Kindern, bei denen der Verdacht einer Intelligenzminderung dieses Ausmaßes besteht, eine Intelligenzdiagnostik erforderlich ist. Ebenso ist in Anbetracht der Kernsymptome von ADHS unbedingt die Relation von Belastung des Kindes durch die Durchführung diagnostischer Verfahren und behandlungsrelevantem Informationsgewinn aus diesen Verfahren zu berücksichtigen. So erscheint zum Beispiel die Durchführung eines der derzeit gängigen psychometrischen Verfahrens zur Prüfung der Aufmerksamkeit, das mehr als eine Stunde an Durchführungszeit erfordert, ohne dass Pausen eingelegt werden dürfen, weil die Normwerte nur dann gültig sind, wenn das Verfahren ohne Unterbrechung durchgeführt wird, eine Contradictio zur Kernsymptomatik, die genau darin besteht, dass Kinder mit einer Aufmerksamkeitsstörung eben nicht längerfristig konzentrativ belastbar sind,. Der behandlungsrelevante Informationsgewinn dabeiist gering.

Zusammenhänge zwischen neuropsychologischen Defiziten und ADHS sind mittlerweile umfangreich publiziert. So stellen Weber et al. neuromotorische und neuropsychologische Defizite bei Kindern mit der Diagnose ADHS im Vergleich zu Kindern mit Aufmerksamkeitsproblemen, die nicht mit der Diagnose ADHS in Zusammenhang stehen, fest (Weber, Jourdan-Moser & Halsband, 2007). Beeinträchtigungen im phonologischen Gedächtnis und im visuell-figuralen Gedächtnis weisen Pasini et al. nach (Pasini, Paloscia, Allessandrelli, Profirio & Curatolo, 2007). Eine Studie an 95 erwachsenen Patientinnen und Patienten mit der Diagnose ADHS zeigt einen signifikanten Zusammenhang zwischen ADHS und Raumorientierungsgedächtnis auf, woraus die Autoren schließen: „A profile of neurocognitive performances may have a role in the assessment of ADHD" (Dowson et al., 2007, S. 256). Übereinstimmend damit sind die Ergebnisse einer eigenen Studie an ADHS-diagnostizierten Kindern (Sindelar & Ableidinger, 2011). Diese Diagnostik weist auch Behandlungsrelevanz auf: Die Feststellung eines neuropsychologischen Defizits impliziert die Behandlungskonsequenz eines darauf abgestimmten neuropsychologischen Trainings zur Behebung oder zumindest Verbesserung dieses Defizits.

Epidemiologische Studien zu Prävalenzraten psychischer Störungen beziehen sich naturgemäß immer auf die Achse I der Klassifikationssysteme, also auf das klinisch-psychiatrische Syndrom, wenngleich in der klinischen Praxis seit je her die Diagnosestellung auf mehreren Beobachtungsebenen gebräuchlich, weil für eine Behandlungsindikation unumgänglich ist. Diese wurde erstmals bereits 1969 mit der von Rutter et al. vorgeschlagenen triaxialen Klassifikation psychischer Störungen im Kindesalter systematisiert (Rutter et al., 1969 nach Remschmidt, Schmidt & Poustka, 2006). Für die klinisch-psychologische Diagnostik, die von der Deskription über die Klassifikation zur Erklärung weiterführt, sind die Auswirkungen der auf Achse V dokumentierten Informationen, die in Achse VI beurteilt werden, Untersuchungsgegenstand:

„Die fünfte Achse (assoziierte abnorme psychosoziale Umstände) und die sechste Achse (Globalbeurteilung des psychosozialen Funktionsniveaus) wurden eigens für den multiaxialen Ansatz entwickelt. Sie erfassen wesentliche zusätzliche Informationen, die sowohl für die Genese einer Störung bedeutsam sind als auch zur Abschätzung aktueller Belastungen und der Möglichkeiten der Integration eines Patienten in seine jeweilige Umgebung dienen." (Remschmidt, Schmidt & Poustka, 2006, S. 9)

Die Bedeutung von psychosozialen Belastungsfaktoren, Bindungsstörungen und in weiterer Folge Beziehungsstörungen und der Symptomatik von ADHS wird auch aus neurobiologischer Sicht diskutiert, insbesondere im Hinblick auf die neuronale Vernetzung zwischen präfrontalem Cortex und limbischem System (Hüther, 2007). Einen Zusammenhang zwischen Schweregrad der ADHS-Symptomatik und frühkindlicher Bindungsstörung im Sinne unsicherer Bindungen und daraus resultierender mangelnder emotionaler Sicherheit konnte Rochford nachweisen (Rochford, 2005). Klinisch-psychologische Diagnoseverfahren, die über die emotionale Beziehung des Kindes zu seinen Eltern, über seinen Selbstwert, über seine Bindungsfähigkeit und seine emotionale Sicherheit verlässliche Informationen liefern, ermöglichen damit eine differenzierte Indikation zur psychotherapeutischen Behandlung und zu psychoedukativen Maßnahmen und erhöhen auch prognostische Einschätzungen in ihrer Zuverlässigkeit..

Den Auftrag der klinisch-psychologischen Diagnostik bei ADHS nur in der Klassifikation zu sehen, ist ein zu bescheidener Anspruch an den Einsatz aufwändiger Verfahren, ebenso ist die Ausschlussdiagnostik einer Intelligenzminderung bei dem erheblichen Aufwand, der in der Durchführung eines Intelligenztests liegt, ein vergleichsweise ebenfalls dürftiges Ergebnis, wenn nicht im Einzelfall indiziert (siehe oben).

Festzuhalten ist, dass eine Klassifikation auf der Basis der Symptomdeskription durch Fremdbeurteilungsverfahren auch bei sorgfältigster testtheoretischer Prüfung der eingesetzten Instrumente den Faktor der Subjektivität der Datenquellen nicht ausgleichen kann. Hier kann die klinische Psychologie lediglich den Beitrag leisten, das Ausmaß dieser Subjektivität darzustellen und somit die Behandlungsbedürftigkeit als Konsequenz des Leidensdrucks des Kindes, vor allem aber der Bezugspersonen zu objektivieren.

Informationen zur Gestaltung der Behandlung, zur Erstellung eines individualisierten Behandlungsplan, der das von Walter Spiel geprägte „Schlüssel-Schloss-Paradigma" („Die Behandlung muss zum Patienten passen wie der Schlüssel zum Schloss") erfüllt, ist vom Einsatz jener klinisch-psychologischen Untersuchungsverfahren zu erwarten, die einerseits die mittlerweile umfangreich belegten neuropsychologischen Defizite bei ADHS differenziert aufschlüsseln und mit einem dementsprechenden neuropsychologischen Training beantworten, die andrerseits die Wechselwirkung emotionaler und psychosozialer Belastungen mit der Symptomatik darstellen, also die seelische Befindlichkeit des Kindes und die emotionalen Beziehungen zwischen Kind und Bezugspersonen und somit die Indikation für die adäquate Methode der psychotherapeutischen Unterstützung und der psychoedukativen Begleitung stellen lassen.

Damit liegt der Beitrag der klinisch-psychologischen Diagnostik bei ADHS in einer differenzierten Untersuchung der Psychopathologie, die im ICD 10 den Achsen II (umschriebene Entwicklungsstörung), V (aktuelle abnorme psychosoziale Umstände) und VI (Globalbeurteilung der psychosozialen Anpassung) zugeordnet ist, um gegebenenfalls die Ergebnisse zu Achse II mit einem neuropsychologischen Training, zu Achse V mit einer Indikationsstellung zur Psychotherapie und deren Methode und Setting, zu Achse VI mit psychoedukativen Maßnahmen behandlungsrelevant beantworten zu können.

13.5 Die untersuchten Kinder der empirischen Studie

Die Gesamtstichprobe umfasste insgesamt 292 Kinder und Jugendliche im Alter von sechs bis fünfzehn Jahren, davon 94 Mädchen (32,2 Prozent) und 198 Buben (67,8

Prozent). Bei 100[24] Kindern und Jugendlichen war die Diagnose ADHS in klinisch auffälliger Symptomstärke nach FBB-HKS aus DYSIPS II (Döpfner, Görtz-Dorten & Lehmkuhl, 2008) gegeben. Ein Detailergebnis, das mit Döpfner, Görtz-Dorten und Lehmkuhl übereinstimmt, war, dass die Beobachtungen der Eltern und der Lehrer im FBB-HKS keine signifikanten Korrelationen aufwiesen, aber ein signifikant unterschiedliches Maß an Belastung durch die Symptomatik: Die Lehrer gaben ihre Belastung signifikant (p = .019) als niedriger an als die Eltern. Daraus zu schließen, dass sich die Kinder in der Schule angepasster als im Elternhaus verhalten oder dass die Belastbarkeit der Lehrer größer ist als die der Eltern, ist jedoch unzulässig: Hypothesen über das Zustandekommen dieses Ergebnisses haben auch Bias-Quellen bei Fragebogen-Tests zu berücksichtigen, wie zum Beispiel eine Antwort in Richtung der (von den Beantwortenden vermuteten) sozialen Erwünschtheit, also hier vielleicht eine Selbstdarstellung der Lehrer, die eine hohe professionelle Belastbarkeit und Kompetenz ausweist, oder auch eine aggravierende Darstellung der Eltern, motiviert aus der Idee, durch die so vermittelte Dringlichkeit rascher einen Therapieplatz zu bekommen.

98 Kinder wurden wegen Legasthenie und/oder Dyskalkulie vorgestellt und behandelt, zeigten aber keine Symptome von ADHS im Ausmaß einer klinischen Auffälligkeit.

13.6 Ergebnisse: ADHS und Lernstörung – Unterschiede und Komorbiditäten

Diese beiden Gruppen von Störungsbildern wurde deswegen ausgewählt, weil bei allen Kindern partielle Entwicklungsdefizite in der Informationsverarbeitung festgestellt worden waren und daher zu erwarten war, dass die Untersuchungsdaten dieser Kinder besonders gut geeignet wären, um Zusammenhänge zwischen Kognition, Emotion und Sozialisation in einem entwickungspsychopathologischen Kontext aufzuspüren.

Zugleich wird eine hohe Komorbidität zwischen diesen beiden Störungsgruppen berichtet, die sich auch in der untersuchten Stichprobe feststellen lässt (Tabelle 3).

Signifikante Unterschiede zwischen der Gruppe der ADHS-diagnostizierten Kinder und der teilleistungsschwachen, aber nicht ADHS-diagnostizierten Kinder bestehen lediglich in der höheren Häufigkeit des Vorstellungsgrundes Schwierigkeiten im Lesen und Rechtschreiben[25] bei der Gruppe der teilleistungsschwachen Kinder ohne ADHS und in der höheren Häufigkeit des Vorstellungsgrundes Konzentrationsschwäche bei

---

24   59 davon wurden an der Ambulanz der Sigmund Freud Privatuniversität Wien und an der Abteilung für Kinder- und Jugendpsychiatrie des Klinikum Mostviertel, Amstetten-Mauer vorgestellt und untersucht, die kinderpsychiatrische Untersuchung wurde in Wien von Ass.Prof. Dr. Brigitte Hackenberg, Core Unit für Psychosomatik der Universitäts-Kinderklinik am AKH, im Klinikum Mostviertel von Prim. Dr. Karl Ableidinger durchgeführt. 41 der ADHS-diagnostizierten Kinder wurden in der klinisch-psychologischen und psychotherapeutischen Praxis der Autorin und in den „Schmunzelclubs", die von der Autorin geleitet werden, vorgestellt (und in der Folge auch behandelt).

25   (p = .003, standardisierte Residuen: 1,0)

den ADHS-diagnostizierten Kindern[26], was kein überraschendes Ergebnis darstellt. Die Häufigkeiten des Vorstellungsgrundes Rechenschwierigkeiten allerdings liegt bei den ADHS-diagnostizierten Kindern signifikant höher als bei den Kindern, die wegen Lernstörungen vorgestellt wurden[27]. Im Vorstellungsgrund einer allgemeinen Lernschwäche unterscheiden sich die beiden Gruppen nicht signifikant. Das heißt, dass in dieser Stichprobe die ADHS-diagnostizierten Kinder weniger häufig an einer Lernstörungen beim Lesen und Schreiben, aber häufiger an einer Rechenstörung und an einer Konzentrationsschwäche leiden im Vergleich zu den Kindern, die wegen der Lernstörungen vorgestellt wurden.

Tabelle 3: Komorbidität von Lernstörungen und ADHS

Vorstellungsgrund	ADHS	Lernstörung
Lese-Rechtschreib-Schwierigkeiten	54,0 Prozent	71,2 Prozent
Rechenschwierigkeiten	73,0 Prozent	16,8 Prozent
Allgemeine Lernschwäche	27,0 Prozent	22,3 Prozent
Konzentrationsschwäche	61,0 Prozent	26,6 Prozent

Der Unterschied hinsichtlich der Rechenstörung gibt der Hypothesen Raum: Da das Rechnen unter anderem ein adäquates Funktionsniveau der Raumorientierung zur Voraussetzung hat, bei Kindern mit Rechenschwäche Raumorientierungsschwächen häufig sind, Raumorientierung ihrerseits wiederum auf der Körperschemawahrnehmung und diese wiederum auf der Wahrnehmung von Bewegung und Berührung, also der taktil-kinästhetischen Informationsverarbeitung beruht, könnte hier ein Zusammenhang zwischen der Rechenschwäche und der Hypermotorik der ADHS-Kinder vermutet werden: Zum Ausgleich der Schwäche in der taktil-kinästhetischen Wahrnehmungsschwäche und der Körperschemawahrnehmungsschwäche suchen Kinder kompensatorisch vermehrte Reizzufuhr in diesem Bereich, was sich in der Symptomatik der vermehrten Bewegung und des „Begreifens" der Umwelt, also einer Hypermotorik äußert, also einem Bewegungsüberschuss. Zugleich beeinträchtigt diese Informationsverarbeitungsschwäche die Rechenfähigkeit. Damit könnten die Hypermotorik und die Rechenschwäche Symptome aus demselben Ursprung sein. Diese Hypothese ist zu überprüfen, indem die Kinder mit diagnostizierter ADHS-Symptomatik mit dem Kindern mit Lernstörungen verglichen werden hinsichtlich der Häufigkeit des Vorliegens einer Teilleistungsschwäche in der taktil-kinästhetischen Wahrnehmung und der Raumorientierung auf dem Niveau der Körperschemawahrnehmung: Diese Hypothese bestätigt sich bezüglich der Schwäche in der taktil-kinästhetischen Wahrnehmung, die bei den ADHS-diagnostizierten Kindern signifikant häufiger ist als bei den Kindern mit Lernstörungen[28], nichtbezüglich einer Schwäche in der Körperschemawahrnehmung ohne Berücksichtigung der taktil-kinästhetischen Wahrnehmung, sehr wohl aber wiederum bezüg-

---

26   (p = .000, standardisierte Residuen: 3,6)
27   (p = .032, standardisierte Residuen: 1,5)
28   (p =.000, standardisierte Residuen 2,6)

lich einer Kombination von taktil-kinästhetischer Schwäche und Raumorientierungs-schwäche auf dem Niveau der Körperschemawahrnehmung[29]. Dieses Ergebnis besitzt Relevanz für die nicht-pharmakologische Behandlung: Offensichtlich ist ein Training der taktil-kinästhetischen Wahrnehmung und der Körperschemawahrnehmung indiziert und mit einem positiven Effekt eines diesbezüglich effizienten Trainings zu erwarten, wenn dieses Untersuchungsergebnis der Informationsverarbeitungsschwäche in der Taktil-Kinästhetik oder dieser in Kombination mit einer Schwäche in der Raumorientie-rung auf dem Niveau der Körperschemawahrnehmung vorliegt. Werden nun aber in der Gesamtstichprobe die Kinder, bei denen Schwierigkeiten im Rechnen vorliegen, mit den Kindern, die keine Schwierigkeiten im Rechnen haben, verglichen, so ergeben sich keine signifikanten Unterschiede – ein Ergebnis, das die multifaktorielle Bedingtheit der ADHS-Symptomatik bestätigt: Die Schwäche in der taktil-kinästhetischen Wahrneh-mung und in der Raumorientierung auf dem Niveau der Körperschemawahrnehmung alleine reicht offensichtlich nicht aus, um eine ADHS-Symptomatik zur Folge zu haben.

Grundsätzlich stellt sich die Frage, ob diese beiden Störungsbilder ADHS und Lern-störung nur durch die Kernsymptomatik von ADHS unterschieden sind und in allen anderen, tiefergehenden diagnostischen Ergebnissen nicht differenzierbar sind. Daher wurden die Untersuchungsergebnisse der Kinder mit Lernstörungen mit denen der Kin-der mit diagnostiziertem ADHS verglichen, also untersucht, ob sich die beiden Gruppen hinsichtlich der Kognition, Emotion und Sozialisation in den Testdaten unterscheiden. Zu erwarten wäre, dass in der Gruppe der Kinder, die wegen Schulleistungsstörungen in professioneller Behandlung sind, Auffälligkeiten in der Kognition signifikant häufiger sind als in der Gruppe der ADHS-diagnostizierten Kinder, da Schulleistungsstörungen prima vista nahe legen, dass vor allem Entwicklungsdefizite in der Kognition diese Symptomatik zur Folge haben[30]. Diese Erwartung erfüllt sich nicht für das Gesamtprofil der Auffälligkeiten in der Kognition, d. h. die Kinder mit Lernstörung sind nicht gene-rell in allen informationsverarbeitenden Funktionen schwächer entwickelt als die Kinder mit Lernstörungen (was auch überraschend wäre, da ja in der Gruppe der ADHS-diagnostizierten Kinder ebenfalls ein hoher Prozentsatz von Lernstörungen betroffen ist (siehe Tabelle 3). Jedoch lassen sich Unterschiede der Befunde zur Kognition zwischen den ADHS-diagnostizierten Kindern und den Kindern, die wegen Lernschwierigkeiten vorgestellt wurden, treffen:

In der Stichprobe der Kinder mit Schulleistungsstörungen sind folgende Schwächen der Informationsverarbeitung häufiger als in der Stichprobe der ADHS-diagnostizierten Kinder: Schwäche in der auditiven Figur-Grund-Differenzierung[31], sekundäre Schwäche in der auditiven Differenzierung[32], primäre Schwäche in der visuellen Differenzierung[33]. Dagegen sind folgende Schwächen in der Informationsverarbeitung in der Stichprobe

---

29   (p = .001, standardisierte Residuen 2.2)

30   Chi-Quadrat-Test, signifikante Werte im Fisher-Exact-Test. Im Folgenden werden hier nur signifikante Ergebnisse angeführt.

31   (p = .000, standardisierte Residuen: 1.0)

32   (p = .000, standardisierte Residuen: 1.4)

33   (p = .050, standardisierte Residuen: 1.0)

der ADHS-diagnostizierten Kinder signifikant häufiger als in der Stichprobe der Kinder mit Lernstörungen ohne ADHS: Schwäche in der taktil-kinästhetischen Wahrnehmung[34], kombinierte Schwäche in der taktil-kinästhetischen Wahrnehmung und in der Körperschemawahrnehmung[35], primäre Schwäche im auditiven Gedächtnis[36].

In den Variablen der Gefühlswelt und Beziehungsstrukturen finden sich in der Gruppe der Kinder mit diagnostiziertem ADHS signifikant seltener eine erhöhte Angstbereitschaft[37], dagegen in der Gruppe der Kinder mit Teilleistungsschwächen signifikant seltener depressive Zeichen[38], dafür häufiger eine Störung des Urvertrauens und Zukunftsangst[39].

13.7 Ergebnisse: Kinder mit der Diagnose ADHS: Die Ungleichheit der Gleichen

Auch wenn alle Kinder, bei denen ADHS diagnostiziert wurde, gemeinsam haben, dass ihre Symptome die klinische Diagnose „ADHS" rechtfertigen, so legen bereits die professionellen Kontroversen nahe, dass sie außer dieser Gemeinsamkeit wohl eine Vielzahl von Unterschiedlichkeiten aufweisen müssten. Dass die Entwicklung der Aufmerksamkeit keine alleinige Angelegenheit der genetischen Ausstattung ist, wird heute aus keiner wissenschaftlichen Perspektive auf das Syndrom ADHS mehr bezweifelt: „The development of attentional networks is partly specified by genes, but is also open to specific experiences through the actions of caregivers and the culture" (Posner & Rothbart, 2007, S. 1) – siehe dazu auch Kapitel 9: Ein integratives Modell der kognitiven Entwicklung. Die Frage nach „Differentialdiagnostische[n] Daten zur Symptomatik des ‚Nervösen Kindes'" (Lederer & Éderer, 1934, S. 300) stellt sich der Pädiatrie und Kinderpsychiatrie offensichtlich schon lange, wobei die Autoren dieser Arbeit aus der ersten Hälfte des vorigen Jahrhunderts den Schlüssel zur Differentialdiagnostik innerhalb der neurologischen Untersuchung zu finden meinen, da „[…] in fünf unserer Fälle eher eine gesteigerte Reizbarkeit der subcorticalen Zentren nachweisbar war" (ebd.).

Eine eigene Untersuchung an einer Gruppe von insgesamt 59 ADHS-diagnostizierten Kindern (Sindelar & Ableidinger, 2011) ergab drei zu differenzierende Cluster, die hier verbal beschrieben und im Integrativen Entwicklungsmodell abgebildet werden:

„Das unaufmerksame und ungeschickte ADHS-Kind":
Dieser Cluster ist beschrieben durch Schwächen in der auditiven und visuellen Aufmerksamkeit, wobei letztere sekundär die visuelle Wahrnehmung und Merkfähig-

---

34   (p = .000, standardisierte Residuen: 2.6)
35   (p = .001, standardisierte Residuen: 2.2)
36   (p = .019, standardisierte Residuen: 1.9)
37   (p = .004, standardisierte Residuen: 2.0)
38   (p = .026, standardisierte Residuen: 1.6)
39   (p = .006, standardisierte Residuen: 1.9)

keit beeinträchtigt, sowie eine Schwäche in der taktil-kinästhetischen Wahrnehmung und der Körperschemawahrnehmung.

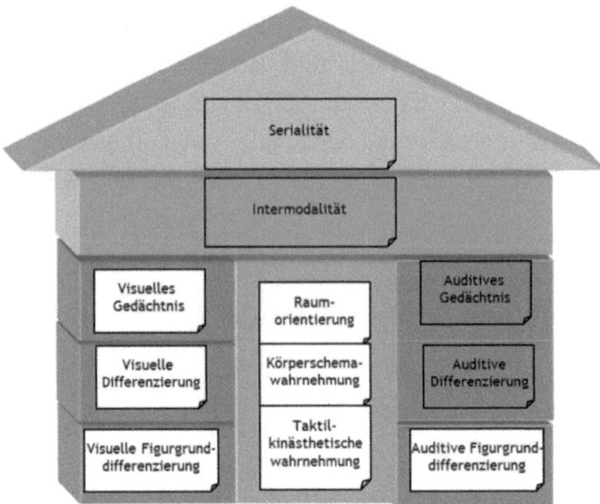

Abbildung 27: Die partiellen Schwächen in der Informationsverarbeitung (Teilleistungsschwächen) des Cluster 1: „Das unaufmerksame und ungeschickte ADHS-Kind" (weiße Felder = Schwächen)

„Das auditiv beeinträchtigte und ungeschickte ADHS-Kind":

Dieser Cluster ist gekennzeichnet durch die Schwäche in der auditiven Wahrnehmung, die sekundär die auditive Merkfähigkeit beeinträchtigt, sowie eine Schwäche in der taktil-kinästhetischen Wahrnehmung und Körperschemawahrnehmung:

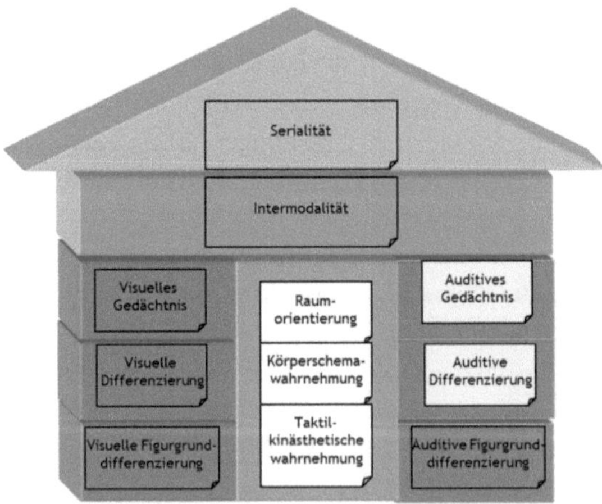

Abbildung 28: Die partiellen Schwächen in der Informationsverarbeitung (Teilleistungsschwächen) des Cluster 2: „Das auditiv beeinträchtigte und ungeschickte ADHS-Kind" (weiße Felder = Schwächen)

146

„Das bindungsgestörte und aggressive ADHS-Kind":

Dieser Cluster ist definiert durch eine Störung des Urvertrauens, eine spannungsgeladene Mutterbeziehung sowie ein erhöhtes Aggressionspotential.

Schematisch dargestellt, ließen sich in dieser Untersuchung in der Gruppe der ADHS-diagnostizierten Kinder folgende drei Cluster isolieren:

Abbildung 29: Ergebnisse einer Clusteranalyse von ADHS-diagnostizierten Kindern (Sindelar & Ableidinger, 2011, S. 25)

Andere Parameter wie prä-, peri- und postnatale somatische Komplikationen, somatische Entwicklungsstörungen, Intelligenzwerte, neurologische Soft-Signs und Symptomstärke spielen in der Zusammensetzung der Cluster keine differenzierende Rolle" (Sindelar & Ableidinger, 2011, S. 26)

Da die Gesamtstichprobe der ADHS-Kinder aus vier unterschiedlichen Betreuungseinrichtungen, von denen zwei durch die Sozialversicherung finanziert sind, die beiden anderen von den Eltern der Kinder (SFU-Ambulanz, Ambulanz des Klinikum Mostviertel Amstetten-Mauer, Schmunzelclubs, klinisch-psychologisch und psychotherapeutische Privatpraxis) rekrutiert wurde, musste vorab überprüft werden, ob sich die Gruppen in ihren psychodiagnostischen Daten voneinander unterscheiden: Es fanden sich keine signifikanten Unterschiede zwischen den psychodiagnostischen Ergebnissen der Kinder, die in einer Einrichtung, die durch die Sozialversicherung finanziert wird, und den privat finanzierten Einrichtungen.

Die Überprüfung, ob sich die Kinder aus dem ländlichen Lebensraum von den Kindern des städtischen Lebensraumes in den psychodiagnostischen Ergebnissen unterscheiden, zeigt folgendes Ergebnis:

Die Kinder aus dem städtischen Umfeld zeigen signifikant häufiger (p = .017) Angst in der Beziehung zur Mutter, wobei die Unterscheidung zwischen Angst vor der Mutter und Angst um der Mutter noch keine Signifikanzen ergab, das Ergebnis zur Angst vor der Mutter war mit einem p-Wert von .058 an der Grenze zur Signifikanz. Offensichtlich ist erst die Zusammenfassung der Angstbesetzung der Mutterbeziehung unterscheidend zwischen den Kindern, die in einem städtischen Umfeld aufwachsen, und den Kindern aus dem ländlichen Lebensraum. Signifikant (p = .017) geringer ist bei den Kindern des städtischen Lebensraums eine aggressive Besetzung der Beziehung zum Vater. Das heißt: in dieser Stichprobe sind die Beziehungen zwischen den Kindern und ihren Eltern unterschiedlich, je nach dem, in welchem Umfeld das Kind aufwächst: Stadtkinder mit diagnostiziertem ADHS haben angstbesetztere Beziehungen zur Mutter, aber weniger aggressiv besetzte Beziehung zum Vater als die Landkinder mit diagnostiziertem ADHS.

Im Bereich der Informationsverarbeitung zeigen sich in dieser Stichprobe der ADHS-diagnostizierten Kinder Unterschiede zwischen den Kindern aus der Großstadt zu den Kindern vom ländlichen Lebensraum in der auditiven Figur-Grund-Differenzierung/Aufmerksamkeit: die Stadtkinder haben signifikant (p = .000) häufiger eine Schwäche in der auditiven Aufmerksamkeit, aber signifikant (p = .000) weniger häufig Schwächen in der taktil-kinästhetischen und Körperschemawahrnehmung, in der visuellen Differenzierung (p = .005), im auditiven Gedächtnis (p = .014), im visuellen Gedächtnis (p = .033). In der Intermodalität zeigen Landkinder signifikant häufiger Schwächen (p = .004). Überraschend ist dabei die geringere Häufigkeit von Schwächen in der Körperschemawahrnehmung bei Stadtkindern, da eigentlich üblicherweise durch ihre geringere Bewegungsfreiheit gegenüber den Landkindern das Gegenteil vermutet wird.

Um zu überprüfen, ob diese oben referierte Clusterzuordnung an einer anderen Stichprobe replizierbar ist, wurde sieum Kinder aus privaten Betreuungseinrichtungen erweiterten Stichprobe mit diagnostiziertem ADHS erweitert, sodass eine Stichprobengröße von 100 ADHS-diagnostizierten Kindern zur Auswertung herangezogen werden konnte. Mit dieser Stichprobe wurde ebenfalls eine Clusteranalyse nach derselben statistischen Methode durchgeführt.

Dabei ergab sich ein Cluster (20 Kinder), der sich signifikant in Unterscheidung von den anderen Clustern durch eine auditive und visuelle Figur-Grund-Differenzierungsschwäche und sekundäre Schwächen in der auditiven und visuellen Differenzierung sowie einer Schwäche in der Körperschemawahrnehmung auszeichnet. Außerdem besteht in diesem Cluster eine signifikante Somatisierungsneigung, der Erlebnistypus im Rorschach-Test ist koartativ-introversiv, also affektiv gehemmt und eingeengt. Dieser Cluster entspricht in seinen kognitiven Dimensionen dem in der Vorstudie gefundenen Cluster: „Das auditiv beeinträchtigte und ungeschickte ADHS-Kind".

Der zweite Cluster (40 Kinder) ist gekennzeichnet durch Schwächen in der visuellen Figur-Grund-Differenzierung, sekundär der visuellen Differenzierung und dem visuellen Gedächtnis, der Intermodalität und der Serialität sowie einer Schwäche in der taktil-kinästhetischen Wahrnehmung und der Körperschemawahrnehmung, ebenfalls im auditiven Gedächtnis. Der Erlebnistypus im Rorschach-Test ist bevorzugt koartiert bis ambiäqual, also affektiv eingeengt bis ausgeglichen zwischen Kontroll- und Bremsmechanismen zu Affekt. Er zeigt somit eine hohe Übereinstimmung mit dem Cluster:„Das unaufmerksame und ungeschickte ADHS-Kind" aus der Vorstudie.

Der dritte Cluster (36 Kinder) weist signifikante Unterschiede zu den anderen beiden Clustern durch eine aggressiv besetzte Beziehung zur Mutter sowie Angst um die Mutter und eine Beeinträchtigung des visuellen Gedächtnisses (in diesem Zusammenhang sei auf den Abwehrmechanismus der Verdrängung im Sinne der Einflussnahme psychischer Konflikte auf die Gedächtnisleistung erinnert). Dieser Cluster ähnelt somit dem Cluster: „Das bindungsgestörte und aggressive ADHS-Kind", wobei sich diesmal kein generell erhöhtes Aggressionspotential, sondern eine aggressiv besetzte Beziehung zur Mutter abbildet.

Andere diagnostische Ergebnisse trugen zur Unterscheidung der Cluster nicht bei, die hohe Frequenz emotionaler und sozialer Entwicklungsbelastungen sei hier dennoch referiert, um das Gemeinsame dieser Kinder in Profil ihrer Belastungen aufzuzeigen (der Frage nach Störungsspezifität dieser Belastungen wurde bereits im Kapitel 12.4 nachgegangen).

Tabelle 4: Seelische Belastungen der Kinder mit diagnostiziertem ADHS

Art der seelischen Belastung	Häufigkeitsprozent
Selbstwertstörung	78
Störung in der Beziehung zur Leistungssituation	77
Kontaktstörung im Du-Kontakt	74
Kontaktstörung im Gruppenkontakt	69
erhöhte Angstbereitschaft	63
Störung des Urvertrauens	60
Angst um den Vater	44
Angst vor der Mutter	42
Angst vor dem Vater	41
Depressionszeichen	35
erhöhtes Aggressionspotential	33
Angst um die Mutter	30
Aggression gegen die Mutter	28
Aggression gegen den Vater	14
Somatisierung	8

Der besonders hohe Anteil an Selbstwertstörung, Störung in der Beziehung zur Leistungssituation sowie Kontaktstörungen ist an sich kein überraschendes Ergebnis, aber daher auch kein zur Differenzierung innerhalb der Gruppe dieser Kinder geeignetes

Merkmal, so wie von den insgesamt in der Stichprobe häufig vorkommenden seelischen Belastungen keine Differenzierung zwischen Clustern zu erwarten ist (siehe Tabelle 4).

Damit ist die Ungleichheit in der Entwicklungspsychopathologie des auf der Symptomebene des beobachtbaren gemeinsam anmutenden Verhaltens der ADHS-diagnostizierten Kinder belegt. Die klinisch gleiche Kernsymptomatik ist unterschiedlichen Subtypen, von denen in den untersuchten Stichproben drei zu differenzieren sind, eigen.

13.8 Faktorenanalytische Ergebnisse zur Prüfung des integrativen Entwicklungsmodells

Die Daten wurden einer Faktorenanalyse unterzogen, um zu prüfen, inwieweit das postulierte integrative Entwicklungsmodell, das als drei Faktoren der Entwicklung die Kognition auf dem Niveau der Informationsverarbeitung, der Emotion und der Sozialisation in vier aufeinander aufbauenden Entwicklungsebenen postuliert, faktorenanalytisch bestätigt werden kann.

Folgende Datenstruktur wurde zur Faktorenanalyse herangezogen: Für jeden Bereich (Kognition, Emotion, Sozialisation) wurden die dazugehörigen Variablen entsprechend dem Integrativen Entwicklungsmodul summiert und dabei berücksichtigt, dass eine Störung auf einer Ebene impliziert, dass jeweils darauf aufbauende Entwicklungsschritte dadurch beeinträchtigt werden, indem Beeinträchtigungen auf den nächsthöheren Ebenen jeweils addiert wurden:

Ebene 4	E4	K4	S4
Ebene 3	E2 und Folge-beeinträchtigungen aus E3, E4	K2 und Folge-beeinträchtigungen aus K3, K4	S3 und Folge-beeinträchtigungen aus S3, S4
Ebene 2	E1 und Folge-beeinträchtigungen aus E2, E3, E4	K1 und Folge-beeinträchtigungen aus K2, K3, K4	S1 und Folge-beeinträchtigungen aus S2, S3, S4
Ebene 1	E1 und Folge-beeinträchtigungen aus E2, E3, E4	K1 und Folge-beeinträchtigungen aus K2, K3, K4	S1 und Folge-beeinträchtigungen aus S2, S3, S4

Abbildung 30: Datenstruktur der Faktorenanalyse

Die so gewonnenen Variablen wurden z-transformiert (Diese Transformation notwendig, da die Variablen aus unterschiedlich vielen Einzelvariablen summiert sind). Die Faktorenanalyse wurde mit SPSS 19.0 nach der Hauptkomponentenmethode durchgeführt. Als Kriterium für die Anzahl der Faktorenextraktion wurde ein Eigenwert größer als 1 herangezogen, anschließend eine Rotation nach der Varimax-Methode durchgeführt[40].

Die Faktorenanalyse hat zu klären, ob für das theoretische Modell, dass die kindliche Entwicklung in einer Matrix von Emotion, Kognition und Sozialisation stattfindet, eine empirische Bestätigung zu finden ist. Daher wäre eine Extraktion von Faktoren, die die Daten zu Sozialisation, Emotion und Kognition jeweils als einen Faktor ausweisen, mit entsprechend hohen Ladungen im jeweiligen Bereich, zu erwarten.

Tabelle 5:   Faktorenanalyse: Rotierte Komponentenmatrix der Gesamtstichprobe

Rotierte Komponentenmatrix			
Gesamtstichprobe N = 292	Komponente		
	1	2	3
Z-Wert(IEM1Emotion1undFolgen)	,201	**,905**	-,013
Z-Wert(IEMEmotion2undFolgen)	,203	**,943**	-,006
Z-Wert(IEMEmotion3undFolgen)	,288	**,915**	,057
Z-Wert(IEMEmotion4)	,202	**,769**	,078
Z-Wert(IEMSozialisation1undFolgen)	**,893**	,276	-,004
Z-Wert(IEMSozialisation2undFolgen)	**,923**	,261	-,002
Z-Wert(IEMSozialisatio3undFolgen)	**,930**	,229	,012
Z-Wert(IEMSozialisatio4)	**,857**	,154	-,098
Z-Wert(IEMKognition1undFolgen)	,024	-,049	**,703**
Z-Wert(IEMKognition2undFolgen)	,010	-,003	**,863**
Z-Wert(IEMKognition3undFolgen)	-,127	,123	**,800**
Z-Wert(IEMKognition4)	,001	,046	**,876**
Extraktionsmethode: Hauptkomponentenanalyse. Rotationsmethode: Varimax mit Kaiser-Normalisierung.			
Die Rotation ist in 5 Iterationen konvergiert.			

---

40 Die Prüfung der Eignung der Stichproben für eine Faktorenanalyse ergab für die Gesamtstichprobe ein Kaiser-Meyer-Olkin-Maß von ,771. Mittels Bartlett-Test auf Sphärizität konnte die Hypothese, alle Korrelationen der Korrelationsmatrix zwischen den verschiedenen Variablen seien in der Grundgesamtheit gleich 0, verworfen werden. Ein Kaiser-Meyer-Olkin-Maß von größer als .5 ist Voraussetzung für die Eignung der Daten zur Faktorenanalyse (Baur & Fromm, 2008), womit die Daten als für eine Faktorenanalyse geeignet ausgewiesen sind.

Diese theoretische Annahme kann bestätigt werden: In der Gesamtstichprobe erklären drei Faktoren 79,28 Prozent der Gesamtvarianz. Die Ladung der Faktoren lässt die drei Faktoren der Kognition, Emotion und Sozialisation klar isolieren (hohe Ladungen sind fett markiert – Tabelle 5).

Eine getrennte Faktorenanalyse für die beiden Teilstichproben der Kinder mit Lernstörungen und der ADHS-diagnostizierten Kinder kommt zum selben Ergebnis der drei Faktoren der Emotion, Kognition und Sozialisation:

Tabelle 6: Faktorenanalyse: Rotierte Komponentenmatrix der Teilstichprobe der Kinder mit Lernstörungen

Rotierte Komponentenmatrix			
Teilstichprobe:	Komponente		
Kinder mit Lernstörungen N = 192	1	2	3
Z-Wert(IEM1Emotion1undFolgen)	,168	**,915**	,056
Z-Wert(IEMEmotion2undFolgen)	,189	**,943**	,043
Z-Wert(IEMEmotion3undFolgen)	,270	**,918**	,083
Z-Wert(IEMEmotion4)	,163	**,777**	,038
Z-Wert(IEMSozialisation1undFolgen)	**,917**	,215	-,036
Z-Wert(IEMSozialisation2undFolgen)	**,940**	,211	-,021
Z-Wert(IEMSozialisatio3undFolgen)	**,940**	,207	-,004
Z-Wert(IEMSozialisatio4)	**,854**	,180	-,167
Z-Wert(IEMKognition1undFolgen)	,041	,017	**,732**
Z-Wert(IEMKognition2undFolgen)	,017	,004	**,876**
Z-Wert(IEMKognition3undFolgen)	-,187	,136	**,809**
Z-Wert(IEMKognition4)	-,094	,044	**,893**
Extraktionsmethode: Hauptkomponentenanalyse.			
Rotationsmethode: Varimax mit Kaiser-Normalisierung.			
Die Rotation ist in 5 Iterationen konvergiert.			

Tabelle 7:   Faktorenanalyse: Rotierte Komponentenmatrix der Teilstichprobe der ADHS diagnostizierten Kinder

Rotierte Komponentenmatrix			
Teilstichprobe der ADHS-diagnostizierten Kinder N = 100	Komponente		
	1	2	3
Z-Wert(IEM1Emotion1undFolgen)	**,871**	,295	-,127
Z-Wert(IEMEmotion2undFolgen)	**,934**	,239	-,083
Z-Wert(IEMEmotion3undFolgen)	**,911**	,306	,034
Z-Wert(IEMEmotion4)	**,802**	,219	,162
Z-Wert(IEMSozialisation1undFolgen)	,393	**,834**	,064
Z-Wert(IEMSozialisation2undFolgen)	,363	**,882**	,059
Z-Wert(IEMSozialisatio3undFolgen)	,257	**,913**	,065
Z-Wert(IEMSozialisatio4)	,129	**,867**	,036
Z-Wert(IEMKognition1undFolgen)	-,183	,018	**,695**
Z-Wert(IEMKognition2undFolgen)	-,013	-,005	**,859**
Z-Wert(IEMKognition3undFolgen)	,125	-,020	**,761**
Z-Wert(IEMKognition4)	,080	,202	**,804**
Extraktionsmethode: Hauptkomponentenanalyse.			
Rotationsmethode: Varimax mit Kaiser-Normalisierung.			
Die Rotation ist in 5 Iterationen konvergiert.			

13.9 Ergebnisse der Korrelationen zwischen den Entwicklungsachsen der Emotion, Kognition und Sozialisation mit den Entwicklungsebenen zur Prüfung des integrativen Entwicklungsmodells

Das Postulat des Integrativen Entwicklungsmodells lässt außerdem erwarten, dass eine Störung auf einer der Achsen der Emotion, Kognition und Sozialisation mit einer Störung der jeweiligen Entwicklungsebene in Zusammenhang steht, und zwar auch dann, wenn jeweils nur die Beeinträchtigungen der Entwicklungsebene, nicht aber deren Folgebeeinträchtigungen in die Berechnung einbezogen werden.

Diese Hypothese wurde mittels einer Korrelationsberechnung (Spearman-Rho) überprüft, in der die Variablen der einzelnen Entwicklungsebenen ohne die jeweiligen Folgeerscheinungen (also nur die Variablen zu Kognition 1, zu Kognition 2, zu Kognition 3, zu Kognition 4; die Variablen zu Emotion1, zu Emotion 2, zu Emotion 3, zu Emotion4; zu Sozialisation 1, zu Sozialisation 2, zu Sozialisation3, zu Sozialisation 4) mit den Variablen der vier Entwicklungsebenen korreliert wurden.

Tabelle 8:   Korrelation der einzelnen Entwicklungsachsen mit den Entwicklungsebenen in der Gesamtstichprobe

	Gesamtstichprobe: Korrelationskoeffizienten (r) und Signifikanz (p) mit der jeweiligen Entwicklungsebene		
Ebene 4	E4 r = ,702** p =,000	K4 r = ,376 p = ,000	S4 r = ,768** p = ,000
Ebene 3	E3 r =,706** p =,000	K3 r =,297** p =,000	S3 r =,698** p =,000
Ebene 2	E2 r = ,458** p = ,000	K2 r = ,569** p = ,000	S2 r = ,603** p = ,000
Ebene 1	E1 r =,485** p =,000	K1 r = ,709** p =,000	S1 r = ,553** p = ,000

Bemerkenswert in diesem Ergebnis ist, dass die Korrelationskoeffizienten der Entwicklungsachsen Veränderungen über die vier Ebenen zeigen: Der Korrelationskoeffizient der Achse der Kognition nimmt von der ersten zur vierten Ebene ab, während die Korrelationskoeffizienten der Achse der Emotion und Sozialisation von der ersten zur vierten Ebene ansteigen. Offensichtlich findet auch im Zusammenhang zwischen den einzelnen Achsen mit der jeweiligen Entwicklungsebene einem Entwicklungsgeschehen statt: Auf der ersten Entwicklungsebene, also im ersten Lebensjahr, ist der Zusammenhang zwischen der Gesamtentwicklungsebene am stärksten mit der kognitiven Entwicklung. Auf der zweiten Ebene, also im zweiten und dritten Lebensjahr, findet eine Angleichung des Ausmaßes der Zusammenhänge zwischen der Achse der Emotion, Kognition und Sozialisation statt. Ab der dritten Ebene der Entwicklung, also im vierten und fünften Lebensjahr, ist der Zusammenhang der Kognition mit der Gesamtentwicklung deutlich geringer als der Zusammenhang der Emotion und Kognition, ebenso im sechsten Lebensjahr.

Eine Berechnung dieser Korrelationen, getrennt nach den Stichproben, ergab dieselbe systematische Veränderung bei geringen Abweichungen in den einzelnen Korrelationskoeffizienten im Vergleich zur Gesamtstichprobe:

Tabelle 9:   Korrelation der einzelnen Entwicklungsachsen mit den Entwicklungsebenen in der Stichprobe der Kinder mit Lernstörungen

	Teilstichprobe der Kinder mit Lernstörungen: Korrelationskoeffizienten (r) und Signifikanz (p) mit der jeweiligen Entwicklungsebene		
Ebene 4	E4 r = ,714** p =,000	K4 r = ,262 p = ,000	S4 r = ,753** p = ,000
Ebene 3	E3 r =,720** p =,000	K3 r =,320** p =,000	S3 r =,651** p =,000
Ebene 2	E2 r = ,488** p = ,000	K2 r = ,550** p = ,000	S2 r = ,588** p = ,000
Ebene 1	E1 r =,468** p =,000	K1 r = ,740** p =,000	S1 r = ,491** p = ,000

Dabei zeigen sich im Ergebnis der Stichprobe der Kinder mit ADHS-Symptomatik doch Unterschiede zur Gesamtstichprobe und zur Teilstichprobe der Kinder mit Lernstörungen: Auf der Ebene 1 ist der Korrelationskoeffizient der ersten Ebene der Sozialisation deutlich höher, der Korrelationskoeffizient der Kognition auch in der vierten Ebene hoch. Offensichtlich trägt die früheste Mutter-Kind-Beziehung der symbiotischen Bindung bzw. deren Störung bei Kindern mit ADHS zur Gesamtentwicklung des ersten Lebensjahres mehr bei als bei den Kindern mit Lernstörungen ohne ADHS. Ebenso zeigt die kognitive Entwicklung der vierten Ebene, also die der Intermodalität und Serialität, einen größeren Zusammenhang zur Gesamtentwicklung als bei den Kindern mit Lernstörungen ohne ADHS, besonders aber die Ebene 4 der Sozialisation, also die Gemeinschaftsfähigkeit.

Tabelle 10:   Korrelation der einzelnen Entwicklungsachsen mit den Entwicklungsebenen in der Stichprobe der ADHS-diagnostizierten Kinder

	Teilstichprobe der ADHS-diagnostizieren Kinder: Korrelationskoeffizienten (r) und Signifikanz (p) mit der jeweiligen Entwicklungsebene		
Ebene 4	E4 $r = ,674^{**}$ $p = ,000$	K4 $r = ,565$ $p = ,000$	S4 $r = ,801^{**}$ $p = ,000$
Ebene 3	E3 $r = ,660^{**}$ $p = ,000$	K3 $r = ,283^{**}$ $p = ,000$	S3 $r = ,756^{**}$ $p = ,000$
Ebene 2	E2 $r = ,368^{**}$ $p = ,000$	K2 $r = ,542^{**}$ $p = ,000$	S2 $r = ,667^{**}$ $p = ,000$
Ebene 1	E1 $r = ,485**$ $p = ,000$	K1 $r = ,699**$ $p = ,000$	S1 $r = ,653**$ $p = ,000$

13.10 Zusammenfassung der empirischen Untersuchung

Die Faktorenanalyse bildet sowohl in der Gesamtstichprobe als auch in den Teilstichproben in Bezug auf das integrative Entwicklungsmodell drei zu isolierende Faktoren ab: Informationsverarbeitung als kognitive Dimension, Emotion und Sozialisation (im Verständnis von Bindungs- und Beziehungsentwicklung).

Unter Bezugnahme auf die postulierten Entwicklungsebenen ist der Faktor der Kognition in dieser Stichprobe offensichtlich besonders bedeutsam für die erste und zweite Ebene der Entwicklung, der emotionale und soziale Faktor für die dritte und vierte Ebene der Entwicklung.

Damit bestätigt die empirische Analyse die im Integrativen Entwicklungsmodell postulierten drei Achsen der Entwicklung sowie deren für jede der vier Entwicklungsebenen Zusammenhang mit der jeweiligen Gesamtentwicklung, und spezifiziert sie als im Ausmaß unterschiedlich für die unterschiedlichen Entwicklungsebenen. Somit ist die empirische Bestätigung des Integrativen Entwicklungsmodells gegeben.

14 Am Ziel zum Beginn eines gemeinsamen Weges: Relevanz des Integrativen Entwicklungsmodells für die Psychotherapie und die Psychotherapiewissenschaft

Am Ende des Weges der Integration der Entwicklungsforschung angelangt, stellt sich die Frage, ob und wenn ja, welche Konsequenzen das Wissen um die Vernetzung und wechselseitige Einflussnahme der kognitiven, emotionalen und sozialen Entwicklungsachse für die Anwendung in der Psychotherapie hat. Unabhängig von Unterschieden in Menschenbild und Interventionstechnik nimmt jedwede Methode der Psychotherapie Bezug darauf, dass der Mensch in seinem aktuellen So-Sein ein Wesen mit Geschichte ist und diese Geschichte die Persönlichkeit in ihren gesunden und pathologischen Facetten gestaltet und bestimmt. Ob nun lebensgeschichtlich zurückliegende innerpsychische Konflikte, traumatisierende Erlebnisse oder Lernerfahrung als Erklärungsmodell herangezogen werden, ob dem Individuum dabei eine aktiv-gestaltende Rolle, wie zum Beispiel in der Individualpsychologie von Anfang an oder auch in der modernen Säuglingsforschung, zugedacht wird, Übereinstimmung besteht darin, dass der menschlichen Natur der Prozess der Entwicklung eigen ist. Daher ist Entwicklungsforschung ein Feld, das einem wissenschaftlichen Zugang zur Psychotherapie zugehörig ist, unabhängig davon, auf welches Lebensalter die Psychotherapie fokussiert, da der Mensch bereits mit seiner Geburt seine eigene individuelle intrauterine Geschichte hat und in ein Umfeld aus individuellen Geschichten, die eingebettet sind in ihre Zeit, ihre Kultur und ihre Gesellschaft, hineingeboren wird.

Wenngleich sich die Menschenbilder der psychotherapeutischen Schulen naturgemäß auf Emotion und Sozialisation beziehen – behandelt die Psychotherapie doch psychische Störungen, die als Leidenszustände des Gefühlslebens verstanden werden –, so implizieren sie das Zusammenspiel und Zusammenwirken von Kognition, Emotion und Sozialisation. Die Informationsverarbeitung als Basis höherer kognitiver Prozesse findet dabei bislang nur randständig Beachtung, es finden sich jedoch Spuren zur kognitiven Entwicklung in der psychotherapeutischen Forschung: Der Begriff der Kognition taucht in Wortzusammensetzungen auf, wie zum Beispiel in der Formulierung des „cognitive-affective state" oder „the earliest signs of differentiation" (Mahler, Pine & Bergman, 2000 [1975], S. 4) oder im Begriff der Affektlogik von Ciompi (2005 [1997]). Auch wenn die psychologische Geburt des Selbst als Prozess der Separation und Individuation aus psychoanalytischer Sicht auf das primäre Liebesobjekt verweist, so verlangt sie die Fähigkeit zur Informationsverarbeitung, also die integrativ ablaufenden Prozesse der Aufmerksamkeit, der Wahrnehmung und des Gedächtnisses: „The cognitive-affective achievement of an awareness of separateness as a precondition of true object relationship, the role of the ego apparatuses (for example, motility, memory, perception)" (Mahler, Pine & Bergman, 2000 [1975], S. 6).

Dennoch persistiert der Eindruck, dass die kognitiven Funktionen in jeglicher psychotherapeutischen Entwicklungstheorie als selbstverständlich in adäquater Entwicklung vorhanden und als für die emotionale und soziale Entwicklung als Werkzeuge verfügbar vorausgesetzt werden. Daher werden, dem Forschungsgegenstand der Psychotherapie in seiner Zuständigkeit gemäß, pathogenetische Intersubjektivitäten in der kindlichen Entwicklung üblicherweise ohne Berücksichtigung der Auswirkungen, die diese auf die kognitive Entwicklung haben, bzw. der Auswirkungen der kognitiven Entwicklung auf Emotion und Sozialisation diskutiert und erforscht. Es entsteht der Eindruck, dass die Kognition, als vor allem corticale Aktivität verstanden, ein Eigenleben führt, dem es an Aufmerksamkeit seitens der Psychotherapieforschung mangelt – übrigens entgegen den Erkenntnissen der Hirnforschung, die die enge neuronale Vernetzung corticaler und subcorticaler Hirnstrukturen auffinden konnte –, fast als wäre die Psychotherapie nicht für den „Denkapparat" des Menschen zuständig, sondern ausschließlich für den „Seelenapparat".

Unbestritten sind die emotionalen und sozialen Erfahrungen, die der Mensch im Zuge seines Aufwachsens macht, eine Form von Lernen. Lerntheorien sind sich mittlerweile sowohl in theoretischen Konzepten und Modellbildungen als auch in der empirischen Forschung zum Lernen zunehmend dessen bewusst, dass Lernen nie ohne Gefühl stattfinden kann, wenngleich die Umsetzung dieses Wissens in den Anwendungsfeldern der Pädagogik noch wenig Beachtung findet, was der Effizienz des Schulunterrichts gar nicht förderlich ist (vgl. Sindelar, Hejze & Langer, 2011). Die Bedeutung motivationaler und affektiver Bedingungen des Lernens ist zwar ein Forschungsbereich mit langer Tradition, der auch in den tiefenpsychologischen Zugängen zur kindlichen Entwicklung Raum fand, wahrscheinlich befördert durch die Präsenz von Pädagogen und Pädagoginnen wie zum Beispiel Anna Freud (1980), Oskar Spiel (1979) und Rudolf Ekstein (Ekstein & Motto, 1969) in der Kinder- und Jugendlichenpsychotherapie der Psychoanalyse und Individualpsychologie, doch ging es dabei immer um die Anwendung tiefenpsychologischen Wissens in der Pädagogik, also beim Wissenserwerb.

Betrachtet man die Zugänge der Lernpsychologie zu den emotionalen und sozialen Bedingungen des Lernens, so kann man sich des Eindrucks nicht erwehren, dass diese eine gewisse „Dünne" auszeichnet, die bei der Feststellung von Gegebenheiten im Entwicklungsverlauf, wie zum Beispiel der Nennung eines instabilen Selbstkonzepts Jugendlicher halt macht, als stünde sie vor einer verbotenen Grenze. Motivationstrainings und Trainingsprogramme zum Abbau von Schulangst verharren in distanzierter Reserviertheit zur Psychotherapie, gelegentlich mit der Verhaltenstherapie oder der klientenzentrierten Gesprächstherapie kokettierend (siehe Seel, 2003).

Und doch finden sich in tiefenpsychologischen Schriften Bezugnahmen auf die Zusammenhänge, wenn zum Beispiel als eine der Aufgaben der frühesten Kindheitsentwicklung der Separation und Individuation die Beziehung zur Realität benannt wird, die zu erfassen es kognitiver Strukturen bedarf: „[…] the psychological birth of the individual as the *separation-individuation process*: the establishment of a sense of separateness from, and relation to, a world of reality, particularly with regard to the experience of *one's own body* and to the principal representative of the world as the infant experiences it, the *primary love object* (Mahler, Pine & Bergman, 2000 [1975], S. 3). Die hier angesprochene Erfahrung des eigenen Körpers als Ausgangspunkt des Realitätsbezugs bedarf einer entsprechend entwickelten Körperschemawahrnehmung, die als Basisfunktion der Raumorientierung der kognitiven Entwicklung zuzuordnen ist, womit der Zu-

158

sammenhang zur Entwicklung der Informationsverarbeitung implizit angesprochen wird. Ein Zusammenführen des Wissens um die emotionale und soziale Entwicklung mit dem Wissen um die kognitive Entwicklung blieb dennoch bis heute zaghaft.

14.1 Relevanz des integrativen Entwicklungsmodells in der Kinder- und Jugendlichenpsychotherapie

Gerade in der Kinder- und Jugendlichenpsychotherapie spielt die kognitive Leistungsfähigkeit eines Kindes in mehrfacher Weise eine bedeutende Rolle: Eine der besonderen Kenntniserfordernisse ist entwicklungspsychologisches Wissen zu den Stadien der kognitiven Entwicklung, da der Psychotherapeut und die Psychotherapeutin sowohl sprachlichen Äußerungen dem Sprachverständnis des Kindes passend zu wählen haben als auch die Sprache des Kindes entsprechend verstehen können müssen. Die Kenntnis der Stadien der Entwicklung des kindlichen Denkens ist notwendig, um Denkweise und Vorstellungs- und Abstraktionsvermögen des Kindes berücksichtigen zu können. Der psychotherapeutische Dialog mit dem Kind kann nur dann dem Entwicklungsstand des Kindes angeglichen geführt werden, wenn er sich dem jeweiligen Stadium der sozialen Entwicklung und Kompetenzen, der moralischen Urteilsbildung anpasst. Gerade in der Kinder- und Jugendlichenpsychotherapie reicht allerdings das Wissen um idealtypische Entwicklungsverläufe nicht aus. Abweichungen von der „Entwicklungsnorm", wie zum Beispiel in isolierten bzw. umschriebenen Entwicklungsrückständen der Sprache, der Motorik, im Erwerb der Kulturtechniken des Lesens, Schreibens und Rechnens sind nicht nur für die kognitive Entwicklung des Kindes bedeutsam, sondern zeigen Auswirkungen auf die seelische Entwicklung, die in der Kinder- und Jugendlichenpsychotherapie berücksichtigt, eventuell auch behandelt werden müssen (vgl. das Konzept der „sekundären Neurotisierung" (Lempp, 1978 [1964]) oder die Übertragung des Begriffs der Organminderwertigkeit auf partielle Entwicklungsdefizite in der Informationsverarbeitung (Sindelar, 1994, 2008)).

Auch wenn der Arbeitsbereich für Menschen jeden Alters Einfluss auf sein seelisches Wohlbefinden und seine seelische Gesundheit hat, so spielt dieser beim Kind und Jugendlichen eine besondere Rolle. Die Schule ist aber nicht nur Lebensraum der Wissensvermittlung, sondern auch der Persönlichkeitsbildung, wie auch im Auftrag an die Schule im österreichischen Schulgesetz festgeschrieben. Schulschwierigkeiten in Form von Lernproblemen sind, wie bereits im Kapitel 11.3 empirisch belegt und ausgeführt, zwar nie als von der Gesamtpersönlichkeit des Kindes isoliert zu verstehen, geben aber im Kindesalter als „Elterlicher Leistungsdruck aus Angst um die Zukunft der Kinder" (Dornes, 2012, S. 3) eine Betonung, die die Kenntnis der Auswirkungen von Entwicklungsdefiziten in der kognitiven Entwicklung sowohl auf die Leistungsfähigkeit als auch auf die emotionale und soziale Befindlichkeit des Kindes und Jugendlichen für den Kinder- und Jugendlichenpsychotherapeuten bzw. -therapeutin unabdingbar macht.

Nur wenn der Psychotherapeut bzw. die Psychotherapeutin präsent hat, dass Störungen auf einer Achse der Entwicklung einem Entwicklungsalter bzw. Lebensalter zugeordnet sind und außerdem auch auf die Gesamtentwicklung in diesem Lebensalter beeinträchtigend Einfluss nehmen, wird die Interventionstechnik und der psychotherapeutische Prozess dem bzw. der kindlichen oder jugendlichen Patienten bzw. Patienten in seiner bzw. ihrer Individualität der Pathologie, aber auch der Ressourcen gerecht werden können.

Und daher ist die Beachtung der kognitiven Entwicklung in ihrer interagierenden Vernetzung mit der emotionalen und sozialen Entwicklung in der Kinder- und Jugendlichenpsychotherapie sowohl in der psychotherapeutischen Diagnostik als auch in der psychotherapeutischen Behandlungstechnik aus mehrfachen Perspektiven relevant und auch ein psychotherapiewissenschaftliches Thema.

14.2 Relevanz des integrativen Entwicklungsmodells in der Erwachsenenpsychotherapie

In der Psychotherapie von Erwachsenen gibt es Tätigkeitsfelder, in denen die Kognition des Patienten bzw. der Patientin von vornherein Beachtung findet: In der Psychotherapie geistig behinderter Menschen ist dieses Gewahrsein der kognitiven Funktionen bzw. deren Einschränkungen in der Bedeutung für die psychotherapeutische Behandlung selbstverständlich. Dass jedwede Interventionstechnik das kognitive Entwicklungsniveau zu berücksichtigen hat und auf dieses anzupassen ist, gehört zum Grundverständnis der psychotherapeutischen Arbeit mit geistig behinderten Menschen. Auch die Gestaltung der Symptomatik durch das Niveau der kognitiven Entwicklung ist in der psychotherapeutischen Diagnostik und Behandlung von geistig behinderten Menschen mit psychischen Störungen beachtet, weil unübersehbar. Außerhalb dieser Patientengruppe spielt diese Beachtung der Kognition allerdings eine wenig differenzierte Rolle.

Im psychotherapeutischen Behandlungsprozess ist das Verstehen der Kausalität und Finalität des seelischen Leidens des Patienten seitens des Therapeuten und der Therapeutin der erste, vergleichsweise einfache Schritt. Die Kunst der Psychotherapie als intersubjektiver und relationaler Prozess liegt dann darin, dieses Wissen dem Patienten bzw. der Patientin so verfügbar zu machen, dass diesem bzw. dieser die Mentalisierung gelingt, die sein Gefühls- und in der Folge auch Handlungsspektrum erweitert.

Dazu bedarf es seitens des Psychotherapeuten und der Psychotherapeutin der Fähigkeit, seine und ihre verbalen und nonverbalen Interventionen an das Aufnahmepotential des Patienten bzw. der Patientin anzupassen. In jeder psychotherapeutischen Behandlung gehört es zu einer der eher wenig Beachtung findenden Aufgaben des Psychotherapeuten bzw. der Psychotherapeutin, die Sprache der Psychotherapie den kognitiven Voraussetzungen, die der Patient bzw. die Patientin in die Therapie mitbringt, anzupassen. Dazu gehört nicht nur die passende Wortwahl, dem Sprachschatz des Patienten entsprechend, sondern auch die Intonation des gesprochenen Wortes sowie die mimische und gestische Kommunikation, die wiederum vom Patienten bzw. der Patientin entsprechend wahrgenommen werden muss, damit sie ihn bzw. sie erreicht. Und gerade darin liegt eine enge Vernetzung mit den informationsverarbeitenden Prozessen: Differenzierungsfähigkeit im Visuellen und im Auditiven ist die Voraussetzung dafür, diese Botschaften entsprechend aufnehmen zu können. Die Verzerrung der psychotherapeutischen Botschaften durch tendenziöse Apperzeptionen, die Übertragungsphänomene auslösen, aufzulösen und damit das Wahrnehmungsspektrum des Patienten zu erweitern, befreit aus der Einengung des „nervösen Charakters", wie Alfred Adler die Beschränkung der Persönlichkeitsentfaltung benannte (Adler, 2008, 1997 [1912]) .

Aktuelle entwicklungstheoretische Modelle beginnen im Prozess der Mentalisierung den Stellenwert der Kognition in der psychotherapeutischen Arbeit zu markieren: „[…] den Psychotherapieberuf als einen sehen, der eine spezielle und tiefgehende ‚Ausbildung in Mentalisierung' betreibt" (Stephenson, 2011, S. 108). Mentalisierung erfordert allerdings differenzierte Wahrnehmung mentaler Zustände – der eigenen und des bzw. der von anderen, eine soziale Kognition, die die Übernahme sozialer Perspektiven braucht, um wirksam werden zu können. Mentalisierungsbasierte Psychotherapie zielt darauf ab, die Fähigkeit über sich selbst und andere nachdenken zu können, um damit das eigene Selbst zu organisieren und Affekte regulieren zu können, zu erweitern, was zum Beispiel in der Behandlung von Borderline-Störungen besonders bedeutsam ist (Bateman & Fonagy, 2008).

Letztendlich ist eine psychotherapeutische Behandlung ohne Nutzung kognitiver Kompetenzen undenkbar. Dies gilt nicht nur für das psychotherapeutische Gespräch: Auch ein körperpsychotherapeutischer Zugang hat zum Ziel, in einem emotional durchdrungenen gedachtem Verstehen der eigenen Befindlichkeit in ihrer Biographie und ihrer Intentionalität zu münden.

Wenn wir aus entwicklungspsychologischer und tiefenpsychologischer Sicht davon ausgehen, dass jede Entwicklungsphase ihre Entwicklungsaufgaben hat, die für dieses Lebensalter typisch sind, deren erfolgreiche Bewältigung die Voraussetzung für die nächste Entwicklungsaufgabe darstellt (vgl. unter anderem Resch et al., 1996, 1999), so bedeutet die Zuordnung eines psychischen Leidenszustandes zu einem umschriebenen Zeitraum des Lebens, dass nicht nur die emotionale und soziale Entwicklung dieser Lebensphase beeinträchtigt wird, sondern auch, dass dies auf die entsprechende kognitive Repräsentanz störenden Einfluss nimmt, der wiederum in der Aktualität der Psychotherapie bedeutsam ist.

Wir erleben in der Psychotherapie, dass im intersubjektiven Mikrokosmos der Psychotherapie eine Reinszenierung der Traumatisierung des Patienten den psychotherapeutischen Dialog gestaltet, gleich einer „handelnden Erzählung" der Ereignisse der frühen Kindheit, deren Erzählcharakter dem Patienten oder der Patientin nicht bewusst ist, aber vom Psychotherapeuten und von der Psychotherapeutin erkannt wird. Dass diese Reinszenierung nicht nur emotionale und soziale Aspekte, sondern auch kognitive betrifft, erleben wir sehr wohl auch im Rahmen des psychotherapeutischen Prozesses, wenn der Patient oder die Patientin im verbalen Dialog nicht erreichbar erscheint, was oft so anmutet, als würde er oder sie Gesagtes nicht verstehen. Dass dieses Phänomen seine Bedingtheit darin hat, dass sich der Patient oder die Patientin nicht nur emotional und sozial, sondern auch kognitiv aus der zugehörigen Entwicklungsphase bestimmt handelnd erzählt, kann diese Verständnisferne erklären.

Psychotherapeutisches Handeln geht immer davon aus, den Patienten oder die Patientin in seinem So-Sein anzunehmen, und meint damit immer sein emotionales und soziales So-Sein: Die orale Bedürftigkeit, das erhöhte Aggressionspotential, der symbiotische Anspruch oder auch die Übertragung von Gefühlen der Angst und Aggression, die Botschaften aus der frühen Beziehung zu den Eltern sind, zu erkennen und anzunehmen ist für jede psychotherapeutische Beziehung eine Selbstverständlichkeit. Dieses Annehmen auf das kognitive So-Sein der Reinszenierung zu erweitern, käme einer verbesserten Passung der psychotherapeutischen Beziehung gleich.

Die Tatsache, dass das Strukturniveau der Persönlichkeit in der psychotherapeutischen Diagnostik und Therapie Eingang findet, die Unterscheidung zwischen Struktur und Konflikt, dessen es zur Aktualisierung des strukturellen Defizits in einer psychischen Störung bedarf, verweist darauf, dass Entwicklung und deren Störung eine lebenszeitliche Facette hat (vgl. unter anderem Kernberg, 2006; Rudolf, Grande & Henningsen, 2002; Rudolf, 2006; Mentzos, 2010 [2009]). Dass im Hinblick auf den entwicklungsgeschichtlichen Zeitpunkt der Störung auch die Auswirkungen auf die kognitive Entwicklung zu berücksichtigen sind, wird am ehesten im Zusammenhang mit Frühstörungen angesprochen: „Personen mit mangelhaft ausgebildeten Ich-Funktionen haben Schwierigkeiten mit der selektiven Wahrnehmung und können sich gegen interne und externe Reize nicht gut genug abschirmen: es besteht die Gefahr der ‚Reizüberflutung‘. Im Zusammenhang mit ihren Wahrnehmungsstörungen fehlt ihnen die Fähigkeit, zuverlässig zwischen inneren und äußeren Reizen und zwischen Wirklichkeit und Phantasie zu unterscheiden“ (Gaedt, 2005, S. 85/86). Auch die Symptomatik selbstverletzenden Verhaltens wird in den Zusammenhang einer kognitiven Dimension, nämlich einer beeinträchtigten Körperschemawahrnehmung und Berührungswahrnehmung gebracht.

Zugleich ist zu berücksichtigen, dass einerseits die Mentalisierungsfähigkeit in einem Abhängigkeitsverhältnis zu kognitiven Strukturen steht, dass andrerseits das strukturelle Niveau einer psychischen Störung auch eine Auswirkung auf die kognitive Entwicklungsaufgabe des entsprechenden Lebensalters hat, was sowohl in der psychotherapeutischen Eingangsdiagnostik Präzisierung erlaubt als auch im Zuge einer Regression im Laufe der psychotherapeutischen Behandlung die erforderliche Anpassung der Interventionstechniken ermöglicht. Dies sei im Weiteren im Hinblick auf die Auswirkungen auf die psychotherapeutische Behandlung kursorisch diskutiert:

Frühstörungen, die dem ersten bis dritten Lebensjahr zugeordnet sind und durch eine massive Beeinträchtigung der Ich-Funktionen gekennzeichnet sind, gehen lebenszeitgeschichtlich einher mit der Entwicklung der Aufmerksamkeitsleistung im visuellen und im auditiven Bereich (Figur-Grund-Differenzierung) sowie mit der taktil-kinästhetischen Wahrnehmung, also der ersten Ebene im integrativen Entwicklungsmodell. Das Wissen darum wird in der Psychotherapie insofern wirksam werden können als die erhöhte Ablenkbarkeit des Patienten in der Gestaltung des Settings, die beeinträchtigte taktil-kinästhetische Wahrnehmung im Umgang mit Berührungen, wie zum Beispiel schon alleine dem Händedruck bei Begrüßung und Verabschiedung, verstärkt Aufmerksamkeit gezollt wird. Die Frühstörung des Patienten bzw. der Patientin wird im therapeutischen Agieren die existentielle Bedrohung durch die Anwesenheit des Therapeuten im abgegrenzten Therapieraum, die durch die mangelnde Abgrenzung im körperlichen Empfinden des Patienten gegeben ist, die leichte Störbarkeit der Aufmerksamkeit des

Patienten und die taktil-kinästhetische Überempfindlichkeit oder Unempfindlichkeit berücksichtigen lassen.

Störungen in der Phase der Analität sowie der dyadischen Beziehung, also dem zweiten und dritten Lebensjahr zuzuordnen, gehen einher mit der Entwicklung der auditiven und visuellen Differenzierung und der Raumorientierung auf dem Niveau der differenzierten Wahrnehmung des eigenen Körpers und des Körpers im Raum. Die relationale Bezogenheit, die Intersubjektivität zwischen Patient und Psychotherapeut ist angewiesen auf die Wahrnehmung von sprachlicher Intonation, was auditive Differenzierung voraussetzt, auf Mimik- und Gestikverständnis, was visuelle Differenzierung voraussetzt. Eine Beeinträchtigung dieser Funktionen bewirkt sowohl eine wenig differenzierte Ausdrucksmöglichkeit des Patienten als auch seine eingeschränkte Wahrnehmungsfähigkeit. Die mangelnde eigene Orientierung im dreidimensionalen Raum wird sich auch auf die sichere Bindung und Orientierung in der therapeutischen Beziehung niederschlagen. Kann die psychotherapeutische Diagnostik die Störung im zweiten und dritten Lebensjahr orten, so wird der Psychotherapeut bzw. doe Psychotherapeutin sowohl im Setting als auch in der Interventionstechnik berücksichtigen können, dass der Patient das sichtbare und hörbare Gegenüber im Therapeuten braucht, da ihm die Objektkonstanz nicht zur Verfügung steht, die ihm die Existenz des Therapeuten sicher stellt, auch wenn er diesen nicht sehen kann (wie im liegenden Setting), da der Patient die Wahrnehmung im visuellen und auditiven Bereich in aktiver Begegnung braucht, um zu einem intersubjektiven Geschehen heranwachsen zu können. Bindungsfähigkeit setzt Wahrnehmungskonstanz voraus, damit eine Objektkonstanz etabliert werden kann. Die Eigentümlichkeit der Bezugsperson muss in ihrer Individualität in Aussehen, Motorik und Sprache wahrnehmbar sein, damit das Spezifikum der sicheren Bindung etabliert werden kann. Bezugspersonen in sicherer Bindung sind nicht austauschbar, das Kind vertraut auf die Verfügbarkeit dieser Bezugsperson. Mangelt es dem Kind – und damit später dem Patienten oder der Patientin – an der Differenzierungsfähigkeit und Orientierungsfähigkeit im kognitiven Sinn, so wird dies durch die Erschwernis, ein therapeutisches Bündnis in Beziehungskonstanz einzugehen, den therapeutischen Prozess beeinflussen, aber auch durch die mangelnde Impulskontrolle aggressiver Gefühle die Beziehung zum Therapeuten oder zur Therapeutin konflikthaft gestalten.

Die Phase der Ödipalität, in der Sozialisationsentwicklung zur triadischen Beziehung, geht nach dem Integrativen Entwicklungsmodell einher mit einer Hochblüte der Gedächtnisfunktionen in allen ihren Facetten in Vorbereitung der intermodalen bzw. crossmodalen Vernetzung. Somit ist zu erwarten, dass die Merkfähigkeit und damit die Lernfähigkeit in ihrer Dimension des Könnens im Sinne von Automatisierung von motorischen und geistigen Fertigkeiten, von Problemlösen, von Behalten von Wissen, aber auch von Lernen der Verfahren, zum Beispiel der Introspektion, dem Aufbau einer Gesinnung und letztlich der Verhaltensänderung (vgl. Seel, 2003, S. 21) zusammenhängt. Eine Störung auf dem strukturellen Niveau der Ödipalität und der triadischen Beziehung hat daher auch einen Zusammenhang zu den eben genannten kognitiven Fähigkeiten und deren Auswirkungen auf den psychotherapeutischen Prozess in der Du-Kontaktfähigkeit zu einem anderen Du als dem (übertragenen) primären Liebesobjekt sowie der Umsetzung in den Makrokosmos des Patienten. Aber auch die Arbeit mit Metaphern wird erschwert, da das Verständnis des „Als ob" der Metapher eine Übersetzung und damit eine komplexe intermodale Leistung voraussetzt.

Letztlich ist zu bedenken, dass eine Störung auf der vierten Ebene des integrativen Entwicklungsmodells nicht nur die Gemeinschaftsfähigkeit und die motivierte Zuwendung zur Leistung beeinträchtigt, sondern auch die Serialität, also die Fähigkeit, Reihenfolgen wahrzunehmen, zu speichern und wiederzugeben. Diese Basisfunktion der Exekutivfunktionen der Handlungsplanung und des Vorhersehens von Konsequenzen wird die Möglichkeit des Patienten, die Konsequenzen seines Verhaltens abzuschätzen und auch seine aktive Beteiligung am zwischenmenschlichen Geschehen seines Lebens zu reflektieren, beeinträchtigen, was im Intersubjektiven der Psychotherapie und der Generalisierung auf den Lebensraum des Patienten der Patientin wiederzufinden sein wird.

Das Wissen und die Kenntnis des Psychotherapeuten und der Psychotherapeutin um diese Zusammenhänge wird ihm bzw. ihr die Wahl der Interventionstechnik erleichtern: In einer Phase der Regression auf ein Entwicklungsalter vor dem sechsten Lebensjahr wird der Therapeut oder die Therapeutin damit rechnen, auch entsprechenden kognitiven Mechanismen dieser Lebenszeit zu begegnen, und dies adäquat beantworten können: Dies wird den Psychotherapeuten und die Psychotherapeutin davon abhalten, in dieser Phase Interventionstechniken zur Handlungsplanung oder des geistigen Probehandelns einzusetzen, weil er und sie wissen, dass diese Strategien für den Patienten bzw. die Patientin derzeit aus Gründen der regredierten Kognition nicht verfügbar sind. Im Gewahrsein, dass dem Patienten oder der Patientin die Arbeit mit Metaphern nur dann möglich ist, wenn er oder sie ein entsprechendes Niveau der intermodalen Kodierung zur Verfügung hat bzw. wenn er oder sie in der Gesundung auf dieses Entwicklungsniveau fortgeschritten ist, wird den Psychotherapeuten und die Psychotherapeutin daran hindern, in der Therapie Metaphern anzubieten, während sich der Patient oder die Patientin innerpsychisch auf einem früheren Funktionsniveau bewegt. Ortet die psychotherapeutische Diagnostik eine Zuordnung der Störung oder auch des aktuellen Regressionsgeschehens zur Phase der Ödipalität und damit der triadischen Beziehung, so wird dem Psychotherapeuten bzw. der Psychotherapeutin klar sein, dass Deutungen von Übertragungsgeschehen nur sehr bedingt wirksam sein können, aber in besonderem Maße die Abwehr durch Rationalisierung provozieren.

14.3 Schlussfolgerungen für den Anfang

Die Frage nach der Sinnhaftigkeit einer Integration entwicklungspsychologischer Aspekte in der psychotherapeutischen Behandlung ist bereits beantwortet:

> „In der Tat ist eine entwicklungspsychologische Perspektive in Behandlungen dringend erforderlich, markiert sie doch die baseline, vor der bestimmte pathologische Veränderungen überhaupt erst verständlich und sichtbar werden. Wissen über psychologische Prozesse, über Beziehungsentwicklung, Emotionsregulierung und Bewältigung sind nicht nur hilfreich im Verstehen der Dynamik in

Psychotherapien, sie ermöglichen auch eine adäquate Einschätzung von Veränderungen, die sich in einer psychotherapeutischen Behandlung vollziehen. Aber auch die Entwicklungspsychologie kann Erkenntnisse aus psychotherapeutischen Behandlungen nutzen, um zu einem besseren Verständnis von Entwicklungsprozessen zu gelangen." (Seiffge-Krenke, 2009, S. V)

Im Bereich der Pädagogik, Psychologie und Psychotherapie lässt sich ein Phänomen beobachten, das in den Naturwissenschaften unbekannt ist: Während die Progression der Naturwissenschaften in Selbstverständlichkeit das bereits Erforschte zur Basis nimmt, geraten in der Pädagogik, Psychologie und Psychotherapie Erkenntnisse sehr rasch wieder in Vergessenheit, um nur wenige Jahrzehnte, manchmal auch nur Jahre später, an anderer Stelle als Neues wieder aufzutauchen – als Beispiel dafür sei das Wissen von Anna Freud und Alfred Adler um die kindliche Entwicklung und dessen Implikationen für die Pädagogik genannt, die bis heute nur rudimentär in die schulische Erziehung Eingang gefunden haben. Die empirischen Ergebnisse zur Anwendung des integrativen Entwicklungsmodells auf Lernstörungen fordern ein weiteres Mal auf, die Sichtweise auf Lernstörungen um das Wissen der Tiefenpsychologie zu aktualisieren, wie ja seit den Arbeiten Anna Freuds und Alfred Adlers kontinuierlich von der wissenschaftlichen Psychotherapie betont, insbesondere von Autoren, die der Pädagogik nahe standen (Ekstein & Motto, 1969; Rothstein, Benjamin, Crosby & Eisenstadt, 1988).

Die psychotherapeutische Beziehung und die Interventionstechniken der psychotherapeutischen Behandlung sprechen immer Emotion, Sozialisation und Kognition des Patienten an. Die Kenntnis der engmaschigen Verwobenheit dieser Ebenen und ihrer wechselseitigen Einflussnahme kann wesentlich dazu beitragen, die Behandlung den Bedürfnissen des Patienten und der Patientin anzupassen, ihn und sie in seiner und ihrer Kapazität der Informationsverarbeitung nicht zu überfordern, ihn und sie in seiner und ihrer Beziehungsfähigkeit dort abzuholen, wo er und sie stehen, die emotionale Bedürftigkeit entwicklungspsychotherapeutisch zu beantworten und Phänomene der Übertragung und Gegenübertragung reflektierend zu verstehen und im Prozess nutzbar zu machen:

„Die Entwicklungspsychologie bzw. Entwicklungspsychopathologie verfügt über eine Fülle von Erkenntnissen über Entstehungsbedingungen gestörter Entwicklung; diese werden aber immer noch zu wenig in Behandlungskonzepte eingebracht (Seiffge-Krenke 2007a). Die Psychotherapie andererseits hat ein umfangreiches Interventionswissen und einen reichen Erfahrungsschatz aus Behandlungen, der in der Entwicklungspsychologie wiederum kaum zur Kenntnis genommen wird. An diesen desparaten Entwicklungen scheint sich erst in jüngster Zeit etwas zu ändern." (Seiffge-Krenke, 2009, S. 2)

Ich hoffe, hiermit zu dieser Änderung, die die Teile zum Ganzen zusammenfügt, beigetragen zu haben. Denn welchem Menschenbild auch immer die jeweilige psychotherapeutische Methode folgt und welches Repertoire an Behandlungstechnik auch immer sie zur Verfügung hat und so unterschiedlich diese auch sein mögen, so ist ihnen eines gemeinsam: Ihre Patienten und Patientinnen sind entwickelte Menschen, deren Kindheitsjahre Vater und Mutter ihres aktuellen Leidens und Seins sind.

Literatur

AACAP. (2007). Practice Parameters for the Psychiatric Assessment and Treatment of Children, Adolescents, and Adults With Attention-Deficit/Hyperactivity Disorder. Abgerufen am 12. 7 2010 von http://www.aacap.org/galleries/PracticeParameters/JAACAP_ADHD_207.pdf

Adler, A. (1904–1912). Persönlichkeit und neurotische Entwicklung. Frühe Schriften (1904–1912) (Bd. 1 Alfred Adler Studienausgabe). (A. Bruder-Bezzel, & K. H. Witte, Hrsg.) Göttingen: Vandenhoeck & Ruprecht 2007.

Adler, A. (1908d). Das Zärtlichkeitsbedürfnis des Kindes. In A. Bruder-Bezzel (Hrsg.), Persönlichkeit und neurotische Entwicklung.Frühe Schriften (1904–1912). Alfred Adler Studienausgabe (Bd. 1, S. 77-81). Göttingen: Vandenhoeck & Ruprecht 2007.

Adler, A. (1930e). Die Seele des schwererziehbaren Kindes. In W. Datler, J. Gstach, & M. Wininger (Hrsg.), Schriften zur Erziehung und Erziehungsberatung (1913–1937). Alfred Adler Studienausgabe (Bde. 4, 2009, S. 295–345). Göttingen: Vandenhoeck & Ruprecht.

Adler, A. (2008, 1997 [1912]). Über den nervösen Charakter (1912). Grundzüge einer vergleichenden Individualpsychologie und Psychotherapie (Bd. 2 Studienausgabe). (A. Bruder-Bezzel, R. Kühn, & K. H. Witte, Hrsg.) Göttingen: Vandenhoeck & Ruprecht GmbH & Co. KG.

Adler, A., & Furtmüller, C. (Hrsg.). (1928 [1913]). Heilen und Bilden. Ein Buch der Erziehungskunst für Ärzte und Pädagogen (3. Ausg.). München: Bergmann.

Affolter, F. (1972). Aspekte der Entwicklung und Pathologie von Wahrnehmungsfunktionen. Pädiatrische Fortbildung und Praxis, 34, S. 49–55.

Affolter, F. (1975). Perceptual processes, their disturbances and effects on educational achievements, especially on reading and writing skills. Zeitschrift für Kinder- und Jugendpsychiatrie und Psychotherapie, 3(2), S. 223–234.

Affolter, F. (1975). Wahrnehmungsprozesse, deren Störung und Ausweitung auf die Schulleistungen, insbesondere Lesen und Schreiben. Zeitschrift für Kinder- und Jugendpsychiatrie, 3, S. 223–234.

Affolter, F. (2006 [1991]). Wahrnehmung, Wirklichkeit und Sprache. Engl. Originaltitel: Perception, interaction and language: Interaction of daily living: The root of development. New York: Springer (10. Ausg.). (K. Schulte, & W. Katein, Hrsg.) Villingen-Schwenningen: Neckar.

Affolter, F., & Bischofberger, W. (2000). Nonverbal perceptual and cognitive processes in children with language disorders: Toward a new framework for clinical intervention. New Jersey, USA: Lawrence Erlbaum Associates Publishers.

Arbinger, R., Hoffmann, H.-V. & Reithner, F. (2005). Die Entwicklung des Denkenes nach Jean Piaget/DVD. Göttingen: IWF Wissen und Medien. Leibniz-Institut für Medien in der Wissenschaft.

Ariès, P. (1985). Geschichte der Kindheit (7. Ausg.). München: dtv.

Aristoteles. (1995). Philosophische Schriften in sechs Bänden, Bd. 6: Physik. Vorlesung über die Natur/übersetzt von Hans Günter Zekl/Über die Seele. Nach der Übersetzung von Willy Theiler, bearb. von Horst Seidl. Hamburg: Meiner.

Aristoteles. (1999 [1966]). Metaphysik. Neu hg. von Ursula Wolf (2 Ausg., Bde. Buch 8.6, 1045a). Reinbek bei Hamburg: Rowohlt.

Arteche, A., Joormann, J., Harvey, A., Craske, M., Gotlib, I., Lehtonen, A., et al. (2011). The effects of postnatal maternal depression and anxiety on the processing of infant faces. Journal Of Affective Disorders, 133 (1–2), S. 197–203.

Assessment, S. f. (2005). The Status of the Rorschach in Clinical and Forensic Practice: An Official Statement by the Board of Trustees of the Society for Personality Assessment. Journal of Personality Assessment, S. 219–237.

Bateman, A. W., & Fonagy, P. (2008). Psychotherapie der Borderline-Persönlichkeitsstörung. Ein mentalisierungsgestütztes Behandlungskonzept. Gießen: Psychosozial.

Baur, N., & Fromm, S. (Hrsg.). (2008). Datenanalyse mit SPSS für Fortgeschrittene. Ein Arbeitsbuch (2., überarbeitete Auflage (1. Auflage 2004). Wiesbaden: Verlag für Sozialwissenschaften.

Beitl, R. (2007 [1933]). Untersuchungen zur Mythologie des Kindes. Mainzer Beiträge zur Kulturanthropologie/Volkskunde Band 1. (B. Rieken, & M. Simon, Hrsg.) Münster, New York, München, Berlin: Waxmann.

Berger, E. (Hrsg.). (1977). Minimale cerebrale Dysfunktion bei Kindern. Bern, Stuttgart, Wien: Huber.

Berger, E. (Hrsg.). (1977). Teilleistungsschwächen bei Kindern (Bde. 15: Arbeiten zur Theorie und Praxis der Rehabilitation in Medizin, Psychologie und Sonderpädagogik; Eggert, D. (Hrsg.)). Bern: Verlag Hans Huber.

Berger, E. (Hrsg.). (2007). Verfolgte Kindheit. Kinder und Jugendliche als Opfer der NS-Sozialverwaltung. Wien. Köln. Weimar: Böhlau.

Berk, L. (2005). Entwicklungspsychologie (3. Ausg.). München: Pearson Education Deutschland.

Bohm, E. (1960). Psychodiagnostisches Vademecum. Bern: Verlag Hans Huber.

Bohm, E. (1974). Der Rorschachtest. Bern: Verlag Hans Huber.

Bohm, E. (1990). Lehrbuch der Rorschach-Psychodiagnostik. Für Psychologen, Ärzte und Pädagogen (6. Ausg.). Bern: Hans Huber.

Bohm, E., Friedemann, A., Rizzo, C., & Schmidt, T. (1975). Blindauswertung eines Rorschach-Protokolls. Beiheft zur Schweizerischen Zeitschrift für Psychologie und ihre Anwendungen Nr. 59, Rorschachiana XII, S. 1–70.

Bornstein, M. H. (2009). Förderung positiver Eigenschaften und Werte bei Kleinkindern. Rahmenbedingungen für Forschung und Praxis. In K. H. Brisch, & T. Hellbrügge (Hrsg.), Bindung und Trauma: Risiken und Schutzfaktoren für die Entwicklung von Kindern (3. Ausg., S. 257–268). (1. Auflage 2003). Stuttgart: Klett-Cotta.

Bruschek (Sindelar), B. (1976). Kognitive Leistungsschwächen bei Legasthenikern. Wien: unveröffentlichte Dissertation am psychologischen Institut der Philosophischen Fakultät der Universität Wien.

Bühler C. (1959). Der Menschliche Lebenslauf als psychologisches Problem. Göttingen: Hogrefe.

Bühler K. (1965). Sprachtheorie: Die Darstellungsform der Sprache. Jena: G. Fischer.

Bühner, M., & Ziegler, M. (2009). Statistik für Psychologen und Sozialwissenschaftler. München: Pearson Studium.

Carlson, J., Dinkmeyer, D. J., & Johnson, E. J. (2008). Adlerian teacher consultation: Change teachers, change students! The Journal of Individual Psychology 64, S. 480–493.

Carstairs, K. S. (2011). Rorschach Assessment of Parenting Capacity: A Case Study. Rorschachiana (32/1), S. 91–116.

Ciompi, L. (1982). Affektlogik. Über die Struktur der Psyche und ihre Entwicklung. Ein Beitrag zur Schizophrenieforschung. Stuttgart: Klett-Cotta.

Ciompi, L. (1993). Die Hypothese der Affektlogik. Spektrum der Wissenschaft, 2, S. 76–87.

Ciompi, L. (2005 [1997]). Die emotionalen Grundlagen des Denkens. Entwurf einer fraktalen Affektlogik. Göttingen: Vandenhoeck & Ruprecht.

Cooperrider, D., & Whitney, D. (2005). Appreciative Inquiry: A Positive Revolution in Change. San Francisco: Berrett-Koehler.

Costello, E. J., Egger, H., & Angold, A. (2005). 10-Year Research Update Review: The Epidemiology of Child and Adolescent Psychiatric Disorders: I. Methods and Public Health Burden. Journal of the American Academy of Child and Adolescent Psychiatry, 44/10, S. 972–986.

Dao, T. K., Prevatt, F., & Horne, H. L. (2007). Differentiating Psychotic Patients From Nonpsychotic Patients With the MMPI–2 and Rorschach. Journal of Personality Assessment Volume 90, Issue 1, S. 93–101.

Dilling, H., & Freyberger, H. J. (2008). Taschenführer zur ICD 10-Klassifikation psychischer Störungen. Bern: Huber.

Döpfner, M., Görtz-Dorten, A., & Lehmkuhl, G. (2008). DISYPS II: Diagnostik-System für psychische Störungen nach ICD 10 und DSM IV für Kinder und Jugendliche III. Bern: Hans Huber, Hogrefe AG.

Dornes, M. (1993). Der kompetente Säugling. Die präverbale Entwicklung des Menschen. Frankfurt am Main: Fischer.

Dornes, M. (2000). Die emotionale Welt des Kindes. Frankfurt am Main: Fischer.

Dornes, M. (2012). Die Moderinisierung der Seele. Kind – Familie – Gesellschaft. Frankfurt am Main: Fischer.

Dowson, J., Blackwell, A. D., Turner, D. C., Harvey, E., Malhorta, T., Robbins, T. W., et al. (2007). Questionnaire ratings of attention-deficit/hyperactivity disorder (ADHD). European Psychiatry 22, S. 256–263.

Ekstein, R., & Motto, R. L. (1969). From Learning for Love to Love of Learning, Essays on Psychoanalysis and Education. New York: Brunner/Mazel.

Elliot, A., Maier, M., Moller, A., Friedmann, R., & Meinhardt, J. (2007). Color and Psychological Functioning: The Effect of Red on Performance Attainment. (A. P. Association, Hrsg.) Journal of Experimental Psychology, 136/1, S. 154–168.

Erikson, E. H. (1968). Identity: Youth and Crisis. New York: Norton.

Erikson, E. H. (2005 [1957]). Kindheit und Gesellschaft (14. Ausg.). Stuttgart: Klett-Cotta.

Falkensteiner, G., Heger-Binder, G., Kartusch, B., Marold, A., & Swoboda, G. (2006). Aufmerksamkeitsstörungen. In J. Lehrner, G. Pusswald, E. Fertl, W. Strubreither, & I. Kryspin-Exner (Hrsg.), Klinische Neuropsychologie. Grundlagen – Diagnostik – Rehabilitation (S. 419–420). Wien New York: Springer.

Fonagy, P., & Target, M. (2007). Psychoanalyse und die Psychopathologie der Entwicklung (2. Ausg.). (E. Vorspohl, Übers.) Stuttgart: Klett-Cotta.

Fonagy, P., Gergely, G., Jurist, E. L., & Target, M. (2008 [2002]). Affektregulierung, Mentalisierung und die Entwicklung des Selbst (3. Ausg.). Stuttgart: Klett-Cotta.

Freud, A. (1964 [1936]). Das Ich und seine Abwehrmechanismen. München: Kindler.

Freud, A. (1980). Die Schriften der Anna Freud. Anwendung psychoanalytischen Wissens auf die Kindererziehung und andere Schriften (Bde. 7: 1956–1965). München: Kindler Verlag.

Frick, J. (2009). Ergebnisse der Resilienzforschung und Transfermöglichkeiten für die Selbstentwicklung als Erziehungspersonen. Zeitschrift für Individualpsychologie 34, S. 391–409.

Friedrich, M. (Hrsg.). (1980). Teilleistungsschwächen in der Schule (Bde. 24: Arbeiten zur Theorie und Praxis der Rehabilitation in Medizin, Psychologie und Sonderpädagogik; Eggert, D. (Hrsg.)). Bern, Stuttgart, Wien: Verlag Hans Huber.

Friedrich, M. H. (2003). Kinder ins Leben begleiten. Wien: öbv&hpt.

Friedrich, M. H. (2008). Lebensraum Schule: Perspektiven für die Zukunft. Wien: Carl Ueberreuter.

Frostig, M., & Maslow, P. (1978). Lernprobleme in der Schule. (S. Göbel, Übers.) Stuttgart: Hippokrates-Verlag.

Gaedt, C. (2005). Der Beitrag eines psychodynamischen Konzepts zum Verständnis und zur Therapie von psychischen Störungen bei Menschen mit geistiger Behinderung. In F. Häßler, & J. M. Fegert, Geistige Behinderung und seelische Gesundheit (S. 81–114). Stuttgart: Schattauer.

Gelo, O., Braakmann, D., & Benetka, G. (2008). Quantitative and Qualitative Research: Beyond the Debate. Integrative Psychological and Behavioral Science, 42/3 , S. 266–290.

Halliday, L., & Bishop, D. (2006). Auditory frequency discrimination in children with dyslexia. Journal of Research in Reading(29/2), S. 213–228.

Hauser, S., Reck, C., Müller, M., Resch, F., Maser-Gluth, C., & Möhler, E. (2012). Kindliches Temperament und mütterliche Affektivität. Praxis der Kinderpsychologie und Kinderpsychiatrie, 61, (2), S. 92-107.

Heubrock, D., & Petermann, F. (2001). AUfmerksamkeitsdiagnostik. Göttingen: Hogrefe.

Hüther, G. (2003). Die Bedeutung der emotionalen Entwicklung für die Entwicklung des menschlichen Gehirns. DVD. Müllheim: Auditorium Netzwerk.

Hüther, G. (2005 [2001]). Bedienungsanleitung für ein menschliches Gehirn (5 Ausg.). Göttingen: Vandenhoeck & Ruprecht.

Hüther, G. (2007). Das Symptombild ADS/ADHS. Müllheim: Auditorium Netzwerk.

Hüther, G. (2007). Perspektiven für die Umsetzung neurobiologischer Erkenntnisse in der Psychotherapie. In J. Sieper, I. Orth, & W. Schuch (Hrsg.), Neue Wege integrativer Therapie (S. 549 - 565). Bielefeld und Locarno: Edition Sirius, Aisthesis.

Hüther, G. (2009). Die Macht der inneren Bilder.Wie Visionen das Gehirn, den Menschen und die Welt verändern (5 Ausg.). Göttingen: Vandenhoeck & Ruprecht.

Hüther, G. (2009). Männer – Das schwache Geschlecht und sein Gehirn. Göttingen: Vandenhoeck & Ruprecht GmbH & Co. KG.

Hüther, G., & Nitsch, C. (2008). Wie aus Kindern glückliche Erwachsene werden. München: Gräfe und Unzer.

Ihle, W., & Esser, G. (2002). Epidemiologie psychischer Störungen im Kindes- und Jugendalter: Prävalenz, Verlauf, Komorbidität und Geschlechtsunterschiede. Psychologische Rundschau, 53/4, S. 159–169.

Janke, W., Stalder, C., & Schmeck, K. (2004). Inventar zur Erfassung von Impulsivität, Risikoverhalten und Empathie (IVE). Göttingen: Hogrefe.

Kandel, E., Schwartz, J., & Jessell, T. (2000 [1991]). Principles of Neural Science (Bd. 4). USA: McGraw-Hill .

Kaufmann, L., Mrakotsky, C., & Proksch, K. (2006). Entwicklungsneuropsychologie. In Klinische Neuropsychologie. Grundlagen-Diagnostik-Rehabilitation (S. 373–381). Wien, New York: Springer.

Kern, M. (2010). Individualpsychologische Aspekte des Phänomens Langeweile. Zeitschrift für Individualpsychologie, 2010/1, S. 73-86.

Kernberg, O. F. (2006). Schwere Persönlichkeitsstörungen. Theorie, Diagnose und Behandlungsstrategie (7. Ausg.). (1. Auflage 1985) Stuttgart: Klett-Cotta.

Kiphard, E. J., & Schilling, F. (2007). Körperkoordinationstest für Kinder (KTK). Göttingen: Hogrefe.

Klicpera, C., Schabmann, A., & Gasteiger-Klicpera, B. (2007). Legasthenie. Modelle, Diagnose, Therapie und Förderung (2 Ausg.). München: Ernst Reinhardt Verlag.

Kohlberg, L. (1996). Die Psychologie der Moralentwicklung (1 Ausg.). (W. Althof, Hrsg.) Frankfurt am Main: Suhrkamp Taschenbuch Verlag.

Kohut, H. (1977). Introspektion, Empathie und Psychoanalyse. Frankfurt am Main: Suhrkamp.

Köller, W. (2006). Narrative Formen der Sprachreflexion. Interpretationen zu Geschichten über Sprache von der Antike bis zur Gegenwart. Berlin: Walter de Gruyter.

Kraft, G. (1988). Der Elefant im Dunkeln. In A. Havemann, B. Johansen, & D. M. Orient-Institut (Hrsg.), Gegenwart als Geschichte: islamwissenschaftliche Studien: Fritz Steppat zum fünfundsechzigsten Geburtstag (S. 283–290). Leiden: J.E. Brill.

Krens, I., & Hüther, G. (2005). Das Geheimnis der ersten neun Monate. Unsere frühesten Prägungen. Düsseldorf, Zürich: Walter.

Kriz, J. (2004). Methodologische Aspekte von „Wissenschaftlichkeit" in der Psychotherapieforschung. Psychotherapie und Sozialwissenschaft 6 (1), S. 6–31.

Kropiunigg, U. (1990). Psyche und Immunsystem. Psychoneuroimmunologische Untersuchungen. Wien: Springer Verlag.

Kubinger, K. D. (2009). Psychologische Diagnostik. Theorie und Praxis psychologischen Diagnostizierens (2. Ausg.). Göttingen: Hogrefe.

Kubinger, K.-D., & Wurst, E. (2000). Adaptives Intelligenzdiagnostikum 2. Göttingen: Hogrefe.

Landerl, K., Wimmer, H., & Moser, E. (1997). Salzburger Lese- und Rechtschreibtest. Göttingen: Hogrefe.

Le Doux, J. (2006 [Orig.1996]). Das Netz der Gefühle. Wie Emotionen entstehen (engl. Originaltitel:The emotional brain: the mysterious underpinnings of emotional life) (4. Ausg.). (F. Griese, Übers.) München: Deutscher Taschenbuchverlag.

Lederer, E., & Éderer, S. (1934). Differentialdiagnostische Daten zur Symptomatologie des „Nervösen Kindes". (F. Kramer, J. Ibrahim, R. Leyen, G. Bessau, W. Villinger, & R. Egenberger, Hrsg.) Zeitschrift für Kinderforschung, 43, S. 300-304.

Lehmkuhl, G., & Lehmkuhl, U. (2008). Kann die Psychoanalyse von neurobiologischen Forschungsergebnissen profitieren? Zwischen Hoffnung und enttäuschter Liebe. Zeitschrift für Individualpsychologie 33, S. 124–139.

Lehmkuhl, G., & Lehmkuhl, U. (2009). Biomacht, Neuroethik und die Verantwortung der Psychoanalytiker. Zeitschrift für Individualpsychologie 34, S. 158–171.

Lehmkuhl, U., & Lehmkuhl, G. (1988). Zum Begriff „Weiblichkeit" in der Individualpsychologie. Zeitschrift für Individualpsychologie 13/1, S. 75–84.

Lempp, R. (1978 [1964]). Frühkindliche Hirnschädigung und Neurose (3. Ausg.). Bern: Hans Huber.

Levy, K. N., Meehan, K. B., Auerbach, J. S., & Blatt, S. J. (2005). Concept of the Object on the Rorschach Scale. In R. F. Bornstein, & J. M. Masling (Hrsg.), Scoring the Rorschach. Seven Validated Systems (S. 97–134). Mahwah, New Jersey: Lawrence Erlbaum Associates.

Mahler, M. S., Pine, F., & Bergman, A. (1984). Die psychische Geburt des Menschen. Symbiose und Individuation. (2. Auflage, 1. Auflage 1980) Frankfurt am Main: Fischer.

Mahler, M. S., Pine, F., & Bergman, A. (2000 [1975]). The Psychological Birth Of Hte Human Infant: Symbiosis and Individuation. New York: Basic Books.

Masling, J. M., & Bornstein, R. F. (2005). Scoring the Rorschach:Retrospect and Prospect. In Scorung the Rorschach. Seven Validated Systems (S. 1–24). Mahwah, New Jersey: Lawrence Erlbaum Associates.

Matthes, G. (2006). Individuelle Lernförderung bei Lernstörungen. Potsdamer Studientexte – Sonderpädagogik I/27.

Medina, J. (2003). Die Brücken zwischen Neurowissenschaft und Bildung. Die Zukunft des Lernens. Hamburg: LEGO Learning Institute.

Meltzoff, A. (7 1999). Origins of theory of mind, cognition and communication. Journal of Communication Disorders (32/4), S. 251–269.

Mentzos, S. (2010 [2009]). Lehrbuch der Psychodynamik. Die Funktion der DysfunktionalitätLehrbuch der Psychodynamik. Die Funktion der Dysfunktionalität (4. Auflage). Göttingen: Vandenhoeck & Ruprecht.

Miller, G. A., & Johnson-Laird, P. N. (1976). Language and Perception. Cambridge-London-Melbourne: Cambridge University Press.

Moosbrugger, H., & Rauch, W. (2004). Klassische Testtheorie. In K. Westhoff, L. J. Hellfritsch, L. F. Hornke, K. D. Kubinger, F. Lang, H. Mossbrugger, et al. (Hrsg.), Grundwissen für die berufsbezogene Eignungsbeurteilung nach DIN 33430. Lengerich, Wien: Pabst Verlag.

Neisser, U. (1979, 1996). Kognition und Wirklichkeit. Prinzipien und Implikationen der kognitiven Psychologie (2 Ausg.). (R. Born, Übers.) Stuttgart: Klett-Cotta Verlag.

Oakes, L., Cashon, C., Casasola, M., & Rakison, D. (2011). Infant Perception and Cognition: Recent Advances, Emerging Theories and Future Directions. New York: Oxford University Press.

Orlinksy, D. (2008). Die nächsten 10 Jahre Psychotherapieforschung. PPmP-Psychotherapie· Psychosomatik. Medizinische Psychologie, 58(09/10), S. 345–354.

Overmann, M. (2011). Emotionales Lernen: Sentio, ergo cognosco. Abgerufen am 4. 8 2011 von http://www.ph-ludwigsburg.de/html/2b-frnz-s-01/overmann/baf5/5m.htm

Pasini, A., Paloscia, C., Allessandrelli, R., Profirio, M. C., & Curatolo, P. (2007). Attention and executive functions profile in drug naïve ADHD subtypes. Brain & Development 29, S. 400–408.

Petermann, F., & Petermann, U. (2008). Hamburg-Wechsler-Intelligenztest für Kinder – IV (HAWIK IV). Göttingen: Hogrefe.

Petermann, U., & Petermann, F. (2006). Lehrereinschätzliste für Sozial- und Lernverhalten (LSL). Göttingen: Hogrefe.

Piaget, J. (1974). Psychologie der Intelligenz. Das Wesen der Intelligenz. Die Intelligenz und die sensomotorischen Funktionen. Die Entwicklung des Denkens (6 Ausg.). München: Kindler.

Piaget, J. (2003). Meine Theorie der geistigen Entwicklung. (R. Fatke, Hrsg., & H. Kober, Übers.) Weinheim, Basel, Berlin: Beltz.

Piaget, J., & Inhelder, B. (1977). Die Psychologie des Kindes. (L. Häflinger, Übers.) Frankfurt am Main: Fischer Taschenbuch.

Polanczyk, G., Silva de Lima, M., Lessa Horta, B., Biederman, J., & Rohde, L. (2007). The Worldwide Prevalence of ADHD: A Systematic Review and Metaregression Analysis. American Journal of Psychiatry 164, S. 942–948.

Popper, K. (2007 [1935]). Logik der Forschung. (H. Keuth, Hrsg.) Berlin: Akademie Verlag.

Posner, M. I., & Rothbart, M. K. (2007). Research on Attention Networks as a Model for the Integration of Psychological Science. Annual Review of Psychology 58, S. 1–23.

Precht, R. D. (2007). Wer bin ich und wenn ja, wie viele? Eine philosophische Reise (40. Ausg.). München: Wilhelm Goldmann.

Remschmidt, H., Schmidt, M., & Poustka, F. (Hrsg.). (2006). Multiaxiales Klassifikationsschema für psychische Störungen des Kindes- und Jugendalters nach ICD-10 der WHO. Mit einem synoptischen Vergleich von ICD-10 mit DSM-IV (5. Ausg.). Bern: Verlag Hans Huber.

Resch, F., & et al. (1996, 1999). Entwicklungspsychopathologie des Kindes- und Jugendalters. Ein Lehrbuch. (2. Ausg.). Weinheim: Psychologie Verlags Union.

Resch, F., & Schulte-Markwort, M. (Hrsg.). (2005). Kursbuch für integrative Kinder- und Jugendpsychotherapie. Schwerpunkt: Dissoziation und Traume (1. Ausg.). Weinheim, Basel: Beltz.

Resch, F., Parzer, P., & Brunner, R. G. (1999). Entwicklungspsychopathologie des Kindes- und Jugendalters. (1. Ausg.). Weinheim: Beltz.

Riedesser, P. (2006). Einige Argumente zur ADHS-Kontroverse in der Kinder- und Jugendpsychiatrie. In M. Leuziger-Bohlebner, Y. Brandl, & G. Hüther (Hrsg.), ADHS - Frühprävention statt Medikalisierung. Theorie, Forschung, Kontroversen. (Bd. 4, S. 111–117). Göttingen: Vandenhoeck & Ruprecht.

Rieken, B. (2011). Triebtheorie: Sexualität und Aggression. In B. Rieken, B. Sindelar, & T. Stephenson, Psychoanalytische Individualpsychologie in Theorie und Praxis. Psychotherapie, Pädagogik, Gesellschaft (S. 157–164). Wien, New York: Springer.

Rochford, L. G. (2005). Attending to attachment: The relation between Attention-Deficit/Hyperactivity Disorder and mother-child attachment in early childhood. Abgerufen am 2. 1 2009 von The-Sciences-and-Engineering. Vol 66(6-B) 3424. ProQuest Dissertations & Theses: http://gradworks.umi.com/31/80/3180089.html

Rollett, B. (1997). Lernen und Lehren. Eine Einführung in die Pädagogische Psychologie und ihre entwicklungsychologischen Grundlagen (5. Ausg.). Wien: WUV-Universitätsverlag.

Roloff, H. (1989). Klinisch-psychologische Untersuchung zur Epidemiologie der Teilleistungsschwächen im Kindesalter. Rostock: unveröffentlichte Dissertation.

Rorschach, H. (1921, 1948, 1994). Rorschach-Test. Psychodiagnostik Tafeln. Bern: Verlag Hans Huber.

Roth, G. (2001). Fühlen, Denken, Handeln. Wie das Gehirn unser Verhalten steuert. Frankfurt am Main: Suhrkamp.

Roth, G. (2001). Fühlen, Denken, Handeln: wie das Gehirn unser Verhalten steuert. Berlin: Suhrkamp.

Roth, G., Grün, K.-J., & Friedman, M. (Hrsg.). (2010). Kopf oder Bauch? Zur Biologie der Entscheidung. Göttingen: Vandenhoeck & Ruprecht.

Roth, G., Spitzer, M., & Caspary, R. (Hrsg.). (2006). Lernen und Gehirn. Der Weg zu einer neuen Pädagogik. Freiburg: Herder Spektrum.

Rothstein, A., Benjamin, L., Crosby, M., & Eisenstadt, K. (1988). Learning Disorders: An Integration of Neuropsychological and Psychoanalytic Considerations. Madison, Connecticut: International Universities Press, Inc.

Rudolf, G. (2006). Strukturbezogene Psychotherapie: Leitfaden zur psychodynamischen Therapie struktureller Störungen. Stuttgart: Schattauer.

Rudolf, G., Grande, T., & Henningsen, P. (2002). Die Struktur der Persönlichkeit. Theoretische Grundlagen zur psychodynamischen Therapie struktureller Störungen. Stuttgart: Schattauer.

Schauder, T. (1995). Aussagen-Liste zum Selbstwertgefühl für Kinder und Jugendliche (ALS). (F. Petermann, & E. Brähler, Hrsg.) Göttingen: Hogrefe.

Schneider, W., & Bullock, M. (Hrsg.). (2009). Human Development from Early Childhood to Early Adulthood. Findings from a 20 Year Longitudinal Study. New York: Psychology Press, Taylor& Francis.

Schuster, P., & Springer-Kremser, M. (1997 [1991]). Bausteine der Psychoanalyse: eine Einführung in die Tiefenpsychologie (4. Ausg.). Wien: WUV Universitätsverlag.

Seel, N. M. (2003). Psychologie des Lernens (2. Ausg.). (1. Auflage 1999) München: Ernst Reinhardt.

Seelmann, K. (1926). Das nervöse und schwererziehbare Kind. In E. Wexberg (Hrsg.), Handbuch der Individualpsychologie, Erster Band (S. 169–208). München: Bergmann.

Seiffge-Krenke, I. (2009). Psychotherapie und Entwicklungspsychologie. Beziehungen: Herausforderungen Ressourcen Risiken (2. Ausg.). Heidelberg: Springer Medizin Verlag.

Sidor, A., Kunz, E., Schweyer, D., Eickhorst, A., & Cierpka, M. (2011). Links between maternal postpartum depressive symptoms, maternal distress, infant gender and sensitivity in a high-risk population. Child and Adolescent Psychiatry and Mental Health 5:7.

Simon, M., & Rieken, B. (2007). Warum wir Richard Beitls „Mythologie" von 1933 herausgeben. In R. Beitl, Untersuchungen zur Mythologie des Kindes (S. XI–LXX). Münster: Waxmann.

Sindelar, B. (1983). Kognition – Persönlichkeit – Lebensstil. In A. Kehrer, & P. Scheer (Hrsg.), Das weite Land der Individualpsychologie (S. 128–137). Wien: Literas.

Sindelar, B. (1994, 2008). Partielle Entwicklungsdefizite der Informationsverarbeitung: Teilleistungsschwächen als Ursache kindlicher Lern- und Verhaltensstörungen (2. Ausg.). Wien: Verlag Austria Press.

Sindelar, B. (2000). Diagnosis and Treatment Practises in the Field of ADD/ADHD/HD in Europe. In G. Pompidou, Drugs and Addiction: Attention Deficit/Hyoerkinetic Disorders: Their Diagnosis and Treatment with Stimulants (S. 55–101). Strassburg: Council of Europe Publishing.

Sindelar, B. (2002 [1982]). Lernprobleme an der Wurzel packen. Wien: Ertl-Verlag.

Sindelar, B. (2002 [1986]). Verfahren zur Erfassung von Teilleistungsschwächen (6., überarbeitete Ausg.). Wien: Austria Press.

Sindelar, B. (2004). Die Zukunft des Lernens. Zeitschrift für Empirische Pädagogik (18 (1)), S. 16–169.

Sindelar, B. (2005). Leitfaden zur Behandlung von Teilleistungsschwächen (4. Ausg.). Wien: Austria Press.

Sindelar, B. (2006). Die neue Kinderkrankheit Legasthenie. Zeitschrift für Pädiatrie und Pädologie, I, S. 1–22.

Sindelar, B. (2007). Wodurch und in welchem Alter erwerben Kinder Vorurteile? In A. Pelinka, & I. König (Hrsg.), Vorurteile in der Kindheit – Ursachen und Gegenstrategien. Studienreihe Konfliktforschung (S. 7–18). Wien: Braumüller.

Sindelar, B. (2007). Zur Psychodiagnostik psychischer Störungen im Kindes- und Jugendalter: Ein Modell zur Integration entwicklungspsychologischer Konzepte. (G. z. Forschung, Hrsg.) Internationale Zeitschrift für ärztliche Fortbildung: Update in Psychiatrie und Psychotherapie – Essentials, 25/2, S. 26–27.

Sindelar, B. (2010). Kursbuch Psychoedukation. Nutzen und Wirksamkeit der Teilleistungsschwächenbehandlung zur Behebung von Legasthenie und anderen Lernstörungen (2. Ausg.). Austria Press.

Sindelar, B. (2011). Der Smiley-Test: Fragebogen zur Messung der Leistungsmotivation bei Volksschulkindern. Wien: Austria Press.

Sindelar, B. (2011). Gender und Sexualität. In B. Rieken, B. Sindelar, & T. Stephenson, Psychoanalytische Individualpsychologie in Theorie und Praxis. Psychotherapie, Pädagogik, Gesellschaft (S. 165–174). Wien, New York: Springer.

Sindelar, B. (2011). Kinder- und Jugendlichenpsychotherapie. In B. Rieken, B. Sindelar, & T. Stephenson, Psychoanalytische Individualpsychologie in Theorie und Praxis. Psychotherapie, Pädagogik, Gesellschaft (S. 275–305). Wien, New York: Springer.

Sindelar, B. (2011). Kriterien psychischer Gesundheit. In B. Rieken, B. Sindelar, & T. Stephenson, Psychoanalytische Individualpsychologie in Theorie und Praxis. Psychotherapie, Pädagogik, Gesellschaft (S. 87–95). Wien, New York: Springer.

Sindelar, B. (2011). Neurowissenschaften und Individualpsychologie. In B. Rieken, B. Sindelar, & T. Stephenson, Psychoanalytische Individualpsychologie in Theorie und Praxis. Psychotherapie, Pädagogik, Gesellschaft (S. 267–273). Wien, New York: Springer.

Sindelar, B., & Ableidinger, K. (2011). Behandlungsrelevante Diagnostik von AHDS. Ergebnisse einer klinisch-empirischen Studie. Zeitschrift für Pädiatrie und Pädologie, 4, S. 22–27.

Sindelar, B., Friedrich, M. H., Scharinger, C., & Kuenburg, A. (2008). Die ganze Schule ist eine Bühne. Kindertheater als Bildungsinstrument. Zeitschrift für Pädiatrie und Pädologie 43/4, S. 15–20.

Sindelar, B., Hejze, D., & Langer, V. (2 2011). Das Fehlerkillerprojekt: Leistungsmotivation und Lernerfolg bei Volksschulkindern. Ergebnisbericht einer Langzeitstudie. Zeitschrift für Pädiatrie und Pädologie, S. 23–27.

Slater, A., & Bremner, G. (Hrsg.). (2006 [2003]). An Introduction to Developmental Psychology (4. Ausg.). Malden, Oxford, Carlton: Blackwell Publishing Ltd.

Society for Personality Assessment. (2005). The status of the Rorschach in clinical and forensic practice: An official statement by the Board of Trustees of the Society for Personality Assessment. Journal of Personality Assessment. Abgerufen am 16. Juli 2011 von Society for Personality Assessment: http://www.personality.org/index.php

Spiel, O. (1979). Am Schaltbrett der Erziehung. Bern: Hans Huber.

Spiel, W., & Spiel, G. (1987). Kompendium der Kinder- und Jugendneuropsychiatrie. München: Ernst Reinhardt.

Spitz, R. A. (1972). Vom Säugling zum Kleinkind. Naturgeschichte der Mutter-Kind-Beziehungen im ersten Lebensjahr (3 Ausg.). (G. Theusner-Stampa, Übers.) Stuttgart: Ernst Klett.

Spitzer, M. (2002). Lernen. Gehirnforschung und die Schule des Lebens. Heidelberg: Spektrum Akademischer Verlag.

Steinhausen, H.-C. (2006). Psychische Störungen bei Kindern und Jugendlichen. Lehrbuch der Kinder- und Jugendpsychiatrie und -psychotherapie (6. Ausg.). München: Urban & Fischer.

Stephenson, T. (2011). Individualpsychologische Entwicklungstheorie und Krankheitslehre. In B. Rieken, B. Sindelar, & T. Stephenson, Psychoanalytische Individualpsychologie in Theorie und Praxis. Psychotherapie, Pädagogik, Gesellschaft (S. 101–155). Wien, New York: Springer.

Studener, R., & Datler, W. (1998). Lese- und Rechtschreibschwierigkeiten als eine spezifische Form von Lernschwierigkeiten – ein Thema Psychoanalytischer Pädagogik? In: Jahrbuch für Psychoanalytische Pädagogik (Bd. 9, S. 159–184).

Suchodoletz, W. v. (Hrsg.). (2006). Therapie der Lese-Rechtschreib-Störung (LRS). Traditionelle und alternatie Behandlungsmethoden im Überblick (2. Ausg.). Stuttgart: Kohlhammer.

Tomasello, M., & Carpenter, M. (2007). Shared intentionality. Developmental Science, 10:1, S. 121–125.

Tschuschke, V., Crameri, A., Koemeda, M., Schulthess, P., von Wyl, A., & Weber, R. (2009). Psychotherapieforschung – Grundlegende Überlegungen und erste Ergebnisse der naturalistischen Psychotherapie-Studie ambulanter Behandlungen in der Schweiz (PAP-S). Psychotherapie Forum 17, S. 160–176.

Tyson, P., & Tyson, R. L. (2009 [1997]). Lehrbuch der psychoanalytischen Entwicklungspsychologie (3. Ausg.). Stuttgart: W. Kohlhammer.

Valtin, R. (2009). Brauchen wir die Legasthenie? Abgerufen am 11.7.2010 von www.pedocs.de/volltexte/2010/1469/pdf/brauchen_wir_die_legasthenieD_A.pdf

Waddell, C., & Shepherd, C. (2002). Prevalence of Mental Disorders in Children and Youth. A Research Update Prepared for the British Columbia Ministry of Children and Family Development. Abgerufen am 13. 6 2010 von Vancouver: University of British Columbia: http://www.mcf.gov.bc.ca/mwntal_health/pdf/02a_cymh.pdf

Warnke, A., & Schulte-Körne, G. (2008). Legasthenie. In H. Remschmidt, F. Mattejat, & A. Warnke (Hrsg.), Therapie psychischer Störungen bei Kindern und Jugendlichen (S. 154–161). Stuttgart: Thieme.

Warnke, A., Hemminger, U., Roth, E., & Schneck, S. (2002). Legasthenie – Leitfaden für die Praxis. Göttingen: Hogrefe.

Weber, P., Jourdan-Moser, S., & Halsband, U. (2007). Differences between subtypes of children wirh ADHD and simple attentional difficulites during an initial assessment. Acta Paediatrica 96/10, S. 1511-1517.

Weiner, I. B. (Hrsg.). (2003). Principles of Rorschach Interpretation (2. Ausg.). New York, London: Routledge Taylor & Francis Group.

Weiner, I. B. (2005). The Utility of Rorschach Assessment in Clinical and Forensic Practice. Abgerufen am 15. Juli 2011 von The Community for Psychologist in Independence Practice: http://www.division42.org/IPfiles/Spring05/features/rorschach.php

Weiner, I. B. (2005). The Utility of Rorschach Assessment in Clinical and Forensic Practise. Abgerufen am 16.7.2011 von Indipendent Practitioner: http://www.division42.org/IPfiles/Spring05/features/rorschach.php

Wiesegger, G., Kienbacher, C., Pellegrini, E., Scheidinger, H., Vesely, C., Bangerl, W., et al. (2007). Medikamentöse Behandkung von Aufmerksamkeitsdefizit-Hyperaktivitäts-syndrom (ADHS) und komorbiden Störungen. Neuropsychiatrie, 21/3, S. 187–206.

Zöllner, U. (13. 9 2004). Psychodiagnostik – mehr als nur Tests. http://www.sbap.ch/aktivitaeten/pdf/medienmitteilungen/Forum13-Psychodiagnostik-Zoellner2004.pdf. Abgerufen am 24.10. 2011

Sachverzeichnis